MARTIN LLORENS

CON TU PERMISO, QUIÉRETE

HarperCollins *Español*

Editora en Jefe: *Graciela Lelli*
Edición: *Juan Carlos Martín Cobano*
Diseño interior: *Grupo Nivel Uno Inc.*

ISBN: 978-0-71809-295-5

Impreso en Estados Unidos de América

17 18 19 20 21 DCI 6 5 4 3 2 1

En memoria de Gaby

ATRÉVETE A DESCUBRIR LA DIVINA BELLEZA DE TU PRESENCIA

NOTA DEL AUTOR

Este libro está en tus manos porque así lo has elegido.

Darse el permiso de amarse a uno mismo no es una decisión nada fácil de tomar, pues para demostrarlo tienes primero que reenfocar muchas de tus prioridades, cambiar tu forma de pensar, encontrar tiempo para ti, ser muy honesto con tu deseo de quererte y tener siempre la mejor predisposición, energía y actitud para no olvidarte de este gran propósito entre todas tus otras obligaciones.

Con el fin de poder sentir toda la fuerza de la energía del Amor en acción, este libro no lo puedes leer con la razón, sino con el corazón. Por lo tanto, para lograr que tu experiencia sea más profunda y reveladora, y para que puedas escuchar con mayor claridad tu voz interior, trata de dejar a un lado por unos instantes las expectativas que puedas tener sobre ti, sobre el mundo y sobre este libro, tus experiencias pasadas, e incluso tus propias creencias sobre la vida.

Elige libremente cuándo es el mejor momento para entregarte a la lectura, cuándo tienes que dejar el libro a un lado para poder sentir con el alma aquellas palabras que conecten directamente con tu corazón, y cuándo tienes que descansar tu mente para dedicarte a otras actividades. No trates de leer si no lo sientes. La sinceridad de tu intención de querer conocerte mejor para convertirte en la persona que deseas ser y el grado de atención que puedas dedicar a esta importante misión cada día son clave para que puedas recibir los mensajes que tu Ser desea comunicarte.

Nada de lo que te voy a contar lo tienes que creer al pie de la letra, pues mi intención es tan solo despertar tu curiosidad para que tú mismo descubras tu propia Verdad. El conocimiento que se encuentra en este libro es parte de la sabiduría universal que ya existe en tu interior. Por ello te invito a que pongas en duda todos mis pensamientos y recomendaciones, y dejes que sea tu propio maestro interior quien te guíe de la mano en esta gran aventura de tu vida para descubrir toda la belleza de tu Ser.

Ahora simplemente relájate, busca un lugar cómodo para empezar a leer, desconecta tu móvil para estar libre de distracciones, sírvete una taza de té, enciende una vela, pon alguna música tranquila de fondo y, si puedes, coloca flores frescas cerca de ti para recordarte la delicadeza, la belleza y la esencia de cómo una simple semilla tiene el poder de transformarse en una hermosa flor. Deja a un lado tu resistencia al cambio y entrégate con amor a descubrir todo lo que vales.

Gracias por permitirme ser parte de esta maravillosa experiencia que me ayudó a encontrarme y realizar también al mismo tiempo mi propia transformación. Aquí te dejo mi corazón para inspirarte a que reconozcas la divina belleza de tu presencia y descubras el verdadero propósito de tu vida.

Con amor, Martín

ÍNDICE

PRÓLOGO

«El único viaje es el viaje hacia el interior» - Rilke

Bienvenido. Que hayas escogido este libro de Martín Llorens, y que el libro a su vez te haya elegido a ti para leerlo, no es un error, una coincidencia, ni una casualidad. Es el inicio de un maravilloso viaje lleno de grandes aventuras. Existen, por supuesto, muchos libros que nos transportan a mundos lejanos con grandes historias y personajes interesantes, pero también hay libros que nos invitan a profundizar en el laberinto complejo de nuestro propio Ser, libros que nos ofrecen una oportunidad de conocer nuestra verdadera identidad con más intimidad, y con una mayor claridad. *Con tu permiso, quiérete* es uno de esos libros.

En el mundo moderno en el que todos vivimos nos sentimos realmente abrumados ante la gran explosión de información producida y a nuestro alcance por Internet. ¿Puedes sentir toda la presión? Continuamente estamos siendo bombardeados con datos, opiniones, «noticias» e información de todos los temas que te puedas imaginar. Pero la información no significa que lo que recibas sea sabiduría. Por eso, todavía tenemos que trabajar mucho, y labrar con esmero el campo de la información, para encontrar la información vital que necesitamos con el fin de alimentar la sabiduría de nuestras Almas. Esta es la responsabilidad que todos tenemos hoy.

Cualquier persona puede decir lo que quiera, hacer lo que quiera y considerarse en estos momentos un experto en cualquier materia. Nuestro trabajo, como Almas responsables que estamos en un proceso de despertar, como trabajadores de la Luz, y como los Seres Humanos Divinos que somos, consiste en poner nuestra mejor intención en conectarnos con nuestra verdadera sabiduría. Como el poeta Walt Whitman escribió, «reexamina todo lo que han dicho [...] y elimina lo que insulta tu Alma». Con toda honestidad, te puedo decir que lo que Martín te ofrece en este libro es un verdadero regalo, y es la oportunidad que estabas buscando para conocerte y convertirte en tu mejor versión. Sus palabras encierran una sabiduría muy profunda, un amor muy sincero, y una integridad auténtica cuya intención es iluminar la consciencia de tu Ser para llevar a cabo tu propio despertar y, a través de tu transformación, ayudar a los demás.

Nosotros, los seres humanos, todos juntos, nos encontramos ahora en el mismo cruce de caminos. Podemos observar lo que está pasando en nuestras vidas y ser testigos al mismo tiempo de lo que está pasando en todo el planeta. Parece que nos encontramos en el borde de un ciclo que llega a su fin, mientras que uno nuevo está justo empezando. Los científicos nos dicen que, cuando estamos muy cerca del borde de la creación de la forma de una nueva vida, estamos también en un entorno de gran caos. A lo largo de nuestras vidas nos han inculcado que el caos es negativo, pero, en realidad, el caos es una parte natural de la vida misma y, si ponemos el esfuerzo y nos agarramos de verdad a todo aquello que realmente nos importa (como el amor, el perdón, la compasión, la sanación y el respeto), tenemos la capacidad de no solo soportar el gran caos y el cambio en nuestras vidas, sino también de atravesar esta importante etapa con gracia y dirigidos por nuestra fuerza interna. *Con tu permiso, quiérete* es un mapa para nuestros tiempos. Martín te va acompañar a través de un maravilloso y misterioso viaje hacia el interior para que puedas descubrirte a ti mismo, y te llevará de la mano a través del caos que quizás puedas estar experimentando en tu propia vida, para que puedas sentir Paz. Este regalo que tienes a tu alcance no posee un valor calculable, pues el Amor y la Paz no tienen precio.

Como mencioné anteriormente, el nuevo ciclo está empezando, y el ciclo antiguo de consciencia ya está llegando a su final. ¿De qué nueva etapa estoy hablando? Del renacimiento de la Divina Energía Femenina, que se manifiesta primero a través de nosotros en nuestro mundo interior antes de salir al mundo exterior. *Nosotros* somos la máxima expresión de la Divina Energía Femenina en acción. Esto no tiene nada que ver con tu género, si eres hombre o mujer, sino con tu propia energía. Y tampoco quiero que entiendas que se trata de poner la Feminidad por encima de la Masculinidad, sino de sanar ambas energías y entrelazarlas para el beneficio y bienestar de nuestras propias vidas e interacciones con los demás.

Por miles de años, la Divina Energía Femenina ha sido perseguida, contenida, denigrada y controlada a través del uso de la violencia, de la vergüenza, del miedo, de juicios y de la represión económica. Piensa por un momento acerca de estos sentimientos en tu propia vida. ¿Has sentido vergüenza alguna vez? ¿Has sentido que no eras lo suficientemente bueno para hacer algo? La Gran Madre Universal nos está diciendo: «¡Basta ya! Estas no-verdades y limitaciones que hemos terminado creyendo ya no tendrán más el poder y el control en el mundo, ni sobre tu propia vida». Pero el trabajo empieza aquí y ahora, contigo demostrándolo mediante tu valentía.

Por favor, recuerda que el aspecto más importante de este trabajo es el Amor. Y, si quieres llevar a cabo tu propia transformación, solo puedes lograrlo cuando primero eliges *quererte a ti mismo*. Y por eso estás aquí, con este maravilloso libro en tus manos. Confía en que tu Yo Superior, tu Alma, conoce la medicina que necesitas para sanar y entregarte al amor en cada uno de los pasos que vas a iniciar en esta nueva etapa de tu vida. Acepta la invitación que la Divina Energía Femenina te ofrece para descubrir el amor, la compasión, la luz y la armonía que ya existen en tu Ser. *Con tu permiso, quiérete* es la oportunidad que estabas esperando para iniciar este gran viaje hacia tu interior y que permitirá transformar tu vida para liderar e inspirar el cambio en los demás.

Por unos instantes, me gustaría invitarte a hacer un pequeño ejercicio de visualización para que puedas percibir la magia y la belleza de un mundo lleno de posibilidades.

Acompáñame y colócate a mi lado en la cima de una hermosa y majestuosa montaña. Deja que tus ojos se abran y observen con detenimiento todo el verdor y toda la gama de colores del hermoso valle que puedes ver más abajo. Mira fijamente y podrás ver las hermosas colinas onduladas llenas de hierbas frescas, árboles repletos de frutas maduras y una explosión de girasoles y hierbas naturales por todos lados. Los pájaros flotan en el aire dejándose llevar por la tierna brisa, y el campo está lleno de vida y de energía. Respiras profundamente y descubres en ese instante que todo el frescor, la textura y la esencia del oxígeno en el aire entran en comunión con tu propio cuerpo. Puedes sentir el dulce olor de la fragancia de las flores y la vigorizante energía de los majestuosos árboles y de las bellas plantas. Bienvenido al valle de la sanación y de la abundancia; este valle es solo para ti. Disfrútalo. A medida que vayas observando con suavidad este hermoso paisaje, tus ojos se van a ir acomodando poco a poco para fijarse mejor en todos los detalles, y entonces, descubrirás que, ante ti, a muy pocos pasos de donde te encuentras en estos momentos, se abre un camino serpenteante. Y justo en el inicio de ese hermoso sendero, sobre la hierba verde, se encuentra un libro: *Con tu permiso, quiérete*. Acércate despacio y, con mucho cuidado, tómalo en tus manos, sintiendo cómo cada célula de tu cuerpo se va llenando de luz al sentir la proximidad de un nuevo y deseado viaje, de una gran aventura que estás ya a punto de iniciar. Abrázalo con fuerza y podrás sentir cómo el amor, la compasión, la confianza, la sabiduría y una divina energía vibran en su interior deseando conectarse con tu corazón. Bienvenido a un nuevo comienzo.

La transformación y la autosanación nunca son un camino fácil de tomar. Muchas veces, primero tenemos que ser guerreros muy valientes en nuestras propias vidas, pero la recompensa por tu valor y todos tus esfuerzos será la posibilidad de vivir el cielo en la tierra. Te deseo infinitas bendiciones ante este nuevo camino de despertar, de amor y de transformación que estás a punto de iniciar con mi queridísimo amigo Martín. Que tu viaje sea bendecido, mágico y lleno de hermosas sorpresas.

~NORA CABRERA
Astróloga y Mujer Medicinal

CON TU PERMISO...

Todo empieza siempre con un sueño, una ilusión, un simple deseo. Y por eso estoy aquí, impulsado por una intención que viene desde lo más profundo de mi Ser. «No pierdo nada por intentarlo», me escucho decir. Silencio. Vacío. Nervios. Cierro los ojos. Respiro. Siento un escalofrío. Tiemblo por dentro. Vuelvo a suspirar. Imágenes, recuerdos y pensamientos tratan de abrirse paso a empujones dentro de mi mente en una carrera para ver quién llega primero a definir el camino de una visión que todavía no está muy clara en mi interior. Pero no quiero escribir con mi mente, deseo hacerlo con el corazón. Y quiero caminar contigo en esta nueva aventura del Amor. Poco a poco. Sin prisas… pero sin pausas. Buscando las fuerzas necesarias para dar tan solo un paso, y luego, tras esa gran conquista, buscar de nuevo las fuerzas para dar otro paso más. Y así, poco a poco, guiados por un impulso que va más allá de nuestra razón, descubrir juntos el camino de salida de un laberinto que nos llevará al paraíso.

Muchas veces es necesario perderse para encontrarse, detenerse en la oscuridad para apreciar la luz. Tengo miedo, pero siento esperanza. Tengo muchas dudas, pero también la certeza de que algo mágico va a suceder entre nosotros. La cabeza me quiere traicionar y convencer de que no vale la pena intentarlo. «¿Por qué no?», me escucho a mí mismo preguntar. Y al instante, en lo que tarda un chasquido de dedos en sonar, ya recibo la respuesta en forma de impulso en mi corazón, diciéndome que estoy en el camino correcto y que las dudas no son más que parte del proceso. Mi Ser me está hablando. Ahora ya conozco un poco mejor el juego de las dos caras de mis propios pensamientos, unos que me presentan resistencia a conocerme mejor y otros que me invitan a ir al encuentro de mi Ser. De esto sí estoy seguro que más adelante te quiero contar con más profundidad. De momento, sé lo que tengo que hacer, y simplemente me pongo a respirar de nuevo para dejarme llevar por la hermosa voz que siento escuchar. «¿Por dónde empiezo?».

Me encantaría iniciar este libro contándote con sinceridad cómo me siento en estos precisos momentos escribiendo estas palabras. Es la única manera en que puedo honrar mi verdad y darte un contexto para que entiendas mi intención, mis deseos y mi verdadero propósito con el libro que tienes en tus manos. Sí que es cierto que estoy muy lejos todavía de ver hasta dónde vamos a llegar juntos, pues este libro no solo se trata de tu transformación, sino de la mía también. Pero, si de algo estoy seguro, es de que en cada paso que demos con valentía y con amor sentiremos una mayor conexión, una mayor compresión, y un mayor despertar que nos ayudará a entender nuestra verdadera naturaleza. ¿Me acompañas a descubrirlo?

Vuelvo a suspirar, pero ahora con ganas de verdad. Sé que tomar aire y llenar mis pulmones al máximo me ayudará a sentirme más tranquilo y seguro de mí mismo, y sé que, si suspiro profundamente y dejo salir con fuerza el aire por mi boca como si se tratara de un globo deshinchándose, incluso produciendo ruidos al salir por mi garganta sin temor a que alguien me escuche, me voy a sentir muchísimo mejor. Qué peso te quitas de encima cuando puedes suspirar como Dios manda. Estoy solo. No pasa nada. Nadie está cerca y, aunque me escuchen, ahora me da todo igual. Tengo que empezar a confiar más en mi intuición, aunque muchas veces me olvido de escucharla. Suspiro, grito y me encuentro al instante un poco mejor. Vuelvo a respirar y suspirar, poco a poco, la calma va entrando de nuevo a mi cuerpo, a mi corazón, a mi mente. Mi verdadero estado natural. Mis ojos ahora son los que parecen querer traicionarme. Hasta ahora todo iba bien, pero al sentir la presencia y la importancia de este divino momento, el verdadero significado de lo que estoy haciendo, las lágrimas hacen su primera aparición. Estoy seguro de que no será la última vez que me visiten, pues se han convertido en mis aliadas para conectarme conmigo mismo, y para liberarme también de mis emociones, y, por ello, les doy la bienvenida con mucho amor para que, a través de su función, pueda dejar salir los recuerdos, el dolor, el agradecimiento y todo el amor que siento en mi interior.

«¿Seré capaz de expresar con claridad y contar todo lo que mi alma desea expresarte?», me escucho decir. Me siento muy pequeño ante esta misión tan grande que tengo por delante, pero, de la misma forma que David venció a Goliat, tengo que tener fe y dejarme llevar por la luz. Es verdad que todavía escucho llegar con fuerza un pensamiento que trata de boicotearme en este preciso momento, «¿Por qué yo?», pero al mismo tiempo me doy el permiso de sentir otra voz más poderosa decir: «¿Por qué no?».

Los recuerdos del dolor y el sufrimiento que he vivido en los últimos años regresan a mi memoria y ponen a temblar todo mi cuerpo, pero siento también mucha compasión, ternura y amor hacia mí mismo. Tanto ha pasado que me estremezco, pero, si algo he ganado, es una nueva y mejorada versión de quién era. O, al menos, así lo estoy sintiendo en estos momentos. No importa. Ya no tengo que compararme con nada ni con nadie. Simplemente sentir y vivir la presencia de mi Ser. Todo lo que necesito está aquí y ahora. Y todo lo que necesitas está donde estás en estos momentos. Tan fácil de sentir que es difícil entender. Pero no te preocupes, pues estoy seguro de que muy pronto la luz hará su acto de presencia para mostrarnos a los dos el camino donde nos podemos encontrar.

Espero poder explicarte a través de este libro que tienes en tus manos la aventura que he tenido la oportunidad de vivir estos últimos años, a pesar de que sé que muchas veces será difícil describir el sentido de cosas que en un principio parecen no tener significado alguno. Trato de entregarme de nuevo a mi corazón para ver si puedo escuchar con mayor claridad esa maravillosa voz que me ha protegido y amado tanto durante todo este proceso. Necesito de su ayuda y de su bendición para poder seguir escribiendo. Cierro los ojos y siento que ahora ha llegado el momento que estaba esperando, y siento también, que ha llegado el tuyo, pues de lo contrario no estarías aquí conmigo. No es casualidad que la vida nos haya unido. Es parte de nuestro destino. Es parte de nuestro despertar. Decido respirar de nuevo, como si estuviera meditando relajadamente, para tratar de acallar los ruidos que mi propia mente está creando, y me dejo llevar por la respiración pulsando rápidamente las teclas de mi ordenador sin darme tiempo a pensar impulsado por la voz de mi intuición. Mente y corazón tratan de encontrarse en un punto de unión. Razón y sentir con un único propósito: compartir.

Mi mayor deseo es ser lo más sincero que pueda contigo, para contarte con mucho respeto y amor los pasos que me han guiado hasta aquí, a pesar de que mis miedos, mis inseguridades y mis expectativas me acompañan muy de cerca como sombras en este proceso para hacer su acto de presencia cuando me separo de la verdad. Pero tengo que admitir que, a pesar de todo lo aprendido, las dos fuerzas, luz y sombras, siguen luchando entre ellas en mi interior. Solo si me entrego a la experiencia puedo ver cómo una de ellas termina desapareciendo. Para poder avivar la llama del Amor, sé lo que tengo que hacer: simplemente respirar para dejarme llevar por la paz que mis palabras me hagan sentir, abandonándome a lo que es, la experiencia de estar aquí, entregándome con honestidad a cada instante, segundo a segundo, minuto a minuto, sin juzgar, sin interpretar. Qué fácil es desear hacer algo y decir que lo vas hacer, pero qué difícil es llevarlo a la práctica. Ese es mi gran reto. Ya tomé la decisión, y lo voy a hacer. Cueste lo que cueste, sin nunca olvidar que yo soy amor, al igual que lo eres tú.

Si me lo permites, voy a cerrar los ojos por unos minutos en este espacio donde me encuentro, para ver si consigo conectarme un poquito más con mi verdad, tu verdad, y sentir con más claridad lo tengo que hacer. Te invito a que tú también hagas este ejercicio de vez en cuando para poder sentirte mejor y conectarte con tu Ser. Así es como lo hago: empiezo con un pequeño suspiro y entonces tomo por decreto, para que mi mente me escuche muy bien, la decisión de dirigir toda mi atención, aquí y ahora, a mi respiración, en silencio, sintiendo el aire entrar y salir de mi cuerpo sin obstáculos ni tensiones. Atraigo mi consciencia al lugar donde me encuentro en estos momentos, visualizo una gran esfera de luz protegiéndome, me coloco en el centro de esa esfera y empiezo a observar el camino que el aire sigue desde el mundo exterior hacia mi mundo interior, y el camino de regreso de mi mundo interior al mundo exterior. Cierro mis ojos con suavidad y me dejo llevar poco a poco por la respiración, como si estuviera tumbado en una hermosa playa escuchando el ir y venir de las olas del mar en la orilla. Empiezo a contar los segundos en el silencio de mi mente como si fuera un niño pequeño contando ovejitas antes de dormir: uno, dos, tres, cuatro... Trato de mantener el aire por unos segundos en mi interior cerrando todas las salidas posibles del aire por la boca y por la nariz, como si estuviera llenando un gran globo, y luego dejo salir todo el aire de golpe por la boca en un suspiro muy profundo. Y, de nuevo, vuelvo a respirar con profundidad y a contar las ovejitas.

Si quieres, haz la prueba conmigo en estos momentos. Hazme caso, y verás cómo te sentirás mucho mejor. Yo ya lo estoy empezando a sentir. Dejo salir de nuevo el aire por la boca en un suspiro un poco menos intenso que el anterior y cuento otra vez los segundos al retomar el aire por la nariz. Ahora ya no tengo que aguantar mucho tiempo el aire en mi interior, con un segundo es suficiente. Respira conmigo por unos minutos. Sigo tumbado en la playa con los ojos cerrados, inhalando y exhalando, sintiendo el aire entrar y salir de mi cuerpo con absoluta libertad. Cada vez más tranquilo, cada vez más relajado. En la oscuridad y claridad que siento al mismo tiempo, me dejo ir, me abandono, y siento que floto en el aire de mi respiración, en silencio, con amor.

Ahora, cuando pensaba que lo tenía todo bajo control, el corazón vuelve a latir más deprisa que antes. Estoy empezando a sentirme otra vez nervioso y ansioso, y, aunque no me gusta, sé que es una señal de que estoy bajando la guardia. Mis pensamientos conformistas van a aprovechar esta oportunidad para tratar de convencerme de que deje de escribir para hacerlo en otro momento. Y, al instante, puedo sentir que ya he dejado de poner mi atención en mi propia respiración, y que una parte de mis pensamientos se están saliendo con la suya. «Relájate, Martín», escucho una voz decir. Y, al mismo tiempo, otra voz dice: «Si quieres, puedes disfrutar de esta bonita tarde tirado aquí junto a la piscina, para relajarte un poco. Tú te lo mereces. Seguro que mañana podrás concentrarte mejor y escribirás con más claridad». No es la primera vez que esto me pasa, sentir dos voces que se contradicen entre ellas, pero sonrío al reconocer que es parte de mi proceso.

Conecto con mi intención, cierro de nuevo los ojos y me enfoco de nuevo en mi respiración con la certeza de que el Universo está siempre de mi parte. Qué curioso. No quiero pensar y ya estoy pensando. Respiro sonriendo. Tanto por contarte... Qué emoción que estés aquí conmigo. No estás solo. Estamos juntos. Tu crecimiento es mi crecimiento, es el crecimiento de todos. Probablemente no sea necesario que leas esta introducción del libro, pero siento que al escribirlo tendrás una base para entender mejor dónde estoy y lo que te voy a contar, con el fin de que puedas sentir al mismo tiempo dónde estás y te atrevas a descubrir por qué has elegido este momento.

Cómo escribir sin interpretar, tan acostumbrados como estamos casi siempre a esperar algo. Simplemente sintiendo, aquí y ahora. Esa es la respuesta. Me dejo llevar y trato de seguir escribiendo tratando de no mirar a la computadora, como cuando aprendí a hacerlo en clases de mecanografía cuando era un niño, y así evitar que mis pensamientos participen activamente en este voluntario ejercicio dirigido y creado por el Ser. Quiero sorprenderme y ver si mis dedos pueden ir tan deprisa como la voz que siento escuchar en mi corazón, sin un segundo que perder, para no dejar entrar la razón y simplemente transcribir, sin traducir ni interpretar, el lenguaje del amor. No importa lo que pueda pensar, ni los fallos que cometa al escribir, lo que importa es la esencia y la sinceridad de las palabras que siento al contar. Ya corregiré después, cuando llegue el momento de editar, ahora tengo que ser fiel a la voz que me ha impulsado a estar aquí con el corazón en la mano, completamente desnudo, listo para compartir contigo un hermoso testimonio de amor.

Tomo aire lentamente para llenar de nuevo mi corazón con vida y siento la luz del sol abrazar todo mi rostro. Qué afortunado y bendecido soy de estar aquí y ahora, contigo, sin tiempo y con todo el tiempo del mundo, sin más espacio que el que sentimos en nuestro interior en estos precisos momentos. Solo tú lo puedes percibir si te entregas a percibirlo.

Aquí y ahora es primavera. Estoy sentado en el jardín de la casa de una gran amiga con mis manos sobre el ordenador y contemplando al mismo tiempo un hermoso cielo azul lleno de esponjosas nubes blancas. Esas nubes me recuerdan lo que tengo que hacer con mis propios pensamientos al meditar: simplemente dejarlas pasar, sin tratar de atraparlas, pues sabes que nunca lo conseguirás.

Mucho he tenido que dejar ir estos últimos años para poder entender, desaprender para volver a aprender, abandonarme para encontrarme, pero ya ha llegado el momento de contarles esta nueva etapa en la que me encuentro. Los nervios, los miedos, las dudas, las inseguridades que pueda tener no son más que señales que me indican que estoy justo donde tengo que estar, en el camino correcto. «Estoy aquí porque así lo he elegido», y, con este pensamiento decretado por mi Ser, me acomodo un poco mejor sobre la silla de la terraza, retiro mis dedos del teclado, estiro los brazos hacia el cielo y, con sinceridad, digo «gracias».

Mi cuerpo está más relajado que antes, y mi mente parece que está descansando. Ahora siento mucha más paz, pero también siento tristeza. ¿Cómo se puede tener ambos sentimientos casi al mismo tiempo? Las lágrimas regresan a mis ojos y, aunque hago lo posible para contenerlas cerrando mis párpados por unos segundos, siento que realmente desean salir a la luz. Aprovecho que tengo los ojos cerrados para enfocarme de nuevo en mi respiración y siento cómo el aire acaricia y abraza todo mi Ser.

Y así, poco a poco, en la fragilidad y delicadeza de esta hermosa comunión que conscientemente elijo tener conmigo mismo, acunado como si fuera un bebé en brazos de mi niño interior, las primeras lágrimas atraviesan mis pestañas con los ojos cerrados para recorrer mis mejillas y liberar todas mis emociones. No pasa nada. Es amor. Lloro, pero estoy en paz. Qué extraño, qué hermosa sensación. En el fondo de mi corazón sé que todo va a estar bien, que todo va a estar bien contigo, y sé que estamos donde tenemos que estar. Mi corazón se expande y una voz más segura y fuerte empieza a sonar en mi interior. Me doy el permiso de escuchar.

Qué buena sensación la de regresar a tu verdadero hogar. Ya pasó lo más difícil. En este espacio de luz agradezco a mi niño interior por llevarme hasta aquí de su mano y adquirir consciencia de las decisiones que tengo que tomar para mantenerme en este nuevo sendero de la vida que he elegido andar. Nuevas sombras se aproximan, pero no pasa nada. Son solo nubes. Sonrío. Las admiro y las dejo ir. Así será nuestro viaje juntos. Con muchas subidas y con muchas bajadas, con muchas ilusiones y también con muchas frustraciones, con mucha claridad y también oscuridad, pero nada que no podamos conquistar si hacemos el esfuerzo por recordar el propósito y la intención que nos marcamos juntos al inicio de tener este libro en nuestras manos, querernos un poquito más.

Como te venía diciendo, me encuentro en estos momentos en la ciudad tejana de Dallas en los Estados Unidos, en casa de mi amiga Nora, una gran mujer y una gran amiga que me tendió una mano hace unos años para ayudarme a ponerme de nuevo en pie. Nora llegó en el momento exacto en que tenía que llegar, quizás, igual que este momento en el cual te encuentras tú leyendo estas palabras, ni antes ni después. El tiempo de Dios es perfecto. Y Nora, desde su hogar a miles de kilómetros, pues ella estaba en Dallas y yo en Miami, sostenía el espacio en la distancia para que yo me entregara a vivir esta gran aventura para conocerme mejor, al igual que ahora yo estoy haciendo contigo a través de este libro. Simplemente ayudándote a crear un espacio donde empezar sembrar semillas de amor.

A mi memoria regresan por unos instantes esos momentos en los que conocí a Nora, hace unos años, cuando me sentía tan frágil, tan perdido, tan confundido con la vida, quizás como te sientes tú en estos momentos, y mis ojos se llenan de nuevo de lágrimas. Me rindo y me entrego. Ahora sí tengo que dejar salir todo lo que llevo dentro. Por mucho tiempo he estado esperando este preciso momento en el que iba a poder echar la vista atrás para observar el largo camino recorrido. No hay palabras para expresar lo que siento, hacia mi Ser, hacia la vida, hacia ti por permitirme estar aquí abriendo mi corazón para que pueda comunicarse con el tuyo.

Un día, no hace mucho tiempo, mi mundo dio un vuelco total, como una tortilla lanzada al aire. En un instante y sin previo aviso, todo lo que estaba arriba se fue abajo, y lo que estaba abajo resurgió con mucha más fuerza arriba. Y te aseguro que lo que estaba abajo no era nada de lo que me sintiera orgulloso. Todo fue tan rápido e inesperado que no sabía si estaba soñando o viendo una película en el cine con un protagonista que se parecía mucho a mí. Es impresionante ver lo rápido que pueden cambiar las cosas en tu vida en cuestión de segundos, y qué lento puede parecer al mismo tiempo vivir el proceso de ese cambio. Y ahora, sin embargo, siento que solo fue un instante. La relatividad del tiempo es impresionante. Estoy seguro de que me puedes entender.

Si te soy sincero, ya veía venir la tormenta que se me avecinaba mucho antes de que llegara a mi vida, pero siempre pensé que daría un giro a última hora para dirigirse a otro lugar, o, en el peor de los casos, pensé que, si algún día tenía que vivir una prueba difícil, estaría lo suficientemente preparado para enfrentarme a lo que pudiera venir. Lo que nunca imaginé fue que tuviera que poner a prueba todas las enseñanzas que recibí en los últimos diez años de mi vida y que compartía con todos mis seguidores en televisión, en la radio y en las redes sociales, para comprobar si realmente era la persona que decía o creía ser. Pasaron días, semanas, meses y años. ¿Quién cuenta? Ahora lo siento como un instante; entonces, como una eternidad. El tiempo ya no importa, lo que importa es lo que dejó la experiencia. Esa tormenta se lo llevó todo, pero, al dejarme sin nada, me encontré a mí mismo y te encontré.

Solo llevo unas horas escribiendo y no dejo de llorar, pero ahora de amor y compasión por mi niño interior, quien tuvo que estar muchas veces solito frente a esta gran tormenta, y nunca me abandonó ni dejó de estar a mi lado. Emociones a flor de piel. Así te vas a sentir muchas veces para poder conocerte mejor. Sabía que escribir este libro iba a ser diferente a los otros dos, pues, aunque el primero era sobre la imagen y la belleza externa, y el segundo sobre la imagen mental de nosotros mismos y nuestro bienestar, este libro es sobre nuestra belleza interna, la cual se manifiesta a través de emociones, sensaciones, impulsos e imágenes a través de todo tu cuerpo y todo tu ser.

Recuerdo que en esos momentos de confusión y dolor me sentía culpable por todas las cosas que estaban pasando en mi vida, pero reconozco que al mismo tiempo me sentía seguro de que la experiencia que estaba viviendo era por mi propio bien y tenía un propósito que quizás no podía entender, y que el estado óptimo o negativo de mi salud física, mental y espiritual sería la clave para reencontrarme de nuevo conmigo mismo. Recuerdo también sentirme fuerte y débil al mismo tiempo, sorprendiéndome de cuán rápido podía pasar de tener fe y esperanza en la vida a dudar de mi potencial para salir de la oscuridad en la que me encontraba. Y recuerdo que deseaba seguir hacia delante tomando consciencia de que era una etapa más de crecimiento en mi vida, pero sintiendo mucho miedo de luchar porque sabía que nada iba a seguir igual. Quería cambiar, pero sin cambiar nada. ¿Te lo imaginas? ¿Te has sentido así alguna vez, deseando transformar tu vida, pero deseando que todo fuera como la tenías antes?

Ni en sueños me imaginé todo lo que iba a sucederme en ese proceso de cambio en tan poquito tiempo. Si te soy sincero, algunas de las experiencias que estaba viviendo ya las veía venir, pero otras muchas me tomaron completamente por sorpresa. Tocar fondo es algo que había escuchado a la gente decir en mi vida y, como estaban sucediendo las cosas, parecía que finalmente iba a ser testigo de lo que significaba esa experiencia. Lo que sí aprendí durante este difícil proceso es que, a medida que vas bajando y bajando, puedes empezar a tomar consciencia de la dirección que está siguiendo tu vida, y eso, a su vez, despierta la esperanza de que tarde o temprano sientas también que todo lo que baja termina subiendo. Y así empezó mi camino para despertar de un profundo sueño.

Dicen que Dios sabe a quién mandar las tormentas más difíciles, pues conoce qué personas las podrán superar. Quizás tú seas una de ellas. Si estás pasando por un momento complicado en tu vida, ante ti tienes una oportunidad de descubrir todo tu potencial y tu propósito, aunque ahora no lo puedas ver o entender con claridad en estos precisos momentos. Esto no lo tienes que creer, simplemente lo tienes que sentir. No estás solo en este camino. Mucha gente como tú está tratando de transformar sus vidas lo mejor que puede para iniciar una nueva etapa que les permita ser felices y vivir en paz, ser más fieles a ellos mismos, a lo que sienten que son, pero todavía desconocen.

Cómo me hubiera gustado tener una bola de cristal para poder predecir mi futuro con el fin de tomar mejores decisiones; o tener la máquina del tiempo para regresar al pasado y cambiar tantas cosas que dije e hice de modo que pudiera provocar otros resultados o consecuencias de mis palabras, decisiones y acciones. Quién sabe si pudiera predecir el futuro, o tener el poder de corregir algo, las cosas hubieran sido de otra manera. Sin embargo, siento que todo es como tiene que ser y que, tarde o temprano, tenemos que hacer frente a experiencias para seguir creciendo y conociéndonos mejor.

Una de las reglas más importantes que debes tener en cuenta para poder emprender este viaje hacia tu interior es la aceptación sincera y honesta del lugar donde te encuentras en tu vida en este preciso instante. Quizás al contarte mi experiencia personal te pueda ayudar a entender mejor que no estás tan perdido como te imaginas.

Muy poca gente de mi entorno más cercano sabía sobre la existencia de la tormenta que se me avecinaba y que marcaría mi vida para siempre. Yo creo que en algún momento podía intuir algunas de las cosas que podrían suceder, pero no me atrevía a ver aquello que finalmente tuve que aceptar. Como cualquier tormenta, la puedes ignorar por un tiempo, tratar de buscar una escapada, huir en dirección contraria o buscar un refugio para protegerte, pero no puedes impedir que siga avanzando hacia ti cuando es parte de tu propio destino vivirla.

Como buen publicista, pude disimular muy bien frente a mi familia, mis amigos y mis seguidores en las redes sociales por algún tiempo los efectos que la tormenta estaba empezando a tener en mi vida, y pude aparentar que todo estaba en calma, cuando en realidad estaba empezando a sentir un seísmo crecer en mi interior. Hoy, ya desde el otro lado de la tormenta, reconozco y agradezco a Dios el despertar de consciencia que se produjo en mi interior casi desde el instante en que todo empezó a cambiar. Gracias a esta profunda experiencia me encuentro aquí escribiéndote estas palabras. Mi intención no es que sigas el mismo camino que tomé, sino que te atrevas a abrirte a una posibilidad que te permita iniciar una nueva, más productiva, energética y enfocada etapa en tu vida.

Mucho antes de que los primeros grandes cambios llegaran a mi vida, yo ya intuía que tenía que prepararme mental y físicamente para estar en las mejores condiciones posibles no solo para aprovechar mejor las maravillosas oportunidades que la vida me estaba regalando, sino para ser más fuerte y tener la mejor energía cuando llegaran los tiempos más difíciles. Llámalo impulso, intuición o presentimiento, pero mucho antes de que todo sucediera tuve la necesidad de empezar a meditar todos los días, ir al gimnasio regularmente para estar en mejor forma física y cambiar mi alimentación para renovar mis energías. Todo parecía ir bien en mi entorno personal y profesional, pero sentía la necesidad y el deseo de canalizar mis emociones y renovarme energéticamente como nunca antes lo había sentido. Y, tras varios meses enfocado en mi salud física, mental y emocional, sintiéndome en el mejor momento de mi vida, tanto personal como profesionalmente, llegó el gran día.

Ahora lo llamo «el día cero». Recuerdo que estaba a mediados de enero del 2013 en Buenos Aires, en medio de una jornada de día completo de grabación de uno de mis programas televisivos, *Tu vida más simple,* cuando sentí una premonición, y supe en lo más profundo de mi ser que algo importante iba a pasar algo que marcaría un antes y un después en mi vida. El flechazo que sentí en el corazón fue tan grande que tuve que salirme del set corriendo, y dejé la grabación en vivo sin dar explicaciones a nadie. Recuerdo que estaba lloviendo, y por eso tuve que buscar un lugar donde esconderme entre los pasillos del estudio para llorar como un niño pequeño sin saber por qué. Tardé una o dos horas en recuperarme para regresar al estudio y seguir con mi grabación, pero en ese instante sentí, como si de una nueva película se tratara, que iba a vivir una experiencia que cambiaría y marcaría mi vida para siempre. Poco sabía yo en aquel entonces que tardaría más de tres años en entender el propósito de aquel preciso instante, y que, con el tiempo, me convertiría en protagonista y testigo de mi propio despertar.

Como en una gran tormenta, los cambios se hicieron cada vez más fuertes en mi vida a medida que el ojo del huracán se acercaba. Era como una bola de nieve que, poco a poco, se va haciendo más grande conforme corre montaña abajo, dando la sensación de que nunca va a parar de crecer. Y, cuando finalmente se detiene y empiezas a creer que ya ha pasado todo lo peor, al llegar esa calma anhelada e inesperada para descansar de sufrir, entonces la bola se pone de nuevo en movimiento. Como en un huracán, existen tres partes en la tormenta. La primera antes de llegar al ojo del huracán, el vacío y la calma de ese corazón donde se crea la fuerza de la tempestad, y la más fuerte y violenta fase de la tormenta. Qué hermosa sensación es sentir que el ruido de tu mente se detiene y dejas de sufrir por unos instantes cuando llegas a un estado de silencio y vacío como sucede en el ojo de un huracán. Esa hermosa calma la sentí como agua bendita, como un soplo de aire fresco, como un cálido rayo de sol abrazando mi Ser. Finalmente podía respirar un poco sin sentir temor de que algo más me fuera a pasar. Pero esa calma, al igual que sucede en las grandes tormentas, se fue en un abrir y cerrar de ojos.

Hoy, doy gracias a Dios y al Universo por haberme dado ese respiro necesario para enfrentarme a la segunda parte de la tormenta, pues de lo contrario no estoy seguro de si hubiera sido capaz de vencerla. Como te dije, el tiempo de Dios siempre es perfecto. Si entonces hubiera podido predecir el futuro, jamás me hubiera imaginado lo que estaba por venir al otro lado de ese ojo del huracán en el que me encontraba inmerso, pero también soy consciente de que muchas veces es mejor no saber lo que va a suceder para no esperar ni sufrir.

Gracias por permitirme contarte, sin entrar en muchos detalles, un poco sobre cuál fue mi experiencia personal en aquel entonces para que entiendas mejor dónde estoy ahora y de dónde vienen las palabras, los pensamientos y las experiencias que te voy a contar muy pronto. Como te dije, mi intención es ofrecerte un pequeño contexto de lo que pasó antes de escribir este libro, y para que puedas ver que, al igual que tú, tuve que asumir, en su momento, el reto de mi propia transformación.

No hay nadie a mi alrededor. Nora y su familia salieron de viaje a última hora y me he quedado solo felizmente cuidando su casa en Dallas. ¿El destino? Puede ser. Ya nada en la vida me sorprende y sé que todo tiene una razón de ser. Un impulso me dijo que tomara un avión para empezar a escribir estas primeras palabras de este libro a miles de kilómetros de distancia de Miami, justo en la casa de la misma persona que me tendió su mano para ponerme de nuevo de pie. «¿Por qué?», me preguntaba antes de comprar el billete del avión. «¿Por qué no?», me contestaba una voz. Me dejo llevar por lo que siento, y aquí estoy, sentado frente a la computadora, escribiendo estas palabras que escucho en mi interior y que no sé si tendrá todo el sentido hacerlo. No importa. Siento, luego escribo. Muchas veces queremos saber sin darnos primero el permiso de conocer. Me dejo llevar y aquí estoy.

El día está medio nublado, pero estoy bien, relajado, emocionado, sentado en el patio frente a la piscina, en silencio, solito, pero muy bien acompañado por la naturaleza y por mi fuerza de voluntad. Mi *laptop* está encendido y tengo un vaso de agua lleno a mi mano derecha. Sé que estoy listo para seguir escuchando esta hermosa voz que viene de un lugar muy especial, y tratar de traducir en palabras sobre el teclado aquello que me quiere contar, y que tanto deseo escuchar. «¿Podré o no podré?». No sé, pero en realidad sí sé. Incertidumbre y seguridad al mismo tiempo. Sombras y luces conviviendo al mismo tiempo como una pareja de baile en movimiento. Esta experiencia es conocida. Elijo escribir y me dejo llevar sin tener seguridad de si estas palabras cobrarán algún sentido para ti. No estoy aquí para interpretar, sino para revelar. Ha llegado el momento de agarrar el toro por los cuernos, como dicen, para vencer los miedos que protegen con tanto amor a mi niño interior. Ahora sí entiendo lo que en un momento no tenía sentido. Suspiro de nuevo y me pregunto por qué la mayor parte del tiempo somos tan testarudos y cabezotas para ver todo lo que somos. Si pudiera haber escuchado más, sentido más, vivido más, agradecido más, ¿hubiera tenido que perderme para poder encontrarme? Pronto recibirás la respuesta.

Dirijo mis ojos hacia el cielo y contemplo agradecido las majestuosas nubes blancas que desfilan en esta hermosa tarde de primavera. Siento un poco de vértigo al sentir que ya tomé mi decisión, pero no es nada comparado con la emoción de las mariposas que puedo sentir en mi estómago anticipando llenas de alegría su partida para compartir contigo el vuelo. Lo difícil ya ha pasado. Ahora solo tengo que ser libre para poder volar, y te invito a que tú también te des el permiso de volar y me acompañes en este apasionante viaje que juntos vamos a iniciar.

Por mi parte quiero hacerte una promesa: cada palabra que vas a leer brota desde lo más profundo de mi corazón con mucho respeto y amor. Mi deseo es que puedas sentir mi sinceridad y mi energía a tu lado en cada momento, cogiéndote de la mano, mirándote a los ojos y, con una voz suave, susurrándote al oído de tu corazón que todo está bien y que todo va a ir bien.

Es muy posible que te encuentres con muchos pensamientos que quizás no entiendas, y se alejen de tu comprensión, o que rechaces automáticamente mis palabras porque quizás vayan en contra de tus creencias. Te pido que no te tomes nada personalmente, pues mi intención no es hacerte sentir incómodo, sino compartir mi experiencia para presentarte una nueva posibilidad mediante la cual puedas transformar tu sufrimiento en paz, tus miedos en amor, tus excusas en oportunidades.

Cada vez que vayas a poner tus ojos sobre las palabras de este libro, date primero el permiso de confiar en tu Ser interior para poder abrir tu mente y tu corazón a lo que tengas que recibir, dejando a un lado todo lo que puedas esperar o creer, ignorando por unos momentos tus miedos e inseguridades, y entregándote a la experiencia de tu propia transformación. Pero, a cambio de abrirte mi corazón, te pido solo una cosa: no leas este libro si no lo sientes también en lo más profundo de tu Ser. No pasa nada si empiezas a leer y luego dejas la lectura por un tiempo. Quizás empieces con ilusión y comiences a experimentar cambios en tu vida que necesiten de tu atención. Haz justo lo que sientas en cada momento y escucha a tu cuerpo y la voz de tu intuición. Todo el tiempo te estará diciendo lo que necesita de ti. Presta atención y déjate llevar. Lo único que requiere es tu presencia.

Es muy probable que descubras algo muy especial de algo nuevo que antes no tenías consciencia, y que, al hacerlo, nuevas inseguridades y miedos surjan con mayor fuerza en tu interior. Es posible que también sientas que pierdes el equilibrio, que vas un paso adelante y tres hacia atrás, o que no estás avanzando en absoluto hacia ningún lugar. Por otro lado, es posible que sientas mareos, visiones y que incluso tu cuerpo se enferme. No te preocupes. Todas estas posibilidades y emociones son más normales de lo que te imaginas, y son una señal de que te encuentras justo donde tienes que estar. Pero, cuando tu corazón te impulse a retomar la lectura de este libro, no lo dudes más, y entrégate sin miedos y con pasión para despertar toda la energía que hay en tu interior, pues mis palabras simplemente son un eco de tu corazón.

Tú eres tu propio maestro y estudiante. Bienvenido a la complicada, difícil, profunda, pero maravillosa escuela en la que todos hemos elegido estudiar. Las buenas noticias son que, si te entregas de verdad a la experiencia, muy pronto vas descubrir todo el potencial escondido que no sabías que tenías. Las no tan buenas noticias son que el examen principal que vas a tener que superar consiste en poner a prueba tu valor y tus conocimientos superando experiencias muy reales en tu propia vida. Solo tú puedes decidir cuándo eliges meterte dentro de tu papel de «estudiante» para tener acceso a tu sabiduría interna, y cuándo te metes dentro de tu papel de «maestro» para sincronizar tu cuerpo físico, emocional, mental y espiritual con el fin de que trabajen en armonía por tu propio bienestar y felicidad.

Te aviso que en lo que vas a leer no hay nada nuevo que tu Ser no conozca ya. Dentro de ti existe la misma sabiduría que existe en mí en estos momentos, y cuando vas en su búsqueda, el conocimiento es infinito. Atrévete a explorar todo lo que eres, porque en tu transformación se encuentra la llave de la transformación del mundo donde vivimos.

Cierra tus ojos una vez más, respira profundamente y pon una intención en tu corazón, en el centro de tu mente, o en tu tercer ojo, y visualiza un espacio en tu interior lleno de luz, libre de tiempo, sin un pasado y sin un futuro. Puedes imaginar un círculo, un cuadrado, un rectángulo, una estrella, un corazón, o la forma que más te guste, y a ese espacio le vas a dar el nombre de «oportunidad». En este nuevo y bello lugar que has creado no pueden entrar ningún tipo de preocupaciones ni sufrimientos, creencias y expectativas, miedos o inseguridades. Este espacio es mágico y protegido de todo mal para que puedas plantar en su interior las semillas de aquellos pensamientos que despierten la luz en tu consciencia. No importa si no entiendes con claridad el significado de mis palabras o de mis pensamientos, pero, si algo despierta tu curiosidad, si te sientes atraído hacia una visión o si simplemente te hace sentir bien lo que lees, trata de hacer el esfuerzo de cerrar por unos momentos tus hermosos ojos, para sentir la belleza y la perfección de tu maravilloso cuerpo y plantar las semillas de tus verdaderos sueños en tu corazón para que puedan nacer, crecer y florecer en tu vida.

Ahora lo único que importa eres tú, y nada más. Entre tus ojos y tus manos solo hay una pequeña distancia que puedes unir a través de la energía de tu corazón sintonizando con la energía de mi corazón. Porque has decidido quererte, has elegido este tiempo y espacio para ti. La familia, tus hijos, el trabajo, tus obligaciones pueden esperar quince minutos. Aquí y ahora, tú lo eres todo. Relájate. Deja ir tus tensiones. Cierra los ojos de vez en cuando si es necesario, y no dejes de sentir en todo momento tu respiración. Si algo aprendí de la vida es a no tener prisa y a simplemente escuchar. Todo es como tiene que ser y, aunque es muy difícil de ver, siempre es por nuestro propio bien. Por eso, no trates de entender con la razón algo que solo tu corazón podrá entender. Sabes que tu vida importa, y tiene más valor del que le das en estos momentos. Ahora es tu gran oportunidad de demostrarte cuánto te quieres de verdad.

Respira y no tengas miedo. Yo ya me siento mucho mejor que hace unas horas porque me atreví a sentir y aceptar dónde estoy. Entiendo lo que estás pasando, y por eso, estoy aquí, a tu lado, acompañándote y sosteniendo a la distancia el espacio que necesitas para que tú puedas hacer tu propia transformación. Nadie puede hacerte sentir bien sin tu propio consentimiento. Nadie puede entender mejor que tú el dolor, los miedos, las inseguridades y el sufrimiento que estás viviendo. Pero, si algo he aprendido, es que todo tiene un sentido, y muy pronto lo vas a descubrir si de verdad te das el permiso de conocerlo.

Con tu permiso, quiérete es un grito a la vida y al amor, una llamada para despertar tu Ser y entregarte a la magnitud de tu existencia, un compromiso para convertirte en prioridad cada día de tu vida y responsabilizarte de tu felicidad, pues sin ti, mi queridísimo amigo, nada de lo que tienes, nada de lo que ves, nada de lo que deseas, nada de todo este mundo que tienes ante ti posee sentido alguno. Tú eres quien da vida al Universo entero. Tú eres amor.

Como verás, el título se divide en dos partes: «Con tu permiso», con el cual abres el espacio a una nueva posibilidad; y «quiérete», una declaración de amor para que puedas sanarte y ser testigo de los milagros que puedes experimentar en tu propia vida.

A la mayoría de nosotros, algunos antes y otros después, nos ha pasado alguna vez por la mente preguntarnos por qué estamos aquí, cuestionarnos el verdadero propósito de nuestra existencia. Casi todos tenemos una idea preconcebida de lo que venimos a hacer en este mundo, muchas veces influenciados por la cultura, por las tradiciones o por la historia del lugar donde crecimos. Pero ahora ha llegado el momento de explorar con más profundidad, como personas adultas, libres e independientes, cuál es el significado de nuestras vidas. Antes eran tus padres, los maestros, los amigos, los políticos o los líderes espirituales quienes compartían sus interpretaciones del misterio de la vida. Ahora ha llegado tu turno de sacar tus propias conclusiones, pero no con la razón, sino con tu consciencia.

No importa si tu corazón está hecho pedazos, o si ya no tienes fe en que las cosas van a cambiar para mejor. No importa si sientes que has fracasado o si crees que no puedes corregir tus errores del pasado. Lo único que importa es que honres el momento donde te encuentras ahora, y que respetes la intención que un impulso hizo de quererte un poquito más. Eso es todo lo que tienes que hacer. Deja que el amor haga su trabajo para demostrarte su verdadero poder.

Cada decisión, cada acción, te han llevado hasta este cruce de caminos donde tú, al igual que todos, tarde o temprano, tenemos que elegir qué dirección seguir. Espero que en las próximas páginas encuentres las herramientas que necesites para conocerte mejor e intuir qué camino tomar, y que mis palabras te sirvan de inspiración para dar el gran salto y transformarte en tu mejor versión. Al igual que tu cuerpo necesita oxígeno para vivir, tu alma necesita encontrar un propósito para brillar.

Bienvenido a un nuevo despertar de consciencia. No importa de dónde vengas, lo que te haya sucedido en la vida, si has fracasado o tenido mucho éxito. Lo único que necesitas traer en esta primera etapa del viaje que estás iniciando conmigo son tres cosas: primero, necesitas ocuparte de tu salud física todos los días lo mejor que puedas para tener las energías necesarias para emprender esta gran aventura, pues solo a través de nuestro mayor tesoro, el cuerpo, podemos conquistar nuestros sueños y transformarnos en las personas que deseamos ser. En segundo lugar, necesitas traer tu mente contigo, pero dejando afuera todas las creencias y pensamientos limitantes que no te han dejado avanzar, todos los miedos e inseguridades que te paralizan, y todas las excusas, juicios y expectativas que impiden descubrir tu verdadero potencial. Y, por último, necesitas recordar y respetar la promesa que has hecho libremente de quererte de verdad, de demostrarte que no solo puedes querer a los demás, sino a ti también, y abrirte con sinceridad a escuchar la voz de tu corazón.

Al igual que la fuerza de la gravedad física atrae todas las cosas hacia abajo, el amor es la fuerza de la gravedad espiritual que te atraerá como un imán hacia lo más profundo de tu interior para que puedas descubrir tu divina esencia. Tu vida no va a mejorar un poco, sino que va a ser más espectacular y hermosa de lo que jamás pudieras soñar. Si no te lo puedes creer no pasa nada, simplemente imagínatelo para abrir una nueva posibilidad. No te digo que el camino vaya a ser fácil, ni que tu transformación sea tan rápida como esperas, pero te aseguro que valdrá la pena esta gran inversión de tiempo, energía y esfuerzo que estás haciendo por ti mismo en estos momentos. Por lo tanto, si tú estás listo para empezar a sentir, yo ya estoy listo para contarte todo lo que descubrí. Recuerda que ningún libro, ninguna conferencia, ningún maestro y ninguna sesión espiritual podrán enseñarte el camino al amor hasta que tú elijas libremente experimentarlo. Yo no soy más que un eco de tu corazón, un reflejo de tu alma, una mano amiga que te invita a dar un gran salto para volar.

Atrévete a conocer todo lo que ya eres, pues, al hacerlo, me encontrarás y, entonces, juntos podremos brillar con más intensidad.

PRIMERA SEMILLA

Despertar de consciencia

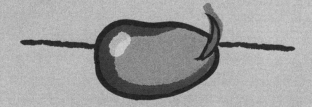

CAPÍTULO 1:

UN PRESENTIMIENTO

Desde que llegaste a este mundo, tu vida tiene un destino. No es casualidad que estés aquí en estos momentos. Todo lo contrario, sin ti, el mundo no tendría ningún sentido. La búsqueda del propósito de la vida ha existido siempre desde el principio de los tiempos en todas las civilizaciones y culturas. Uno de los grandes retos del ser humano es encontrar el camino para su autotransformación personal con el fin de seguir evolucionando para lograr su máximo potencial.

Mientras que el crecimiento y el desarrollo del ser humano se inician primero en un plano físico, para luego pasar a un crecimiento emocional, mental y espiritual, cuando tú eliges libremente buscar sentido a tu propia vida, tu transformación se inicia no desde abajo hacia arriba, sino desde arriba hacia abajo. Tu primer cambio tiene que ser en un plano espiritual, para luego impactar tu mente, tus emociones y tu propio cuerpo físico.

Contar con un propósito claro en tu vida te permite la posibilidad de tener un destino hacia donde enfocar y dirigir todas tus energías. Si, además, realmente estás conectado y motivado con toda tu alma a vivir con propósito, sentirás que todo tu Ser y el Universo se ponen de tu parte para que puedas lograr tu importante misión.

Tu gran aventura empieza cuando sientes en tu interior una llamada, una intuición, una iluminación, un presentimiento que te impulsa a prestar más atención a algo que sabes que es importante para ti, pero no sabes por qué. Tú eres libre de escuchar esa voz, sentir esa sensación, y reconocer si se trata de una señal auténtica que proviene de tu corazón, del universo, de Dios o del más allá para retarte a descubrir algo nuevo, o puedes ignorar esa voz como si no hubiera pasado nada. Si estás aquí en este momento leyendo estas palabras es porque ya has sentido a nivel físico o emocional ese impulso a actuar. Por lo tanto, date el espacio y el tiempo que necesites para descifrar lo que tu alma quiere comunicarte, y reconoce el gran esfuerzo y valor que ya has demostrado.

Esta voz que estás sintiendo cada vez más fuerte en tu interior es una voz poderosa que cada día gana también más fuerza en el interior de los corazones de millones de personas por todo el mundo. A pesar de que esta voz ha permanecido con nosotros desde el principio de la humanidad, y la podemos sentir a través de la vida de los grandes maestros que han compartido con nosotros su mensaje hasta el día de hoy, es ahora, cuando el mundo se encuentra en su estado de mayor vulnerabilidad, cuando podemos sentir la fuerza de una energía que nos llama a entrar en acción para ayudarnos a dar el próximo paso en la evolución de los seres humanos en la tierra.

Durante este proceso que con tanto amor te has atrevido a seguir, es muy posible que te asalten un millón de preguntas, que te sientas muy vulnerable con las emociones a flor de piel, que todo el tiempo dudes de mis pensamientos y de los tuyos propios, y que te asalte el miedo. Pero si esto te sucede a medida que vayas leyendo este libro es una buena señal de que estás en el camino correcto, pues solo a través de esta experiencia podrás descubrir quien realmente eres y unas cualidades que antes no tenías consciencia de que existían.

TU DECISIÓN

Vivir con propósito es un reto que, si eliges aceptarlo, es para toda la vida, tanto en los momentos buenos como en los malos. Prueba a prueba, meta a meta, día a día seguirás conociéndote mejor y transformándote con determinación para convertirte en tu mejor versión de modo que puedas servir con amor a los demás y superar los próximos retos que tengas que conquistar para seguir creciendo y despertando tu potencial. Pero este camino, a pesar de estar disponible para todos, solo lo pueden seguir aquellas personas que elijan caminarlo libre y conscientemente, responsabilizándose de sus propias decisiones y acciones.

Habrá mucha gente que prefiera seguir donde está sin necesidad de hacer grandes cambios en sus vidas, y habrá también muchas personas que decidan hacer caso a su llamada interna atreviéndose a enfrentarse al cambio. Ambas opciones son válidas y no convierte a ninguna persona mejor que otra. Pero si tu consciencia se ha conectado y estás aquí, es porque tú eres parte del segundo grupo de personas y espero ayudarte con las herramientas que necesitas para realizar tu propia transformación. El éxito de convertirte en tu mejor versión, despertar los poderes innatos que tienes, y abrirte a toda la belleza de tu Ser, dependerá del tiempo y de la energía que decidas dedicar a descubrir el verdadero significado del propósito de tu vida. Desafortunadamente, al mismo tiempo que nos sentimos atraídos por esa luz que nos invita a realizar el gran salto, también podemos sentir crecer en nuestro interior una fuerza que nos atrae en sentido contrario para evitar el cambio.

Tu propósito de vida será cada vez más fuerte en tu interior a medida que vayas transformando tus pensamientos negativos en positivos, cambiando el enfoque de tu energía del mundo exterior a tu universo interior, y en el momento en que puedas empezar a dejar a un lado tus intereses personales para servir los intereses de la humanidad. Para poder tener la fuerza interna de llevar a cabo esta gran transformación, tienes que reconocer primero cuáles son los verdaderos valores que guían tu vida, y luego actuar de acuerdo a esos principios.

La búsqueda de más riqueza y reconocimiento de los demás puede ser una importante fuente de motivación en tus actividades diarias, pero tienes que ser consciente de que estas metas son externas, no internas, y a menudo te restan mucha energía vital necesaria para lograr tu propia transformación y crecimiento personal. Esto no quiere decir que tu éxito profesional y personal en la vida vaya en contra de lograr el bienestar, la paz y la felicidad que buscas, sino que tienes que ser consciente de que necesitas establecer verdaderas prioridades entre tu mundo externo y tu mundo interno para poner todo en una balanza justa con el fin de lograr la armonía que deseas y que mereces tener.

UN MOMENTO HISTÓRICO

Eres un ser más afortunado de lo que te imaginas por estar viviendo esta etapa de la historia en particular. La humanidad está experimentando un gran cambio, un verdadero hecho histórico en la evolución de los seres humanos, y tú eres el gran protagonista. Por cientos y miles de años, el ser humano ha ideo evolucionando y creciendo para llegar a este momento tan importante y crucial en el futuro de todos los seres vivos. Este gran paso en la evolución de la humanidad se representa a través de un gran salto cuántico, lo cual significa que no es un paso más, sino un salto a otro nivel de vibración, que permite al hombre pasar de «Homo Sapiens», cuya traducción del latín es «Hombre Pensante» u «Hombre Racional», a «*Homo Conscious*», traducido como «Hombre Consciente».

Este nuevo nivel de consciencia al cual la humanidad está destinada a llegar en su evolución marcará un antes y un después en el desarrollo del ser humano, y es el motivo por el que tu transformación personal tiene tanto sentido y propósito, pues, para que todos en conjunto hagamos el gran salto, primero lo tenemos que hacer individualmente en nuestras propias vidas.

La mente del Ego, de la cual hablaré mucho en este libro para que puedas entender mejor su papel, poco a poco tiene que dejar el control que ha tenido sobre tu propia vida, para dejar paso a un mayor grado de consciencia que te permita tomar mejores decisiones. Mientras que los miedos, los sufrimientos, y los intereses personales eran las principales causas que justificaban muchas de las acciones del «*Homo Sapiens*», las nuevas causas que fijen el rumbo de las acciones del «*Homo Conscious*» serán la paz, el amor y el bienestar global.

En esta nueva era en la que nos encontramos podemos observar otro tipo de relación con nosotros mismos y con nuestra forma de pensar. En lugar de buscar nuestra protección personal y poner límites para separarnos de los demás, empezamos a buscar la unidad; en lugar de actuar guiados por nuestros miedos e inseguridades, actuamos guiados por el amor y la paz; en lugar de dejarnos llevar por nuestros pensamientos y emociones libremente, vamos a dar un mayor papel a la consciencia con el fin de responsabilizarnos de nuestras acciones.

OTRA CLASE DE VIAJE

Mientras que, en el mundo exterior, para ir de un punto a otro tenemos que recorrer una determinada distancia en un intervalo de tiempo, este viaje que has elegido realizar al mundo interior sigue un camino completamente diferente. Yo también pensaba que, si podía conquistar A, B y C, consecuentemente llegaría a D. Pero la realidad es muy distinta cuando te enfrentas al mundo misterioso y desconocido que hay en lo más profundo de tu Ser. Pensamos que lo sabemos todo, y no tenemos ni idea de lo poquito que sabemos. Cuando llega la hora de escuchar tu llamada para cumplir con el verdadero propósito de tu vida, tarde o temprano, el Universo, Dios, tu Ser interior, se asegurarán de que la escuches, y en ese momento llega tu verdadera prueba. Si te has preparado física, emocional, mental y espiritualmente como es tu responsabilidad, ya que solo tú puedes tomar las decisiones y acciones para reciclar y renovar tus energías, quizás te resulte un poco más fácil emprender ese gran salto de fe que tienes ante ti.

Atrás tienes que dejarlo todo, empezando por tus creencias, tus expectativas de qué tendrías que tener en estos momentos o qué consideras que es tuyo, y tus suposiciones de cómo tendría que ser tu vida. Cuando estamos acostumbrados a hacer las cosas siempre de la misma manera, este gran reto nos pone entre la espada y la pared, pues tenemos que atrevernos a actuar de una manera distinta que nunca aprendimos.

Abre tu mente y tu corazón para poder recibir a través de las palabras que interpreta tu mente la esencia de tu propio Ser para llevar a cabo su gran despertar. Si quieres, haz la prueba, y descubre en este momento si estás interpretando las palabras o estás sintiéndolas. Déjate llevar por tu propia experiencia para conocerte un poquito más. Aquí va otro pensamiento para que puedas observar la reacción que produce en tu interior. Al igual que cada célula de tu cuerpo tiene una importante misión que cumplir para que este goce de una óptima salud, tú también tienes una función vital en el crecimiento, evolución y futuro de la humanidad. Todos unidos formamos un gran organismo en el que cada ser humano tiene un papel muy importante que desempeñar, pero, para trabajar en equipo, primero tienes que realizar tu propia transformación para revelar tus verdaderos poderes innatos. Haz una pausa y observa qué pasa en tu interior. Si quieres interpretar, interpreta, si quieres sentir, siente. Aquí es donde se produce la transformación, no en las palabras que estés leyendo.

Si sigues aquí conmigo, acompañándome en este viaje de despertar, significa que ha llegado el momento de madurar, como una fruta en un árbol, y entrar en una nueva etapa de tu vida en la que eliges libremente asumir la responsabilidad de transformarte en tu mejor versión para florecer con tu máximo potencial. Si lo puedes sentir es porque lo puedes hacer realidad. Cierra los ojos y siente si te atrae esta idea por unos instantes. Puede ser que estés viviendo una época de muchos cambios, que tengas que enfrentarte a una crisis personal, o que sientas que deseas conocerte mejor. Déjate llevar por ese impulso que te atrae y ábrete a la experiencia para que tu Ser te guíe de la mano. No va a pasar nada que no tenga que pasar. Si este es tu momento, será tu destino.

EJERCICIO: LA SEMILLA

La imaginación, la creatividad y la visión son herramientas que todos tenemos a nuestro alcance para poder ver más allá de la razón y sentir con el corazón y que, a mí, personalmente, me han ayudado mucho para poder entender cosas que mi mente no podía comprender. Este tipo de herramientas se utiliza mucho en la práctica de la meditación con el fin de dirigir a tu mente a un lugar que te permita explorar tu Ser, dejando a un lado tus propios pensamientos y creencias, y permitiéndote conectarte con otro tipo de conocimiento.

Realicemos ahora juntos un ejercicio de visualización para ver cómo nuestro viaje por la vida no es tan diferente del camino que una flor recorre desde que es una semilla hasta lograr su máximo potencial para convertirse en una flor.

Empecemos. Cierra los ojos por unos instantes después de leer el próximo pensamiento y haz tú mismo el ejercicio. Respira profundamente. Vamos a empezar por imaginarnos que nos hemos convertido en una pequeña semilla que está enterrada en lo más profundo de la tierra. Visualiza la forma y la consistencia de la semilla, la oscuridad, la temperatura y la textura de la tierra, y pon toda tu atención en observar todos los detalles de esa diminuta pero hermosa semilla.

Entonces, fíjate cómo en un instante en esa profunda oscuridad se produce un gran milagro al surgir una pequeña explosión de luz en el interior de esa semilla. Nadie puede oír o ver el momento de esta explosión, pero tú la puedes percibir, y tu corazón te dice que esa semilla ha sido bendecida con la vida. Esa luz, que puedes sentir y visualizar cómo ilumina todo el interior de la semilla, se hace más y más fuerte a cada segundo hasta crear una segunda explosión que hace que se rompa la cáscara de esa semilla para dar paso a la vida, un pequeño brote que se asoma a un nuevo mundo.

Ahora, conectado con todos tus sentidos con este momento mágico, en la más profunda oscuridad, puedes observar cómo este diminuto brote de vida empieza a crecer poco a poco en la más profunda oscuridad, y, como si de una fuerza de gravedad se tratara, sabe que tiene que seguir, guiada por su propio instinto natural, hacia un lugar completamente desconocido, pero al mismo tiempo familiar.

Todos somos semillas. Todos vamos hacia ese mismo lugar. Los buenos. Los malos. Los ricos. Los pobres. Tarde o temprano, la esencia de esa semilla es salir a la luz. Crecer. Florecer.

A pesar de no poder ver nada en esa absoluta oscuridad en el interior de la tierra, la semilla sigue su camino movida por la energía y la fuerza que existe en su interior, y ese delicado brote que siente la vida sigue creciendo y transformándose, haciéndose cada vez más fuerte, para poder ir esquivando todos los obstáculos que empiezan a aparecer en su camino.

Imagínate lo que debe de ser para ese pequeño brote en la oscuridad tener que enfrentarse con una piedra o una roca que no le permite el paso para llegar a su destino, o quizás encontrarse con las inesperadas raíces de otros árboles que siguieron ese mismo camino y que, para la pequeña semilla, deben de parecer seres sobrenaturales de otro planeta. Cierra los ojos y usa tu imaginación. Déjate llevar por las sensaciones y las imágenes que estás recibiendo, por los paralelismos con tu propia vida. No juzgues lo que sientas. Simplemente siente que eres parte de esa semilla en su recorrido por descubrir todo su potencial.

Cierra tus ojos y visualiza cómo, a pesar de todos los obstáculos, ese pequeño brote que salió de la semilla en la más profunda oscuridad no se da por vencido tan fácilmente y sigue avanzando, lentamente, pero seguro, guiado por algo que viene desde lo más profundo de su ser, pero también guiado por una gran fuerza que viene desde el más allá impulsándola a crecer. Y así, poquito a poquito, el brote va encontrando su camino, siempre hacia arriba, hasta que llega otro de los momentos clave en su gran aventura, su última prueba para dejar el mundo de la oscuridad e iniciar su camino en el mundo de la luz: la gran prueba en la que traspasará la barrera de la tierra para encontrarse con un nuevo, colorido y complicado universo.

La semilla no descansa aquí y, guiada por su propia intuición, sigue adelante en su camino, esta vez no en la tierra, sino guiada hacia el cielo, pues sabe que ahí está su lugar y su destino para lograr su máximo potencial y cumplir con el propósito de su existencia, aunque no pueda ver en ese momento cuál es su meta final.

Gracias al sol, el aire, el agua y la tierra, este frágil brote que surgió de la oscuridad inicia una nueva etapa de su vida para transformarse en una bella planta con una identidad muy especial. Algunas se convertirán en margaritas, otras en rosas, otras en girasoles, otras en árboles frutales, otras en árboles de bosque, otras en cactus, todas con una misión particular para el ecosistema global. No todos los seres humanos tenemos el mismo cuerpo, la misma piel, los mismos ojos, el mismo idioma, pero todos venimos de la misma semilla y todos tenemos en nuestro interior la misma esencia para desempeñar un servicio para el bienestar de la humanidad.

Con el paso del tiempo, la luz del sol se convierte en su mejor amiga para guiarla hasta su objetivo final, como si se tratase de un faro en el horizonte, para ayudarla a crecer y transformarse en una hermosa planta, para después convertirse en un bello árbol. A medida que los días, los meses y los años pasan, el árbol se hace más sabio y más fuerte y, por instinto natural, sabe que para seguir hacia arriba también tiene que atender y afianzar sus raíces en la tierra, de manera que pueda vencer mejor las tempestades.

Visualiza cómo esa hermosa semilla sigue su recorrido para llegar a convertirse en un hermoso árbol. Siente si ese camino te resulta familiar y déjate llevar por la belleza de la visión que tienes ante ti.

Ahora, observa cómo esa misma semilla convertida en un gran árbol, justo en el momento preciso, ni antes ni después, como ha venido sucediendo desde que surgió de la luz desde la más profunda oscuridad, ve que el amor recompensa todo su esfuerzo a través de un milagro y surge la creación de una bella flor, que polinizará otras flores con el apoyo de sus amigos el viento, las abejas y los insectos, y, con el tiempo, producirá un jugoso fruto, que a su vez dará lugar de nuevo a la creación de futuras semillas para una vez más empezar una gran aventura.

¡Qué gran viaje! ¡Qué historia! Ahora, trata de cerrar tus ojos e imaginar que tú eres como una semilla y siente el potencial y el sentido de tu vida. Al menos date la oportunidad para despertar tu curiosidad, tu imaginación, tu creatividad, y sueña.

SEMILLAS DE LUZ

Cuando sentí por primera vez en una de mis meditaciones esta visualización, me di cuenta de la grandeza de la vida y de todo lo que existía a mi alrededor. Muchas veces no sabes dónde y cuándo te va a llegar esa iluminación, esa conclusión, esa conexión que estabas esperando para entender lo que pensabas que no tenía sentido o significado. Quizás cada persona tenga una experiencia diferente a la hora de hacer este ejercicio, pero lo que importa eres tú, lo que sientas, lo que vivas, lo que puedas asociar con respecto a tu despertar o tu propósito de vida. Date el permiso para observar qué pasa si plantas semillas de amor en tu jardín interior. Date el permiso de seguir tu intuición y dejarte ayudar por el Universo para experimentar la magnitud, la belleza y la grandeza de la vida tal como es, y así experimentar el florecimiento de tu potencial. Date el permiso para ser testigo del poder de creación si te dejas llevar por el poder del amor en acción.

La semilla de una planta no es tan diferente de cada uno de nosotros. Todos venimos del mismo lugar movidos por la energía del amor, y todos tenemos la misma intención y misión de convertirnos en mejores personas para desarrollar nuestro máximo potencial. Los seres humanos podemos ser diferentes tipos de árboles, flores o frutas, pero eso no significa que no seamos todos humanos y que nuestra vida no se origine de la misma manera y crezcamos para dirigirnos al mismo lugar. Todos somos semillas de luz que tenemos que pasar por las mismas etapas y ciclos de la vida para llegar a nuestro destino final. Tomar consciencia de esa búsqueda es tu propósito de vida.

Tu instinto natural te va a convertir en una persona que pasará por las diferentes etapas de la vida, desde tu niñez a tu vejez. Nadie puede escapar a este proceso, por mucho que quiera evitarlo, ni siquiera en la enfermedad, pues tu vida es continuo cambio y evolución. Solo la muerte interrumpe esta búsqueda, pues la luz encuentra una nueva semilla donde tener una nueva oportunidad. Pero ese instinto natural que todos tenemos en nuestro interior necesita de la inteligencia espiritual, o, si prefieres llamarlo así, de la inteligencia del amor, para aprender a crecer frente a los obstáculos que se presentan en el camino.

Ni tú ni yo somos nadie para juzgar el propósito que cada uno de nosotros tiene que cumplir en esta vida, aunque muchas veces caemos en la tentación de querer saber lo que es mejor para cada persona. Al igual que todos los elementos de la naturaleza —plantas, animales, el aire, el agua, el fuego y la tierra— cumplen con una función específica, tú también tienes una función dentro de tu crecimiento personal y de la evolución de la humanidad.

Cada persona es un mundo y todos pasamos por nuestras propias experiencias personales que nos hacen poner en duda nuestro propio potencial, e incluso nuestra fe en Dios. Pero nada sucede por casualidad, por muy difícil que te resulte en estos momentos entender con tu corazón lo que estás viviendo. El dolor puede ser tan intenso que no sientas esta posibilidad de entender que todo siempre ocurre para tu propio crecimiento y evolución, aunque vaya en contra de tus deseos. Si estás pasando por algo muy difícil, no trates de entender lo que te cuento, sino simplemente respira para crear un espacio a una posibilidad. Simplemente respira y conéctate con tu dolor. Come algo y descansa. Toma un poco de sol y haz ejercicio. Y date una nueva oportunidad para plantar una semilla de amor, una semilla de esperanza, una semilla de paz en tu corazón.

Aunque hoy en día pasamos la mayor parte del tiempo corriendo de un lado a otro para demostrarnos todo lo que podemos conseguir, tu vida no es una carrera para ver quién llega o no primero a descubrir su máximo potencial, pues ese florecimiento no entiende de competiciones y solo surge del amor, cuando las condiciones son propicias y te abres con sinceridad a la magnitud y la belleza de tu vida. ¿Te imaginas las flores compitiendo entre ellas para ver cuál será la primera en mostrar sus colores y su fragancia esta próxima primavera? No tengas prisa. El tiempo, como verás muy pronto, es una simple ilusión, y tu momento llegará cuando menos te lo esperes, ni antes ni después, pero cuando suceda ese despertar tampoco te sorprenderá porque es una evolución natural.

TIENES TODO EL CONTROL

Solo tú tienes la capacidad de elegir darte una nueva oportunidad. Quizás a partir de ahora, mañana, en unas semanas, en unos meses o en unos años, sientas ese impulso que te lleve a pensar de otra manera, a usar otras palabras, a actuar de una determinada forma para crecer y ser testigo de tu florecimiento. Ese instante, ese impulso, esa llamada siempre llega, y se repite todo el tiempo, pero para poder recibirlo tienes que estar alerta y, para ello, tienes que darte primero el permiso de escuchar.

El curso de tu vida dependerá de la intención y la energía que tengas en cada momento. Te invito a que examines dónde te encuentras y cómo te sientes, para renovar el compromiso personal de quererte más con el fin de transformarte en la persona que siempre soñaste ser, y que esta visión te colme de ilusión y te llene de propósito para descubrir todo tu potencial.

Una de las grandes ventajas que los seres humanos tenemos frente a las plantas para dar nuestros mejores frutos es que, mientras que las semillas dependen completamente de la naturaleza y de las acciones de los seres humanos, nosotros individualmente tenemos el control de las propiedades que necesitamos para crecer. Estas propiedades las recibimos a través de nuestra salud física, la cual podemos mejorar a través de los alimentos que consumimos, el ejercicio físico para estar en forma, y la calidad de nuestro estilo de vida; la salud mental, que controlamos a través de los pensamientos que tenemos, las palabras que usamos y nuestro método de encontrar soluciones ante los problemas; la salud emocional, la cual es más positiva o negativa de acuerdo a nuestra actitud y forma de reaccionar ante las adversidades de la vida; y la salud espiritual, la cual nos permite poner en acción nuestros valores y principios. Pero, como tú muy bien sabes, no es tan fácil como parece. Entendemos cuáles son nuestras obligaciones y responsabilidades, sin embargo, fracasamos la mayor parte del tiempo en nuestro intento.

PAUSA DE REFLEXIÓN

Aquí tienes otra pausa necesaria en tu lectura para preguntarte por qué, sabiendo lo que tenemos que hacer, no lo hacemos, y para preguntarnos cuántas cosas más nos tienen que pasar para poder despertar de la ilusión que estamos viviendo, o qué estamos haciendo mal para que sea tan fácil engañarnos a nosotros mismos para separarnos de nuestros propios deseos. Por qué no me siento a gusto con la persona en que me he convertido es una pregunta muy difícil de hacer que requiere de mucho valor, pero es una pregunta necesaria para que se produzca esa explosión de luz en tu interior que te permita reenfocar la dirección de tu vida y florecer a tu máximo potencial.

Todo lo que tienes que hacer en estos momentos es plantar una intención con propósito en tu interior. Esa es tu primera semilla. Escucha tu voz y siente todo lo que pasa en tu interior y, si es necesario, describe en un papel los detalles que percibes al formular con amor esa primera intención. Te aseguro que va a ser la primera de muchas revelaciones. Escucha. Recibe. Medita. Escribe, aunque creas que no tiene sentido. No pasa nada. Y así, poco a poco, a medida que sientas ese impulso en tu interior, atrévete a conocerte un poquito más.

Si la esencia de una semilla es dar una flor y compartir toda su fragancia y hermosura con el mundo, haz el esfuerzo para imaginarte cuál sería la maravillosa manifestación de tu propia esencia. Date el permiso de despertar sin límites toda tu creatividad para poder empezar a visualizar lo que sabes en tu corazón que puedes llegar a convertirte, aunque no te creas que sea posible.

Querer descubrir el propósito de tu vida te permite conectarte con una fuente de energía y un poder que está en lo más profundo de tu ser para ayudarte a mantenerte enfocado y comprometido con tu misión. Tú eres amor en acción, eres luz, y tu función es brillar, cuanto más, mejor. Una diminuta luz ya marca una increíble diferencia en la oscuridad. Cuando hace su aparición, nada vuelve a ser igual, pues todo se ilumina. Donde hay luz, siempre existirá esperanza. Y tu luz puede convertirse en la dirección que mucha gente a tu alrededor necesita, incluso gente anónima que no conoces, para que puedan darse una nueva oportunidad. Quizás ahora no puedas entender tu verdadera función en la vida, pero te aseguro que, por el simple hecho de existir, tu vida tiene un propósito que, si te abres a la posibilidad, podrás descubrir para cumplir con tu misión.

El misterio de la vida puede ser muy complicado de entender y difícil de alcanzar, pero en tu interior, si te das el permiso, sí puedes empezar a sentir la diferencia entre una voz que viene de la verdad y te impulsa a seguir siempre hacia delante a pesar de las adversidades, o una voz que viene de la ilusión de tu mente diciéndote que estás mejor donde estás y te impulsa a conformarte con lo que tienes llenándote de miedos e inseguridades.

Yo, por mucho tiempo, decidí escuchar esa segunda voz y luché con todas mis fuerzas para que nada cambiara en mi vida, pues creía que ya tenía todo lo que necesitaba y que no me faltaba nada. Te entiendo si eliges escuchar esa voz, y siento el dolor que puedas experimentar. Tan solo estoy aquí para ayudarte a tomar otra alternativa e invitarte a optar por escuchar por una vez tu otra voz, que viene desde lo más profundo de tu corazón, para descubrir aquello que no puedes imaginar, quién eres y por qué estás aquí, aunque resulte muy difícil escucharla pues te lleva a un lugar completamente desconocido para ti.

MARCAR LA DIFERENCIA

Ahora, en estos instantes, siento que algo ha cambiado en mi interior, y que algo está cambiando en el mundo. Existe una nueva vibración, un nuevo potencial, una nueva energía que está llamando con más fuerza y claridad al corazón de millones de personas en todo el mundo. Y siento que tú eres una de ellas.

Imagínate un estadio de fútbol cubierto con cincuenta mil espectadores completamente a oscuras donde no se puede ver absolutamente nada. Ni siquiera puedes ver a la persona que tienes a tu lado, ni en frente, ni detrás de ti. La oscuridad es tan densa y pesada que no puedes escuchar ni sentir nada. Y de repente, alguien, por algún motivo y en algún lugar de ese estadio tan oscuro, decide encender una luz, ya sea con su móvil, una cerilla o una vela. Imagínate el efecto de esa pequeña luz dentro de ese gran estadio oscuro. De repente, esa realidad a la que todo el mundo estaba acostumbrado a no ver absolutamente nada ha cambiado. Algo nuevo ha pasado donde existe una nueva posibilidad. Y al instante sientes que alguien da un suspiro. Esa pequeñísima luz, frágil e incluso casi imperceptible, con su valor provoca sin una intención concreta generar un gran cambio. Inspirado por esa luz, de repente alguien, en el lado opuesto del estadio, tiene el valor para prender otra pequeña luz, y de nuevo se produce un antes y un después, y otras personas empiezan a suspirar ante algo que no tiene sentido, pero por lo que te sientes atraído. ¿Será posible tener el valor para dar ese gran salto? ¿Podré atreverme yo también a prender una luz? Ya la oscuridad no es la misma, pues en un estadio de cincuenta mil personas dos pequeñas luces están inspirando a miles de personas a descubrir un nuevo potencial. Entonces, cuando menos te lo esperas, la persona que tienes a tu lado, motivada y atraída por la belleza de esa mágica luz, decide dar ese gran paso de vencer sus miedos e inseguridades y termina por iluminarse también. Y, paulatinamente, la luz se va multiplicando, creciendo, para poco a poco iluminar donde antes solo había oscuridad. El valor de una persona llena de esperanza a miles para empezar a brillar con luz propia.

Así mismo es como tú puedes marcar la diferencia y convertirte en fuente de inspiración para los demás. Simplemente tienes que llenarte de valor para creer de nuevo en ti y responsabilizarte de tus decisiones para pasar a la acción por muy difícil que te resulte dar ese primer paso. Esta decisión no la puede tomar nadie por ti, pero al hacerlo cambias tu presente y generas al instante un cambio en la humanidad. Esta es la llamada que el Universo y la Madre Tierra nos están enviando y suplicando en estos momentos a todos los seres humanos.

CAPÍTULO 2

RECETA DE AMOR

Al igual que tu cuerpo necesita aire para poder vivir, tu espíritu necesita amor para poder expresarse. Este impulso de amar es parte de la naturaleza humana y te permite no solo descubrir cuál es tu verdadera misión en este mundo, sino tener la oportunidad de ponerla en acción. Tanto el amor, en el plano espiritual, como el aire, en el plano físico, son elementos esenciales en ti para poder desarrollarte con tu máximo potencial. Aunque es verdad que vivirás situaciones en las que sentirás que te falta a veces el aire y no puedes respirar, o en las que habrás perdido la fe en el amor, debes entender que tanto el aire como el amor son parte de ti y nunca los podrás perder, al menos mientras sigas en vida. Por lo tanto, mientras puedas respirar, puedes amar, y, donde existe amor, todo es posible. Ambos elementos siempre estarán esperando en silencio a que les dediques toda tu atención para llevarte de la mano a ese lugar donde encontrarás tu plenitud. Ese es el secreto para tu propia transformación: aire y amor.

Una de las grandes lecciones que he descubierto, y que leerás muchas veces en este libro, es que, cuanto más te creas tus propios pensamientos, más lejos estarás de tu verdadera esencia. Tengamos consciencia o no de nuestra forma de pensar, somos partícipes activos de una gran mentira, una ilusión que nuestra mente ha creado para separarnos de los demás, e incluso de nosotros mismos. De esta gran mentira, muchas veces creada inconscientemente, heredada también de pasadas generaciones y de nuestra cultura, y alimentada en muchas ocasiones por intereses personales, nacen los miedos para proteger nuestros propios intereses personales y la necesidad de aparentar algo para pertenecer a un grupo, aunque vaya en contra de nuestra verdadera naturaleza.

El Ego, del cual hablaremos con más profundidad pronto, y que es también parte de tu mente creadora, va a encontrar cualquier excusa que le convenga para convencerte de que es mejor prepararte para lo peor y vivir con miedo antes que aceptar tu verdadero potencial y ponerte al servicio del amor. Si realmente cada ser humano pudiera respetar a los demás como desearían que los respetasen, y fuéramos capaces de ser responsables de las palabras que decimos y, consecuentemente, de nuestras acciones, no existirían tantos conflictos en este mundo. A lo largo de todo el planeta, el deseo mayor de la gente es exactamente el mismo, tener paz y amor en sus vidas, siempre y cuando ello no conlleve mucho esfuerzo o un cambio significativo en su propio estilo de vida. Tú mismo puedes hacer la prueba en cualquier momento. Cierra los ojos y fija tu atención en un deseo que hayas tenido por mucho tiempo, y luego pregúntate cuánto tiempo lo llevas deseando en tu vida y por qué todavía no lo has hecho realidad. Quizás tu mente te presente mil razones en formar de excusas para justificar por qué no has logrado tu objetivo y, casi con absoluta seguridad, todas ellas responsabilizan a los demás o a algo fuera de ti como la razón principal. No pasa nada. No juzgues, no hagas interpretaciones, no te culpes por no haber hecho nada. Por ahora simplemente observa y enfócate en sentir aquellas palabras o pensamientos que resuenen con fuerza en tu interior y déjate llevar por lo que puedas descubrir abriéndote a la experiencia.

NECIA COMPETENCIA

Dos de las reglas principales que tendríamos que seguir los seres humanos para poder vivir en paz es dejar de competir y compararnos los unos con los otros, a pesar de que es justo lo que la mayoría de las culturas enseñan, tanto en las escuelas como en los hogares y en el trabajo. Cada ser humano es único y diferente con sus propias cualidades, y cuando empiezas a competir o compararte con los demás interrumpes automáticamente tu propio crecimiento individual. Esta tendencia a convertirnos en víctimas y proteger solo nuestros intereses es la fuente principal de la violencia y el sufrimiento que existe a nivel mundial. La solución no está en comparar quién es mejor que quién, sino en inspirarnos mutuamente para crecer, y en que, desarrollando nuestro máximo potencial individual, sintiendo paz y amor en nuestras propias vidas, podamos trabajar unidos para lograr la paz en el mundo, pues nuestro mundo interior no es más que un reflejo de nuestro mundo exterior.

Imagínate qué pasaría si una parte de tu cuerpo quisiera independizarse del resto del cuerpo o empezar a competir con otra parte. Las células, la sangre, los órganos, los nervios, los músculos y los huesos tienen su propia función individual vital dentro de tu organismo, pero todos trabajan en equipo con un fin común: mantener tu cuerpo con vida.

Los grupos políticos, los países, las religiones, las empresas y nosotros mismos hemos terminado creyéndonos que podemos actuar independientemente del resto de la sociedad y no responsabilizarnos de las consecuencias de nuestras acciones fuera de nuestra vida personal. Esto nos ha llevado a la difícil y complicada situación que todos estamos viviendo y experimentando en la actualidad. Hasta que cada ser humano no tome consciencia de la importancia de desarrollar al máximo su función individual como parte de una responsabilidad colectiva, el mundo entero, y nuestro corazón, seguirá sufriendo. Transforma tu vida para convertirte en el cambio que deseas ver en el mundo, y solo así, a través de tu despertar, podrás contribuir a un cambio significativo en la humanidad, aunque una voz quejosa en tu mente te diga que es imposible y que tú solo no puedes marcar la diferencia.

La solución para dejar de competir y compararnos es abandonar la ilusión de que degradando o separándonos de los demás somos mejores y, en vez de eso, empezar a reconocer las cualidades maravillosas que todos tenemos individualmente para desarrollarlas con el objetivo de beneficiarnos todos. Pocas personas se dan cuenta de que al descalificar a una persona para proteger su propia imagen provocan un mayor daño en ellos mismos que en la persona a la que están atacando. El hábito de la humillación, la negación y la separación se ha extendido como un virus por toda nuestra sociedad, infectando no solo a nuestras familias, sino a todo el mundo, a través de los medios de comunicación, de la propaganda política y de los intereses empresariales y de grupos organizados. Es tan fuerte este virus que hemos terminado aceptando que es parte de nuestra propia naturaleza humana, cuando en realidad no es más que una enfermedad que nos debilita y no nos deja reconocer nuestro verdadero potencial y función en la vida.

CAMBIAR DE DIRECCIÓN

Existen muchos caminos para sanar de esta terrible enfermedad, pero todos empiezan en el mismo lugar, contigo mismo, aquí y ahora, y con un sincero compromiso de amor. Vas a tener que elegir seguir un camino de crecimiento personal en el que te sientas realmente comprometido e ilusionado por conocer y desarrollar para despertar tu máximo potencial con el fin de servir mejor a los demás; o bien la alternativa de optar por un camino donde lo que más importa es la protección de tus intereses personales y familiares, ignorando tu salud, bienestar personal, y responsabilidad social. Puedes decidir ignorar esa voz interna que te invita a ser tu mejor versión y seguir viviendo una gran mentira frente a los demás y contigo mismo, o descubrir qué pasaría si te dieras el permiso de quererte a ti y a los demás un poquito más. La vida siempre nos da opciones, pero recuerda que cada palabra y cada acción que emprendas durante el día tiene una consecuencia, y que tarde o temprano tendrás que asumir la responsabilidad de tus propias decisiones. Aunque la elección que tomes no siempre se corresponda con tus deseos, ten en cuenta que cada acción pasa a formar parte de tu personalidad y de tu consciencia para convertirte en la persona que eres. Eso quiere decir que siempre tienes la oportunidad de elegir un nuevo rumbo y que tu pasado no define tu presente, aunque posiblemente tengas primero que responsabilizarte de las decisiones y acciones que ya tomaste en su momento. Sin embargo, una nueva puerta se ha abierto ante ti donde puedes marcar la diferencia, y solo tú puedes tomar la decisión de abrirla para entrar en un nuevo espacio lleno de oportunidades.

Al final te vas a dar cuenta de que todos los caminos que elijas tomar, tanto los buenos como los malos, empiezan y terminan con uno mismo. Vamos por la vida descubriendo todo lo que somos capaces de hacer y viviendo muchas experiencias, desde que nos ponemos a estudiar o trabajar para tener una profesión hasta que encontramos a alguien para crear una familia esperando siempre encontrar aquello que nos haga feliz. Con el paso de los años, nos damos cuenta de que empezamos a ir en círculos y nos preguntamos cuál es nuestro próximo paso. Entonces repites muchas de las cosas que hiciste en la vida para ver si quizás en el trabajo, en tu matrimonio o en tus relaciones con las cosas y los demás puedes encontrar una nueva dirección que vaya a dar sentido a tu vida o te ayude a encontrar esa paz, ese amor, esa felicidad que tanta gente busca, pero que tan pocos pueden experimentar por mucho tiempo. El problema no está en el mundo en el que vives o pretendes vivir, sino en tu visión del mundo físico como algo infinito, cuando en realidad es limitado. El universo infinito lleno de posibilidades al que pretendes llegar solo lo puedes encontrar más allá de tu ámbito físico, en el mundo de la consciencia y del amor, y ese mundo no se encuentra fuera de ti, sino en lo más profundo de tu Ser. Tenemos que cambiar la dirección de nuestra atención a la vida y empezar de ir hacia adentro en lugar de hacia fuera.

Solo tú sabes en tu corazón si realmente has dado lo mejor de ti o solo la mitad en cada acción que decides emprender, si has sucumbido ante las tentaciones y excusas fácilmente, o si has logrado superar tus miedos de verdad. Nadie más que tú, ni siquiera la persona que te ha dado la vida, ni tu mejor amiga, ni tus propios amados hijos, pueden saber con exactitud qué pasa en realidad dentro de ti, en tu mundo interior. Si te sientes estresado, si estás sufriendo, si tienes envidias y celos de alguien, si deseas venganza, si has perdido la fe y la esperanza, si te has convertido en una persona resentida y negativa, son sentimientos muy difíciles de aceptar en uno mismo, y son sentimientos que consciente o inconscientemente, tratamos de cubrir todo el tiempo para aparentar que lo tenemos todo bajo control. Pero si nos abrimos a aceptar y conocer nuestros verdaderos sentimientos y emociones, estos se convertirán al mismo tiempo, como lo verás muy pronto, en tus mejores herramientas para convertirte en la persona que siempre has deseado ser.

La naturaleza es una inteligencia muy sabia que siempre está en continuo cambio y evolución, y tú eres parte de esa naturaleza. No puedes esperar que tu vida no cambie nunca, pues la única manera que tienes de seguir creciendo es aceptando esa misma evolución. Biológicamente, has sido creado para crecer y evolucionar; y, espiritualmente, has sido creado para ser feliz y vivir en paz. Si fuéramos capaces de entender que, además de la inteligencia de la mente, existe la inteligencia del amor, podríamos no solo tener una visión más clara del camino que debemos seguir, sino también experimentar en vida la paz y el amor que tanto deseamos tener.

PERCIBIR LAS SEÑALES

Sentirte perdido, desilusionado, triste, inseguro, temeroso y agotado emocionalmente no significa que estés fallando o que te encuentres en el camino incorrecto, ni tampoco implica por fuerza que estés pasando por una depresión, o que hayas perdido la esperanza y la ilusión de rehacer tu vida. Estas emociones simplemente son señales que tu Ser interno manifiesta en tu cuerpo para alertarte de que tu salud espiritual necesita de tu atención. Tu principal función en ese preciso momento en que te sientes tan vulnerable es darte una buena dosis de amor para transformar tu energía y convertir una pérdida en una ganancia, una desilusión en una esperanza, y una tristeza en una alegría.

Aunque creas que estás solo en estos momentos y que nadie puede entender el sufrimiento que estás viviendo, no vas a ser la primera ni la última persona que pase por lo que estás experimentando. Algunas personas aceptarán la experiencia como una oportunidad de transformación para cambiar sus vidas, otras tratarán de ignorar las señales para proseguir con sus vidas como si nada estuviera pasando, y otras aprovecharán esta oportunidad para convertirse en víctimas y justificar sus adicciones negativas. Sin embargo, ten presente que, independientemente de cómo elijas vivir tu vida, tú no te conviertes en mejor o peor persona que los demás. Cada ser humano tiene que vivir su propia experiencia y su propio despertar. Quizás ahora no sientas que sea tu momento de descubrir tu verdadero potencial. Pero quizás lo sea mañana. No importa las decisiones y acciones que hiciste hasta el día de hoy, sino la oportunidad que tienes en estos momentos, y en cada instante, de cambiar tu vida. Todo lo que necesitas es una determinación para crear un impulso que te lleve a la intención de hacer algo, y así, segundo a segundo, empezar a transformar tu vida. Quizás tu ejemplo de vida sea lo que necesite una persona a tu lado para dar ese gran salto, pero no lo hagas por ella, sino hazlo porque tú te mereces lo mejor. Date el permiso de entender que el lugar donde hoy te sientes perdido puede convertirse en el camino para encontrarte y para encontrarnos. Tu vida quizás ha tenido que hacer un alto en el camino, no para desviarte de tu destino, sino para hacer justo lo contrario, ayudarte a regresar donde tienes que estar para conectarte con tu divinidad. Imagínate que estás de viaje con tu familia y de repente decides parar porque una señal en el camino te invitó a ver algo tan especial que no podías dejar pasar la oportunidad de conocer. Aquí y ahora tienes ese alto en tu vida para tomar consciencia de la belleza y el potencial de tu propia existencia.

TÚ ELIGES EL CAMINO

Hay muchos caminos que puedes elegir para llegar a tu destino final. Lo importante es reconocer cuál será el mejor. La elección es solo tuya. Es verdad que tu vida puede estar condicionada para vivir ciertas experiencias fuera de tu control; sin embargo, existen muchas cosas que sí están bajo tu propia responsabilidad. En la construcción de una casa pueden existir regulaciones externas que tengas que seguir para edificarla, pero al final tienes que tomar decisiones sobre su diseño y mantenimiento. Como te puedes imaginar, si no te esfuerzas por cuidar y mantener tu hogar en las mejores condiciones posibles, el tiempo pasará su factura y tu casa se convertirá en una ruina. Al igual que cuidas con mucho cariño tu auto de último modelo, y guardas con esmero tu bello vestido, o no te separas ni un momento de tu teléfono móvil, tienes que empezar a hacer lo mismo con tu salud física, mental, emocional y espiritual.

¿Sabías que puedes condicionar tu mente para ser más negativa o positiva en función de los alimentos que consumes, o que puedes transformar tus emociones negativas en un oasis de paz solo a través de tu propia respiración?

Si te rompieras un brazo, lo normal sería que visitaras a un doctor, que te hicieran unas radiografías para ver los daños internos que pudieras tener, posiblemente hacerte una operación, y pasar por un período de recuperación antes de regresar a tus actividades diarias; del mismo modo, tu espíritu también necesita ahora visitar un doctor, el doctor de la consciencia, para hacerse un autoexamen personal, ponerse bajo tratamiento con la medicina de la salud, la actitud positiva y el amor incondicional, antes de pasar por un período de descanso y transformación con el fin de poder recuperar y conectarte con toda la luz y brillar al mundo con mayor intensidad. Por eso, no te sorprendas si durante esta etapa en la que te encuentras en estos momentos, o que estás a punto de iniciar, sientes vértigos, mareos, llantos, convulsiones e incluso fiebres. Y esto no solo te lo digo en sentido figurativo, sino también físico, pues es normal que, al enfrentarte a la parte que menos te gusta de ti o aceptar una realidad que por mucho tiempo no quisiste ver, te den ganas de vomitar o te enfermes fácilmente. Perdóname por ser tan explícito, pero no puedo ocultar una verdad que tuve que experimentar a través de mi propia experiencia y la de las personas que estaban a mi lado viviendo su propio proceso de despertar. Cuerpo, mente y espíritu están más unidos de lo que imaginamos y, al igual que una enfermedad física afecta inmediatamente tu estado emocional y tu capacidad de pensar con claridad, cuando tienes que sanar tu espíritu, no solo tienes que experimentar una etapa de mucha confusión mental y dolor emocional, sino también pasar por una profunda reacción que te afecta a nivel biológico y físico.

El duelo, la pérdida y la impotencia son experiencias que no puedes ignorar o tapar voluntariamente para evitar enfrentarte a ellas porque no te conviene en estos momentos, sino que tienes que abrazarlas y aceptarlas como parte de tu propio crecimiento y tu sanación personal. Cuando tus sentimientos han sido gravemente heridos, y en el momento en que te sientes más frágil física y emocionalmente, es cuando tienes ante ti la gran oportunidad de descubrir y conocer a ese maravilloso doctor del corazón que existe en tu interior y que está esperando sanarte desde lo más profundo de tu Ser. Eso sí, cuando eliges voluntaria y libremente empezar tu propio tratamiento de autosanación, no puedes tener prisas, ni puedes dejar que tu Ego tome las decisiones por ti, ni puedes tener expectativas, o juzgar todo muy rápidamente, sino simplemente tienes que dejarte llevar por las instrucciones que te dicta tu Ser. Así que ármate de mucha paciencia, ten un poco de paciencia y fe en ti, sigue al pie de la letra la receta que tu propio corazón desea compartir contigo, y tómate el tiempo que sea necesario para sanarte bajo el maravilloso poder del gran medicamento que es el amor.

CAPÍTULO 3

UNA NUEVA ERA

DOS TIPOS DE ENERGÍA

Para poder entender por qué no es casualidad que estés aquí y ahora, en esta etapa de autosanación y despertar, es importante que antes de seguir profundizando en los misterios de tu Ser entiendas que estás viviendo un momento significativo en la historia de la humanidad donde la energía femenina está tomando un nuevo protagonismo.

La energía masculina y la femenina no son dos tipos de energía opuestas, sino que se complementan y habitan en tu interior para desarrollar tu máximo potencial. Mientras que la energía masculina está enfocada en la manifestación externa de quién eres y tiene una gran fuerza creativa orientada a resaltar la individualidad, la energía femenina es la fuerza que nos lleva de regreso a nuestro verdadero hogar, al espacio de luz que lo abarca todo. Ambas energías unidas celebran la divina manifestación de la Creación y de la Vida.

En la evolución de la consciencia humana, lo masculino siempre se ha relacionado con la lógica, la fuerza, la voluntad, la competencia y la acción, características de la fuerza de la razón, de la energía «Yang» en la cultura oriental, y de las cualidades del hemisferio izquierdo del cerebro humano en la cultura occidental; mientras que lo femenino se relacionaba con valores más receptivos, intuitivos, de sensibilidad, servicio y unión de las cosas, características de la fuerza del corazón, de la energía del «Ying» o de las cualidades creativas del hemisferio derecho.

Desde el principio de la historia de la humanidad surgió un conflicto y tensión entre ambos tipos de fuerzas para ver quién era más poderosa, una separación que, por muchos siglos, dio ventaja a la fuerza masculina en detrimento de la femenina. Pero esta última energía está ahora empezando a recuperar el terreno perdido frente a la energía masculina para traer de nuevo balance y armonía al Universo. Por mucho tiempo, la energía masculina ha oprimido, mutilado y destruido en lo posible la presencia de la energía femenina, pues la veía como una amenaza a su propia existencia, sin darse cuenta de que sin ella pierde sentido la integridad de su existencia. Víctima o agresor, una energía no puede vivir sin la otra, sin embargo, esta lucha constante para ver quién puede dominar más puede tener consecuencias catastróficas en el futuro de la humanidad, y eso es lo que estamos experimentando hoy en día en el caos que podemos ver y sentir no sólo en el mundo, sino también en nuestras propias vidas.

RECUPERACIÓN DE LA ENERGÍA FEMENINA

Los tiempos están empezando a cambiar. La evolución es inevitable y, tarde o temprano, los cambios suceden para iniciar un nuevo ciclo. En los últimos siglos, en especial en las últimas décadas, y más notable en los años recientes, la energía femenina ha estado recuperando su fuerza para elevarse por encima de su papel de víctima, tanto dentro de las mujeres como de los hombres. Cuando hablo sobre este tipo de energía no estoy refiriéndome a un movimiento feminista relacionado con las mujeres, sino reconociendo una energía individual en el interior de todos los seres humanos, tanto hombres como mujeres. En cada uno de nosotros existe esta danza constante entre ambos tipos de energía provocando que nuestra realidad, nuestro gran espectáculo de la vida, cambie de acuerdo a la fuerza que damos a cada una en nuestra toma de decisiones diarias.

La revolución de consciencia de la que somos testigos en estos momentos no es más que un despertar de la energía femenina para recuperar el papel que había perdido. Cuando decides no aceptar por más tiempo sufrir y decidas dejar que los miedos dominen tu vida, estás siguiendo la voz de tu propia energía femenina tratando de retomar el poder para ayudarte a encontrar la armonía y la paz que tanto deseas en tu vida. Y por eso estás aquí, con este libro en tus manos, viviendo las experiencias que estás experimentando y sintiendo este punto de inflexión que el cambio ha provocado para dar inicio a una nueva etapa. Todas las razones, excusas, miedos e inseguridades que tu energía masculina creaba para proteger tus intereses personales dejan de tener sentido ante la energía femenina que resucita con fuerza en tu interior.

Todo cambio es siempre positivo, a pesar de que en un principio nos opongamos o no lo queramos ver, y ante nosotros se abre ahora una oportunidad única y especial de renovar el significado no solo de la energía femenina, sino también de la energía masculina en nuestras vidas, porque, para poder desarrollar nuestro máximo potencial, tenemos que dejar que ambas se manifiesten y se desarrollen por igual.

Un nuevo despertar está amaneciendo dentro del corazón de hombres y mujeres por todo el mundo que desean honrar y respetar la nueva consciencia de energía femenina. Pero es verdad que al mismo tiempo ha surgido con fuerza una ola de energía masculina que no desea aceptar este cambio, pues teme perder su identidad, y trata de proteger por todos los medios sus intereses personales mediante el uso del odio, la violencia, el terror y hasta la muerte. Esta protesta reacia al cambio, aunque pueda parecer muy fuerte y que va a durar toda la vida, está destinada a llegar a su fin y tiene un propósito, pues nos hallamos en el umbral de una Nueva Era donde la Madre Tierra está impulsando el gran cambio, y donde la mujer, como embajadora de la energía femenina en su máximo potencial, cumple una función muy especial. Los hombres también están a la vanguardia de este nuevo movimiento, pero son las cualidades naturales que la mujer tiene —y que constituyen la base de la energía femenina, como son la compasión, el perdón, la integridad, la visión, la creatividad y el amor— las que van a liderar el cambio de la humanidad.

La experiencia negativa que todos estamos experimentando día a día con la pobreza mundial, la violencia, la destrucción del planeta, los ataques terroristas o la violencia en las calles es también parte de la experiencia individual que cada uno de nosotros podemos sentir en nuestro interior a través de la batalla que se libra entre la energía masculina de nuestra razón y la energía femenina del Ser.

No es casualidad que tus manos o tus ojos hayan caído sobre estas palabras. La energía de tu Ser, de la Madre Tierra, ya está dirigiendo tus pasos para retomar el control de tu vida y participar activamente en el gran cambio y salto cuántico. Aunque seguimos viviendo en una civilización predominantemente masculina, y damos prioridad a nuestros valores masculinos antes que, a los valores femeninos, una nueva luz está resurgiendo con fuerza en el interior de los corazones de millones de personas para dirigir los próximos pasos en la evolución de la humanidad.

Durante cientos de años, la energía masculina, incluso entre las mujeres que tratan de adaptarse a los roles definidos por los hombres para conseguir el éxito, ha dominado nuestra manera de tomar decisiones y actuar. Ser más agresivo para ganar, sacrificar para tener más, o luchar para proteger son las normas principales que ha esclavizado a la energía femenina y que han provocado que nos hayamos separado tanto de los demás, como de nosotros mismos. Aunque el cambio es lento, el final de esta era «Yang» ya está llegando a su fin, y la energía femenina, la Diosa, la era «Ying» está retomando su poder para equilibrar de nuevo el mundo. Pacha Mama está llamándonos a la acción. Nuestro futuro, al igual que el de la Madre Tierra, dependerá del equilibrio entre ambos tipos de energía, en el que las cualidades femeninas, bajo la protección y el apoyo de las cualidades masculinas, conduzca al mundo a una nueva dimensión, a una nueva percepción, a una nueva vibración en conexión con lo divino que está en todo lo que nos rodea y en nuestro interior.

RESPONSABILIDAD DE HOMBRES Y MUJERES

Para que este proceso se pueda cumplir, los hombres también vamos a tener que sanar y abrir nuestro corazón para conectarnos con las cualidades femeninas, pero serán en especial las mujeres, mis bellas damas, canal de conexión directa con nuestra Madre Tierra y con el poder de la creación, las que tengan en estos momentos un papel principal que jugar, primero en su propia autotransformación, y luego como ejemplo e inspiración a seguir en el seno de su hogar y en la sociedad. La mujer deberá entender cuál es su verdadera esencia y sanar todo aquello que le impide encarnar el poder de la Diosa que vive en su interior. Tendrá que aprender a quererse de nuevo con sinceridad para dar y recibir amor a pesar del dolor y el sentimiento de culpa que la represión de su esencia y de sus poderes innatos ha acumulado en su inconsciente durante miles de años. Y, al renovar, alimentar y desarrollar el poder de su energía femenina, ayudará al mismo tiempo también al hombre a sanarse, al deshacer todo el rencor y toda la energía atrapada a través de historias de cientos y cientos de años, para el resurgir de una nueva era donde todos podamos actuar juntos por el bienestar común desde un nuevo nivel de consciencia.

Tanto la mujer como el hombre somos responsables de ocuparnos de ambas energías, la masculina y la femenina, a pesar de que cada una tenga su propia función y poder. Por ejemplo, en el caso de la mujer, su poder especial viene de la conexión con su energía femenina, pero ello no quiere decir que se olvide completamente de cuidar cualidades masculinas para desarrollar su mente con el fin de ser conceptual, analítica, discursiva y organizativa, o de no dejarse llevar tan fácilmente por sus emociones para mantenerse enfocada y comprometida. Al mismo tiempo, aunque en el hombre domine la energía masculina, no puede olvidarse de sus emociones y de sus cualidades femeninas, como su capacidad de perdonar, amar, tener compasión y ponerse al servicio de los demás para canalizar su fuerza y tener un propósito.

Como verás, cuando se habla del despertar de la consciencia de energía femenina, no se limita solo a una parte de la sociedad, sino a todos por igual. No importa si eres hombre o mujer, si eres joven o adulto, si vives en América o en África, si eres rico o pobre, para poder vivir en paz solo lo conseguiremos cuando cada persona se responsabilice primeramente de su propia transformación y cuando nos apoyemos sinceramente a través del ejemplo, a ayudarnos y apoyarnos los unos a los otros en este nuevo despertar.

TRAER LUZ

Si estás sintiendo dolor, frustración, estrés o rencor en estos momentos es una señal de que tienes que permitirte amar y perdonar con sinceridad a las personas que crees que te han hecho daño, pero, también en especial, a ti mismo; y tratar de dejar ir el mundo ilusorio de tus propios pensamientos de víctima, basado en un pasado difícil de olvidar, para sustituirlo por un mundo donde la luz y la verdad dirijan tus acciones en el **único lugar** y espacio donde puedes marcar la diferencia: el momento presente.

Despertar de consciencia significa traer luz donde antes algo permanecía oculto y no podías ver. Quizás la experiencia que estás viviendo, al igual que la que yo viví, se convierta en tu gran oportunidad para despertar y elevar tu consciencia individual, y para que juntos elevemos la consciencia universal. Quizás tengas que vivir algunas experiencias más profundas para tocar fondo y no tener otra opción que entregarte finalmente a experimentar a través del dolor y el sufrimiento tu capacidad de sentir paz y de amar. Sin embargo, la habilidad que manifiestas para seguir creciendo y mejorando, tu intención de quererte más, aunque en estos momentos no coincida con tus acciones, es un signo de madurez espiritual y de que vas por buen camino. Puedes aprovechar las oportunidades que se te presentan para hacer un cambio, o puedes elegir dejarlas pasar. La decisión es solo tuya. La única seguridad que puedo compartir contigo, después de vivir mi propia experiencia, es que puedes cuidar de ti mismo y al mismo tiempo transformar completamente tu vida si eliges sinceramente hacerlo. Ante ti tienes dos posibilidades. Puedes seguir siendo una víctima que deja que los juicios de los demás sean más importantes que lo que realmente sientes y deseas, o puedes retomar el poder que tienes para convertirte en la persona que deseas ser, tu mejor versión, y ser un embajador del cambio que el mundo está viviendo para inspirar a los demás.

La razón por la que al principio de este libro elijo compartir contigo la lucha que existe entre estos dos tipos de energía en tu interior es para que no te sientas diferente y que veas que no estás solo en este camino, ni tomes tus experiencias como algo personal desconectado del mundo entero, sino como un proceso muy normal en el cual todos nos encontramos y pasamos por experiencias similares, aunque la forma sea distinta.

Cada emoción, cada pensamiento, cada experiencia que vivas es un regalo que tienes a tu alcance para conocerte mejor y poner en práctica cómo aprender a quererte de nuevo. Tu dolor, tu sufrimiento, tus miedos y tus dudas, tus secretos más profundos y tus sombras más oscuras, se pueden convertir en tus grandes maestros personales para despertar del hechizo y la ilusión donde estabas viviendo si te das el permiso de estar en su presencia, y de este modo descubrir y crear un espacio en tu interior donde puedas dar cabida al amor, a la paz y a la alegría a pesar de las circunstancias que estés viviendo en estos momentos.

Lo más maravilloso de abrirte a esta nueva era de la energía femenina es que te permitirá apreciar la sensibilidad que existe en tu vida, transformar tu cuerpo en un palacio y no una prisión, y entender que el amor significa la libertad de todo aquello que te quita la paz.

CAPÍTULO 4:

ATRÉVETE A VOLAR

Después de este pequeño paréntesis para que tomes consciencia de que no estás solo en tu despertar, juguemos a ser niños una vez más.

¿Te acuerdas de cuando eras pequeño y abrías tus brazos y los movías deprisa corriendo de un lado para otro como si fueras a volar? Ahora te invito a regresar a esa hermosa inocencia, que por cierto sigue existiendo en tu interior esperando que vayas a su encuentro, para visualizar por unos instantes que te conviertes en un bello pájaro, o, si lo deseas, en una hermosa mariposa.

EJERCICIO: A VOLAR

Para hacer este ejercicio, cierra los ojos y fíjate primero en cuál es el primer tipo de pájaro que viene a tu mente cuando te invito a visualizarlo. ¿Una paloma? ¿Un águila? ¿Un loro? ¿Un canario? ¿Una mariposa? Cuando puedas ver su forma y el colorido de sus plumas o sus alas, sentir su presencia empezando a cobrar vida en tu interior, trata de visualizar si se encuentra en la rama de un árbol o en lo alto de un acantilado, e imagínatelo volando y bailando con el viento en un día soleado. Siente su libertad y su esencia, y trata de observar al mismo tiempo cuáles son tus propias emociones ante esta hermosa escena. Para conocerte mejor es importante que te dejes llevar por la imaginación y al mismo tiempo ser consciente de lo que pasa en tu cuerpo para apreciar aquello que la mente no te deja ver.

Ahora imagínate que ese mismo pájaro va a descansar por la noche, se va a dormir, pero, cuando se levanta con los primeros rayos del sol por la mañana y empieza a cantar feliz por volver a disfrutar de un nuevo día, se encuentra con la desagradable sorpresa de que una de sus patitas está amarrada al suelo con una pesada cadena y no puede volar como es su intención.

Así es como siento que vivimos la gran mayoría. Deseando ser libres y deseando vivir la vida de nuestros sueños, pero sin posibilidad de hacerlo. Por un lado, nuestro impulso es volar lo más alto posible, pero, por otro lado, no nos atrevemos a dejar el mundo que nuestra mente ha creado por tanto tiempo y en el que nos hemos acostumbrado vivir. El gran sufrimiento de los seres humanos se encuentra justo en ese preciso lugar donde las dos fuerzas opuestas compiten entre ellas mismas: la fuerza que tu Ego ha creado para mantenerte conectado a un mundo ilusorio, y la fuerza de tu verdadera naturaleza que te impulsa a conocer todo tu potencial.

Esta gran batalla entre las dos fuerzas será una constante a lo largo de toda tu vida que, si eliges reconocerla, te permitirá saber quién tiene el control y te retará a elegir qué camino tomar. De este modo, es como tú tomas control de tus decisiones, despertando la consciencia a tu realidad. Pero para ser libre de verdad tienes primero que reconocer y aceptar la esclavitud a la que nos hemos sometido sin apenas darnos cuenta al dejar que los miedos, las inseguridades, las excusas, el conformismo, el odio, la envidia, la negatividad o la venganza guíen nuestras vidas. Espero que en este libro descubras la llave y la combinación para poder abrir esas pesadas cadenas que no te permiten vivir tu potencial.

EL ÁNGEL VOLADOR

Sigamos jugando un poquito más con nuestra imaginación. Ahora vamos a borrar como si se tratase de una pizarra la imagen anterior y vamos a crear un nuevo lienzo completamente blanco y hermoso. Cierra los ojos una vez más y respira profundamente hasta que te sientas relajado. Trata de poner toda tu atención en un recuerdo bonito en tu vida que te llenó de amor y déjate llevar por esas hermosas imágenes y sensaciones. Ahora, visualízate en lo alto de una bella montaña, vestido de blanco de pies a cabeza, con mucha luz a tu alrededor y con grandes alas blancas. Aunque te cueste, trata de hacer este ejercicio con los ojos como si de nuevo fueras un niño pequeño soñando. Visualiza que te has convertido en un hermoso ángel poderoso lleno de luz observando todo lo que existe a tu alrededor con mucho amor. Observa tus grandes, bellas y fuertes alas, y siente toda la energía de tu cuerpo sintiendo el impulso de abrirlas con majestuosidad como si fueran a abrazar al mundo entero. Te invito a que te des el permiso de sentir la vibración en tu cuerpo, la energía en tu interior, la luz que destellan tus ojos, el poder de tu corazón cuando se encuentra conectado con tu verdadera esencia, y la fuerza de tu cuerpo conectado con el poder de tu mente y de tu espíritu antes de abrirte al mundo y lanzarte al vacío. Siente la seguridad de estar protegido bajo un manto de amor que te permitirá volar y llegar donde quieres. Haz el esfuerzo para imaginarte la fuerza, el poder y la belleza de abrir tus bellas alas y emprender el vuelo.

Trata de grabar esta poderosa y bella imagen llena de hermosas sensaciones en las paredes de tu corazón y compártela con cada célula de tu cuerpo. Este primer paso de poder abrirte a conocer tu verdadero potencial solo lo puedes llevar a cabo cuando libremente eliges ir en su búsqueda. De momento, solo tienes que poner el esfuerzo de encontrar el tiempo para entregarte con la mejor actitud posible a crear esta hermosa visión en tu interior y a la posibilidad de experimentarla.

Parece fácil hacer este tipo de ejercicios usando el poder creativo de nuestra mente, pero, como te darás cuenta, puede ser más complicado de lo que imaginamos, porque hemos dejado de soñar y nos hemos desconectado de la visión creativa y compasiva de la energía femenina que llevamos en nuestro interior. Además, nuestra mente nos hace creer que este tipo de ejercicios no tiene sentido y es ridículo. No juzguemos nuestra mente tan fácilmente y aceptemos su papel para retarnos a vivir las experiencias que tengamos que descubrir. La decisión es tuya.

De momento, observa lo difícil que es soñar o descansar del ruido de tu mente, y práctica enviando una orden amorosa a tu mente para permitir descanso a tus pensamientos, creencias e interpretaciones de tu realidad, con el fin de acudir a una conexión más íntima con tu Ser. Aprovecha estas hermosas visiones que ya estás empezando a sentir para agradecer a tu Ser interior la oportunidad de dedicar este valioso tiempo y esta preciada energía a conocerte un poquito más, y abre tu corazón para llamar a tu niño o niña interior para que juegue contigo y te enseñe cómo volver a soñar, cómo volver a recuperar la ilusión, y cómo volver a creer de nuevo en la magia y los milagros.

Elegir tomar decisiones sin la interpretación de tus propios pensamientos o de las creencias de otras personas es clave para el éxito de tu viaje de autotransformación personal. La experiencia la creas tú cuando eliges vivirla. Tu actitud activa y positiva de honrar este preciso instante, de estar conectado con tu consciencia en el momento presente para darte la oportunidad de vivir algo nuevo, y de saber que lo haces porque quieres lo mejor para ti y porque te amas, te permitirá tener una mayor seguridad y confianza en ti mismo en cualquier instante. Para volar no tienes que fijar tus ojos en el horizonte, sino simplemente sentir que tienes el poder de volar. Deja de ver hacia fuera y enfócate a mirar dentro de ti. Para convertirte en la persona que deseas ser, no tienes que creer que puedes llegar a serlo, tienes que sentir que ya lo eres.

Aunque creas que estás completamente perdido en tu vida, sin saber qué hacer en estos momentos, aunque pienses que no tienes más fuerzas para seguir adelante, nunca dejarás de ser quien ya eres, alguien muy especial, un ser lleno de luz y amor, con un instinto natural para volar. Tu Ser está esperándote para ir a tu encuentro cuando tú decidas ir en su búsqueda para demostrarte tu verdadera identidad.

NOTAS REVELADORAS

Yo soy un apasionado de la escritura como método para descubrir cosas que la mente no me deja ver y para poder desenmascarar las ilusiones que mis propios pensamientos me hacen creer muchas veces en contra de mis deseos. Te invito a que tú también tomes notas de tus pensamientos y emociones en un diario personal, en una agenda o en tu computadora, para poder acercarte a tu realidad a pesar de que no te guste lo que sientes o lo que piensas, para conocerte un poco mejor, y para iniciar tu propia transformación. Trata de identificar primero cuáles son tus pensamientos y creencias que puedan causarte dolor en estos momentos, acepta las expectativas que tienes acerca de cómo debería ser tu vida, o las suposiciones que tienes de cómo crees que deberías ser, y toma buena nota de todo lo que percibes, con tus pensamientos y tus emociones. Cuanto más honesto y sincero seas contigo mismo, mejor serán los resultados. Hace falta mucho valor enfrentarse a la realidad, pero todo tu esfuerzo recibirá mucho más que su merecida recompensa. Dentro de cada uno de nosotros tenemos el mayor tesoro que podamos imaginar, y estamos tan cerca que no lo podemos ver.

Para convertirte en la persona que quisieras ser tienes que dejar ir los fantasmas de la persona que fuiste, las identidades que has creado para poder encajar en un papel determinado y que asumiste en el pasado, y liberar el dolor que oprime tu corazón. Es importante que entiendas que tu felicidad no depende para nada de tus creencias, ni de tus experiencias, y mucho menos de lo que digan u opinen los demás. La felicidad, al igual que el amor y la paz, no se puede condicionar, ni buscar, ni esperar, ni desear. Solo surgirán cuando tu cuerpo, tu mente y tu espíritu se encuentren sincronizados con tu energía masculina y femenina.

Nada pasa por casualidad. Ni antes ni después. Todo germina, al igual que una simple semilla, o una flor, o una fruta, justo cuando se dan las condiciones propicias para que se produzca la magia de la transformación. Todas tus experiencias, tanto las buenas como las malas, tanto aquellos momentos en que lograste grandes éxitos como cuando fracasaste, todos tus miedos y tus alegrías, tus aciertos y tus malas decisiones tienen una hermosa misión que cumplir para llevarte de la mano a que aprendas a volar. Lo que siempre hemos considerado enemigos u obstáculos no son más que pruebas en nuestro camino para acercarnos a conquistar lo imposible. El cielo no está tan lejos de ti como te imaginas, ni tú estás tan desconectado de tu potencial como crees.

Si en estos momentos pudieras ver mi rostro y notar cómo mis ojos brillan al expresar estas palabras, si pudieras sentir mi energía y pudiera abrazarte, podrías ver todo el amor y toda la energía que siento hacia ti en este maravilloso instante por darte la oportunidad de reconocer toda la magia y la belleza que existe en tu interior y que existe en mi interior. Me conmueve poder escribir sobre emociones y experiencias que recientemente pude vivir en mi propia piel, y aunque me encantaría poder expresarme mejor, espero que tu corazón empiece a latir con esperanza, sintiendo que estás en el camino para descubrir aquello que solo puedes sentir, tu libertad.

CHISPA DE LUZ

Mi caso personal fue muy similar al de cualquier otra persona. A pesar de leer muchos libros, asistir a muchos talleres y conocer a grandes maestros, solo la experiencia en el momento preciso pudo guiarme para atreverme a ir más allá de mis pensamientos y de mi dolor, para conocerme mejor. Cuando las propiedades son las correctas, como ese hermoso capullo de flor cerrado antes de abrir todos sus pétalos para mostrar la plenitud de su belleza, la vida, tan sabia como es y sin darte ningún tipo de explicaciones, sabe cómo llevarte al preciso momento que tienes que vivir para tomar esa decisión que te permita abrir tus alas para saltar al vacío y volar.

Lo único que necesitas para dar ese gran salto de fe en tu vida es sentir una chispa de luz que haga conexión en tu interior, y sentirás cómo todo tu Ser empieza a vibrar con una renovada energía conectada con tu esencia y tu propósito de vivir. Veamos si ahora juntos somos capaces de crear pequeñas chispas de luz en nuestro interior que nos den la confianza y la seguridad para atrevernos a dar el gran salto y volar.

Aunque puedas sentirte solo en este mundo o consideres que nadie te entiende, no eres el único. Al igual que tú, recuerda que hay millones de personas que se encuentran en estos momentos en el mismo lugar donde estás tú ahora, pasando por experiencias muy difíciles y trágicas para hacer su propio despertar. Hay mucha gente que se está dando cuenta de que nuestra forma de vivir ya no tiene mucho sentido y no nos está llevando por el mejor camino. Tan solo tienes que ver las noticias, poner atención a los comentarios de la gente que tienes a tu alrededor, o ser honesto en tu propio diálogo interior, para ver cómo estamos separándonos y sufriendo más, en lugar de acercarnos y sentirnos en paz.

A tu alrededor, e incluso en tu interior, puedes ver y sentir cómo se está librando una gran batalla. Quizás hasta ahora no te diste cuenta de que esa batalla interna que te quitaba horas de sueño y te mantenía con tanto estrés, ansiedad y pesimismo todos los días era una lucha por el poder entre la luz y la oscuridad, entre el miedo y el amor, entre tu energía masculina y tu energía femenina. La misión consciente de esta lucha interna es crear una explosión de luz, una chispa, que provoque un cambio y, al mismo tiempo, un nuevo renacer. Estamos entrando en una etapa clave en tu vida, en un período muy importante para el futuro del planeta y, a pesar de que el proceso será duro, traumático y difícil de vivir —pues tenemos que derribar los muros que hemos construido por tanto tiempo—, muy pronto serás testigo de tu propio florecimiento y del de la humanidad.

La vida no siempre es fácil y te puede dar grandes sorpresas que te hacen sentir infeliz y desorientado. Pero será en esos precisos momentos en los que sientas que has tocado fondo y te encuentres desnudo y vulnerable ante el mundo, en los que ya no tengas nada más que perder, en los que tus miedos e inseguridades dejarán de tener fuerza porque ya no encuentran nada contra lo que luchar, en los que caes rendido y agotado en esa oscuridad, cuando una fuerza de luz surgirá de lo más profundo de tu Ser para levantarte de donde estás e iniciar una nueva etapa en tu vida.

Tú eres la joya más preciada que existe. Un diamante tan hermoso y grande que podría hacer brillar un universo entero si fuera necesario. De lo contrario, te aseguro que no estarías vivo en estos momentos. Es la luz y ese amor puro en tu interior quien da vida y energía a todo tu cuerpo, la que pone tu mente en funcionamiento, y la que te impulsa a conquistar tus sueños. Cuando dejes de buscar lo que ya eres y te dejes llevar con certeza y seguridad por quien eres, entonces entenderás la sutil diferencia de lo que significa sentir en lugar de tener. Quizás te resulte difícil imaginarte lo especial y maravillosa que es tu vida en estos precisos momentos, y lo afortunado que eres por tener esta oportunidad de experimentarla y llevar a cabo tu gran transformación. No te imaginas lo especial que eres por abrirte simplemente a esta posibilidad. Al tiempo, tiempo, y verás cómo me das la razón, y tú mismo te conviertes en ejemplo y embajador de estas mismas palabras. Toda la energía que da vida a las plantas, a los animales, que mueve la tierra y hace brillar las estrellas, que crea y desarrolla la vida en un ser humano desde que es un pequeño bebé hasta convertirse en un ser adulto, está dentro de ti en estos precisos instantes. ¿Puedes abrirte a sentirlo? No necesitas nada más en estos momentos. Ya lo tienes todo. Si tienes un poco de fe, si crees en el poder del amor, si te gusta soñar, te invito a que plantes en tu interior una semilla, una posibilidad, una esperanza, para que poco a poco pueda crecer y ayudarte a sentir con mayor claridad la esencia de tu vida.

Tú ya eres, y siempre fuiste, y siempre serás, una chispa de luz que sostiene el Universo entero. De esa misma energía que sostiene el sol, la luna y las estrellas, eres tú. Amor puro en su más absoluta belleza. Y esa luz maravillosa que tienes en tu interior posee el don de iluminar tu vida y de inspirar la de los demás, pero en especial tiene el poder de crear milagros para que puedas abrir tus maravillosas alas y volar con libertad.

SEGUNDA SEMILLA
Cara y cruz

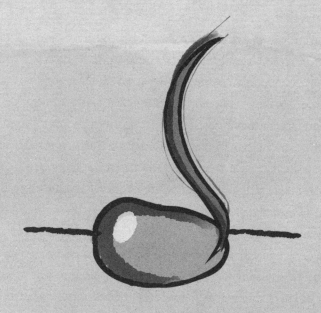

CAPÍTULO 5

GUERRERO DEL AMOR

LAS ARMAS DE GUERRERO

Mientras que en la primera etapa de este libro mi intención era compartir contigo el contexto de dónde estás y una visión de hasta *dónde puedes* llegar, en esta segunda etapa quiero ofrecerte las primeras herramientas necesarias para conquistar con éxito el mayor obstáculo que vas encontrar en tu camino de transformación: tu mente.

Por experiencia personal, creo que cuando tienes que vivir una etapa de crisis y de caos, lo que muchos conocen popularmente con tocar fondo, es cuando surge ante ti la oportunidad de observar en vivo y en directo, y a todo color, el poder de las dos caras de tu propia mente que libran todo el tiempo una batalla en tu interior para ver quién toma el control de tus emociones y decisiones. Por un lado, encontrarás una parte de ti que es positiva, que apuesta por cambiar, que es creativa y que busca constantemente encontrar soluciones ante los problemas que tienes; pero, por otro lado, hay una parte de ti *más oscura, negativa y pesimista que te llena de miedos*, inseguridades y excusas para impedir el cambio en tu vida. Ambas fuerzas, a pesar de ser opuestas, están más unidas de lo que parecen, pues, al igual que la energía masculina y femenina se necesitan la una de la otra para sacar tu máximo potencial, ambas tienen el propósito de que puedas enfrentarte a la realidad y retarte a descubrir tu verdadera esencia.

El proceso para superar esta batalla que se libra en tu mente, y que casi siempre se tiñe de un color oscuro, no es tan *fácil* como puede parecer, pues para superarla primero tienes que enfrentarte a una parte de ti que normalmente nos cuesta mucho, la de hacer frente a nuestras propias dudas, miedos e inseguridades. Pero, en el momento en que empiezas a aprender cómo acercarte a ellos y entiendas mejor el papel que cada uno juega en tu propio bienestar y felicidad, tu vida cobrará un nuevo sentido al despertar a un nuevo nivel de consciencia que te permitirá tomar mejores decisiones y pasar con firmeza para pasar a la acción y transformar tu vida.

La mejor manera que tengo para ilustrar cómo vencer la barrera negativa de tu propia mente es preparándote como si fueras un guerrero antes de ir a una importante batalla. Pero, por favor, no malinterpretes negativamente el uso del término «guerrero», pues mi intención no es usar la violencia, sino todo lo contrario, que entiendas las cualidades y valores que un buen guerrero debe tener para luchar con seguridad y dignidad contra el mundo de las sombras para llegar a la luz, usando las únicas armas que podrán traer paz a su mente y a su corazón. Estas armas son el amor, la compasión, el agradecimiento, la empatía y el perdón, que unidas al valor, la fuerza, el enfoque y la determinación lograrán que conquistes con éxito tus miedos e inseguridades para convertirte en la persona que estás destinada a ser.

Cuando tomes consciencia de que en tu Ser ya tienes todas las cualidades para ser un gran guerrero del amor, y de que estás mejor preparado de lo que imaginas, solo te restará tomar la decisión de ir con valor y determinación al encuentro de tus sombras y tus fantasmas.

LOS MISTERIOS DE NUESTRO MUNDO INTERIOR

Para poder entender un poquito mejor de dónde vienen esos pensamientos y emociones negativas que tanto nos limitan y paralizan en la vida, veamos más de cerca algunos de los misterios que encierra nuestro mundo interior.

Más allá de tu cuerpo físico, de tus propios pensamientos, sentimientos y emociones, si te dejas llevar por tu respiración y te abres a la posibilidad de sentir, podrás encontrar una energía difícil de describir que conecta tu vida con la del Universo. El pensamiento y la emoción no son *más que* dos elementos claves que interactúan todo el tiempo juntos, y que se encuentran justo en el camino entre donde estás *tú y donde se encuentra la luz*. Imagínate una densa nube negra, una niebla muy pesada, una cascada oscura que no te deja ver qué existe en el otro lado. Tendrás que armarte de valor para vencer y transcender tus propios pensamientos y emociones limitantes para ir más allá de tus creencias existentes y conectarte con tu esencia para atreverte a atravesar dicha barrera y descubrir toda la luz que hay en el otro lado.

Dentro de cada ser humano, tanto en hombres como en mujeres, existe la esencia de esa sabiduría universal que nos impulsa a encontrar solución a los problemas del mundo y a los problemas que experimentamos en nuestro interior. Este conocimiento no pertenece en especial a ninguna cultura, religión o sociedad, sino que se trata de una esencia que late en el corazón de todas las personas a lo largo de la historia. Sin embargo, en muchos casos, esta sabiduría universal está adormecida esperando que vayas a su encuentro.

El actual estado del mundo, con el peligro latente de los ataques terroristas y de una guerra nuclear, con el poder dictatorial de muchos países, la proliferación del odio y la violencia entre la población, y la inestabilidad social, política y económica en todas las culturas, provoca motivos de preocupación y alarma para todos. Que elijas ser un guerrero espiritual no significa que ante un problema en tu vida vas a actuar con violencia, que es la causa de los problemas que sufrimos en el mundo, sino que obrarás con valentía porque dejas de tener miedo a descubrir quién *realmente* eres. Ser un héroe no implica que no puedes ser amable contigo y los demás al mismo tiempo. Como un gran guerrero tienes que decretar con determinación tus deseos de luchar contra el mal y utilizar el amor como tu arma; y aceptar lo que te está pasando con agradecimiento como tu oportunidad de demostrar tu valentía sin dejar de asumir la responsabilidad de cambiar tu situación para tu propio bien y el de los demás.

Mucha gente piensa que ocuparse de la salud física, del bienestar personal, y de la búsqueda de la paz y la felicidad es un acto egoísta en el mundo en el que vivimos, cuando en realidad es justo todo lo contrario, un gran acto de amor. En realidad, si te paras un instante a pensar, puedes darte

cuenta de cómo al desatender tu salud física, mental y espiritual estás creando murallas más grandes difíciles de superar que no solo te separan de los
demás, sino de ti mismo y tu verdadera esencia.

Un guerrero espiritual tiene la fuerza de voluntad y la valentía para
dar la bienvenida a todo aquello a lo que se enfrenta, conociendo que su
fortaleza no está en la fuerza física, sino también en su fuerza mental y
espiritual para no dejarse engañar fácilmente por sus propios pensamientos
y creencias al interpretar las opiniones de los demás. Este tipo de guerreros
son conscientes de que su mejor arma no es la defensa, sino la presencia.
Por dicho motivo, aunque ciertas personas, o tus propios pensamientos te
digan que ya no vale la pena luchar para mejorar tu vida, que ya todo está
perdido, que nunca *más* podrás recuperarte, y que todo deja de tener sentido, dentro de ti siempre puedes sentir, si te das el permiso de hacerlo, la
fuerza, el latido, el valor del guerrero que habita en tu corazón y que nunca
se rinde para descubrir a través de la experiencia que estás viviendo el propósito de tu vida.

Aunque en estos momentos puedes pensar que quizás nunca tendrás el
poder para superar el dolor que estás pasando, o el valor para enfrentarte
a tus grandes miedos, la esencia del guerrero de la luz está siempre en tu
interior esperando que vayas a su encuentro. A través de un impulso, de
una intención sincera, a través de tu respiración y del silencio, a través de tu
entrega voluntaria a tu Ser superior, podrás encontrar el camino para despertar tu valentía y toda tu luz.

Un guerrero del amor no trata de imponer sus propias ideas a los demás
ni de ofrecer su ayuda a cambio de algo. Un guerrero del amor actúa porque
le nace del mismo corazón desinteresadamente, y porque ofrece aquello que
primero se da a sí mismo. Para poder ayudar a los demás, primero tienes
que conocerte y aplicar en tu propia vida todo lo que vas descubriendo en
el camino. Y, por ese motivo, es muy importante que cuides lo mejor que
puedas tu salud *física*, porque vas a necesitar de todas las fuerzas precisas y
tener la mejor energía para examinar tu propia vida y vivir tu propia batalla,
pues solo a través de la experiencia podrás descubrir las herramientas y la
sabiduría para elevar tu vida y la vida de los demás. Si fuéramos capaces
de ver más allá de los problemas, las sombras y la confusión que existe en

nuestra propia mente y en la de los demás, podríamos descubrir la hermosa esencia que habita en el interior de todos los seres humanos.

El reconocimiento del bien y la belleza que existe en el mundo solo se produce a través de experiencias simples en nuestras vidas, las cuales, si te abres a la posibilidad de percibirlas, están sucediendo constantemente a nuestro alrededor. En una imagen, en un sonido, en un aroma, en un tacto, en un sabor, puedes conectarte al instante con la pureza, la belleza, la frescura y la delicadeza del privilegio de vivir y de amar. Si todos los seres humanos pudiéramos desarrollar y apreciar la perfección y majestuosidad de la naturaleza, la belleza de todas las culturas, los incontables actos de amor que suceden todo el tiempo, el mundo se transformaría en un verdadero paraíso y dejaríamos de ver nuestra existencia como un infierno para sentir que estamos en el cielo.

ENTRENAMIENTO DE LA ENERGÍA ESPIRITUAL

Al igual que ocurre con la memoria en tu mente y los músculos en tu cuerpo *físico*, tu energía espiritual también tiene que pasar por un entrenamiento diario para despertar su máximo potencial. Este entrenamiento personal lo haces a través de la convicción que tienes en el amor, en la calidad de los pensamientos y las palabras que utilizas, en las decisiones y acciones que tomas todos los días por tu salud y tu bienestar, en las interpretaciones que haces de lo que escuchas y de lo que ves, y en la manera como te enfrentas a tus propios miedos e inseguridades. Igual que necesitas estudiar una carrera para ejercer de doctor, o entrenarte todos los días para correr un maratón, también tienes que pasar por varias pruebas internas antes de enfrentarte a tus verdaderas sombras. Por eso, tengo la certeza que estás donde tienes que estar, en un período de entrenamiento para combatir en la lucha entre el bien y el mal que existe no solo en el mundo exterior, sino especialmente en tu mundo interior.

Esta prueba de entrenamiento no tiene una fecha de caducidad, y con el tiempo te darás cuenta de que, al igual que sucede con el entrenamiento físico, será un entrenamiento para toda la vida. Durante estas primeras etapas de despertar es muy normal que te sientas ilusionado y te entregues con mayor dedicación e ilusión a tu propósito de descubrir todo tu potencial para marcar la diferencia en el mundo y convertirte en tu mejor versión. Puede ser que algunas pruebas personales te lleven más tiempo del que imaginas en estos momentos y te quedes agotado y sin fuerzas; y puede ser que creas que ya lo tienes todo aprendido y entonces te llegue una prueba inesperada que te haga ver que no sabías lo suficiente y que te faltaba más preparación. Pase lo que pase, no veas tus experiencias como fracasos, sino como parte necesaria en el proceso de entrenamiento. Será en estos precisos y delicados momentos cuando tengas ante ti la verdadera oportunidad de poner en práctica tus conocimientos aprendidos y ser testigo de dos cualidades que te ayudarán a superar la prueba: tu fe en ti mismo y en el Universo para encontrar una solución, y la importancia del sentido del humor para cuestionar todo lo que está pasando, despertar tu creatividad y entender que la experiencia que estás viviendo es parte de tu despertar. Entonces cuando te das la oportunidad de poner a prueba tu valor en los momentos difíciles se producirá esa conexión que necesitabas sentir para poder entender lo que racionalmente no podías comprender.

Esta época de crecimiento y desarrollo en la que te encuentras puede llegar a ser aterradora, pero, al mismo tiempo, quizás sea la etapa más especial y reveladora de tu vida si te das la oportunidad de vivirla y terminarás agradeciéndola como una etapa clave y muy importante en tu vida. Tal vez no puedas reconocer la bendición y perfecta sincronización de todo lo que te está pasando en estos momentos para tu propio despertar pues carece de lógica en estos momentos, y tardes un tiempo en poder entender el verdadero propósito de tu experiencia personal, pero puedes empezar a sentir que ante ti se está abriendo la posibilidad de una oportunidad de cambio.

Este período de entrenamiento donde descubres la fuerza y el valor que necesitas para enfrentarte a tus excusas, a tus inseguridades y a tus miedos, es una fase de iluminación que no puedes desperdiciar, pues será este primer contacto con tus vulnerabilidades lo que te permita rozar tu divinidad y tu potencial.

Cada ser humano puede hallarse en diferentes etapas de su propio crecimiento personal, pero tarde o temprano surge una voz en su interior que anhela la integración de su ser, de su existencia, con una realidad más amplia que la suya, que desea descubrir no solo el propósito de su vida, sino su relación con los demás y con la naturaleza. Esta búsqueda es muy sutil y muy pocos pueden sentirla, pues para reconocerla tienes que aprender primero a escuchar en el silencio tu propia voz y reconocer su presencia. Esta sensibilidad solo podrás sentirla y recibirla si tu búsqueda de transformación es sincera, voluntaria y libre. Y cuando llegue ese momento, el cual estoy seguro de que está pasando, pues de lo contrario no estarías aquí leyendo estas palabras, descubrirás cómo a medida que emprendas tu proceso de interiorización para conectarte con tu esencia a través de la contemplación, la oración y la meditación, surgirá una fuerza opuesta igualmente poderosa que tratará por todos los medios de impedirte el progreso. Cuando se produzca este momento crítico donde sientes la intención de cambiar, pero los miedos te paralizan, en esta lucha interna, es donde tendrás la oportunidad de poner tu guerrero en acción para librar una de las batallas más cruciales en el camino de tu crecimiento personal. Quizás no ganes tan fácilmente como creías el poder de tus miedos, pero con la práctica y la experiencia irás ganando en fuerza y en sabiduría para convertirte en un gran guerrero.

Una vez te das el permiso para reconocer las cualidades del guerrero que habita en tu interior, cada sensación, cada contacto, cada experiencia y cada relación en tu vida se convierte al mismo tiempo en una lección impartida y en una enseñanza recibida. Cuando sientes que tu vida es buena y genuina, y sientes el poder del amor manifestado a través de tus palabras y acciones, y mediante todo lo que observas a tu alrededor, entonces ya no tienes que engañarte *más* a ti mismo, ni tratar de engañar a nadie. Es en ese momento cuando podemos reconocer nuestras debilidades sin sentirnos culpables y convertirlas en nuestras mejores cualidades para transformarnos, y podemos ver el potencial de marcar la diferencia en la vida de los demás a través de nuestro propio ejemplo.

La verdadera esencia de un guerrero espiritual es no darse nunca por vencido a pesar de las dificultades, ni dejarse vencer por el pensamiento que su vida no importa. Si nos proponemos tener una visión positiva del mundo, fomentamos la paz en nuestro interior y hacemos todo lo que está en nuestras manos para seguir avanzando, no seremos copartícipes de una visión negativa del mundo, sino todo lo contrario, seremos creadores de un nuevo mundo lleno de esperanza, amor y oportunidades para todos.

LA HERRAMIENTA DEL AIRE

Una de las grandes herramientas que tienes a tu disposición para iniciar este camino de despertar es tomar consciencia del elemento que te da la vida: el aire. Desde tu primer aliento cuando llegas al mundo, hasta el último aliento que sale de tu cuerpo antes de morir físicamente, el aire es el elemento fundamental que conecta tu cuerpo físico, mental, emocional y espiritual para ponerlo en funcionamiento. Y es en este preciso elemento tan básico y necesario para la vida de todos, al cual le prestamos la menor atención, donde encontramos la herramienta más poderosa, sanadora y transformadora que tenemos a nuestro alcance para conectarnos con nuestra propia divinidad.

Gracias a la respiración podrás atravesar con éxito la barrera del sufrimiento y de los miedos que has estado sintiendo todos estos *últimos años* y descubrir cómo es posible sentir paz en medio del caos, y sentir amor en medio del sufrimiento. Este fue mi gran descubrimiento, cuando en mi experiencia personal me atreví a conocer una nueva realidad que mi mente se negaba a aceptar. Espero que mis palabras y mi energía se conviertan en un oasis de esperanza en medio del desierto que estés atravesando. Atrévete a descubrir el hermoso sonido del silencio a través de la respiración de tu cuerpo. Atrévete a llenarte de luz con cada inhalación y a expulsar todas las emociones y pensamientos negativos a través de tu exhalación para desintoxicarte y llenarte de renovadas energías. Atrévete a entregarte en ese silencio al amor en oración para descubrir su milagroso poder. Y atrévete a escuchar y contemplar la belleza de tu Ser en tu meditación para abrirte a todo tu potencial.

EJERCICIO DE MEDITACIÓN

Vamos a tratar de hacer un pequeño ejercicio juntos para que puedas experimentar lo que significa ser un verdadero guerrero espiritual a través del ejercicio de la meditación. Si lo deseas, te invito a que leas primero la meditación completa y, cuando termine la explicación, dejes el libro a un lado para cerrar los ojos y llevarla a la práctica.

Donde estés en estos precisos momentos, trata primero de ponerte en una posición cómoda. No cruces las piernas ni los brazos, para dejar que la energía fluya libremente. Y trata de relajarte empezando a respirar conscientemente. Si quieres, quítate incluso los zapatos y los calcetines, desabróchate el cinturón o el botón del pantalón para estar más cómodo, y quítate las joyas y el reloj. Al ir preparándote para hacer este ejercicio, ya estás demostrando tu intención y enviando un mensaje poderoso a tu cuerpo y a tu mente de que estás listo para meditar. Aunque no lo creas, este primer paso es tan importante como el acto de meditar, pues en la intención y la proyección siempre se mueve la dirección de los pensamientos y la acción. Ahora relaja tu cuerpo y estira tu cuello de un lado para otro para relajar tus hombros, trata de mantener tu espalda recta, si quieres, apoyada contra la pared, una silla o incluso en el suelo, y relaja tus brazos, tu torso y tus piernas, realizando al mismo tiempo unas respiraciones profundas. Si tienes a mano una vela, enciéndela y baja un poco las luces. La fragilidad y la belleza de la luz de la vela es un hermoso *símbolo* que te ayudará a atraer la luz de tu interior. No te preocupes ni te obsesiones con respecto a si lo estás haciendo bien o mal. Deja a un lado las expectativas de lo que creas que tienes que sentir o experimentar y observa este ejercicio como un acto de amor.

Aunque sé que es difícil, trata de hacer oídos sordos a tus propios pensamientos en estos momentos por muy ruidosos que sean, ignóralos; y, si quieres, visualiza los tres monitos famosos, uno con las manos en los ojos para no ver, otro con las manos en los oídos para no escuchar y otro con las manos en la boca para no hablar, para enviar un mensaje claro y directo a tu mente y tus pensamientos. Quizás al principio te sientas confundido, pero es importante que experimentes cómo el humor y la paciencia son claves para conquistar el ruido que otros muchos monos salvajes, como yo los llamo, van a causar dentro de tu propia mente para distraerte. Ya verás como cuando menos te lo esperas, tus pensamientos juegan contigo para evitar que te enfoques en tu respiración y consigas tener la mente en blanco. Cuando los pensamientos traten de entrar de nuevo en tu consciencia, un proceso que es muy normal, visualiza otra vez los tres monitos tratando de ignorar por todos los medios el ruido de sus compañeros, y pon de nuevo toda tu atención en la respiración. Ten en cuenta que por mucho tiempo has dejado que esos monos juguetones hicieran lo que quisieran y es normal que te cueste un poco mantenerlo en control.

Como te explicaré más adelante, esos monitos escandalosos que no te dejan concentrarte o relajarte representan todos tus miedos e inseguridades, tus pensamientos limitantes y tus creencias, y están tan acostumbrados a hacer lo que quieren todo el tiempo que no entienden por qué de repente no les puedes hacer caso. Estoy casi convencido de que no te van a obedecer y de que harán todo lo posible para que abandones este ejercicio de meditación, pero no pasa nada, pues, si te sucede lo que te estoy diciendo, significa que estás en el camino correcto. Este proceso es parte de tu maestría. Tu objetivo es simplemente tratar de ignorarlos como si no los pudieras escuchar. Relájate y deja que tus pensamientos griten y jueguen. Simplemente sigue respirando y no te muevas de la posición que tienes, como si fueras una estatua de piedra respirando. El solo hecho de experimentar cómo sentirte de esta manera, evitando la tentación de moverte, de rascarte, de hacer caso a un pensamiento, de distraerte o de querer levantarte, ya es un tremendo ejercicio de crecimiento personal.

Cuando estés listo, cierra los ojos con delicadeza. Respira hondo y suelta un suspiro de los que realmente suenan como si estuvieras completamente enamorado. Si lo necesitas, haz más de un suspiro hasta que te sientas mejor y más relajado, y dejar ir con ese soplido de aire todas las tensiones, emociones y estrés que puedas sentir en tu interior. Poco a poco, empieza a tomar consciencia del aire que entra por tu nariz y sale por tu boca, y al cabo de unos instantes trata de ver si puedes guiar el aire en su recorrido a través de tu cuerpo, entrando y saliendo por tu nariz lentamente. Con los ojos cerrados, siente cómo crece el amor en tu corazón y abandona tu conexión con tu cuerpo físico, empezando a crear un ritmo en tu propia respiración, contando muy despacito los segundos que tardas en tomar el aire, del uno al tres —o del uno al cuatro, como te sientas mejor—, y contando los segundos que tarda el aire de nuevo en salir de tu cuerpo.

Siente cómo el aire entra y sale poco a poco libremente de tu cuerpo, purificando todo aquello con lo que entra en contacto y llevándose todo aquello que no te sirve. Lo único que tienes que hacer en un ejercicio de meditación es no moverte por unos minutos como si fueras una estatua, aunque tengas el impulso de hacerlo, mantener preferiblemente los ojos cerrados con delicadeza enfocado en una imagen hermosa o punto de luz, y prestar atención al recorrido de tu respiración al entrar y salir de tu cuerpo para mantener tu mente enfocada en su camino y eliminar en lo posible el ruido de tus propios pensamientos. Si eres capaz de hacer esto por diez segundos, ya estás meditando. Felicidades. El objetivo es que trates poco a poco de lograr estar en este estado por un minuto, para luego pasar a diez y luego dejarte llevar.

Sigue respirando poco a poco y *déjate llevar como si fueras una pluma* volando por el aire, subiendo y bajando. Respira del uno al tres, aguanta un segundo el aire en tu interior y suelta de nuevo el aire de tres a uno. Sin prisas, pero sin pausas. Siente el calor, la luz, la vibración, la delicadeza del aire que abraza con amor tu Ser cuando entra en contacto con tu cuerpo, y siente el calor, la luz, la vibración y la delicadeza del aire despedirse con amor de tu cuerpo, dejándote como regalo cada vez más relajado contigo mismo. Quédate en silencio unos segundos observando la belleza de tu respiración y abandonándote a las imágenes, sonidos y experiencias que tengas que sentir.

¡Qué regalazo! ¡Qué milagro es simplemente respirar! Sin tu control ni tu permiso, algo que haces todos los días, incluso cuando estás dormido, no solo te mantiene vivo, sino que te puede ayudar también a traer paz a tu dolor y sufrimiento. Siempre tienes la presencia amorosa del aire en tu respiración ofreciéndote una nueva oportunidad para cambiar la situación en la que te encuentras. Haz tú mismo la experiencia. Quizás tus pensamientos no paran de hacer ruido para distraerte, pero no te enfades o molestes con ellos, pues de lo contrario lograrán su objetivo. Para profundizar en los misterios de tu maravilloso Ser y del universo de la luz primero tienes que conquistar la gran barrera de la mente, y ello solo lo lograrás a través de tu respiración, de tu intención y de tu entrega.

Tu propia respiración, el aire que te da la vida y te permite disfrutar de tus hijos, de tu trabajo, y de tus éxitos, ahora te lleva de la mano con mucha delicadeza a un nuevo lugar muy especial: el hogar de tu corazón. Es en ese divino espacio, en el que el tiempo no importa, donde tienes que ejercitar la contemplación, para simplemente observar y escuchar, como si fueras el invitado de honor, un espectador más para ser testigo de un gran acto de amor. No tienes que esforzarte por ver ni oír nada en particular, simplemente estar. Con tu permiso, déjate querer por todo el amor que existe en tu interior. Después, cuando vuelvas a conectarte con tu respiración, y antes de abrir los ojos, en esos primeros segundos de conexión con tu realidad, es cuando vas a recibir la información que necesitas escuchar para empoderarte y vencer tus fantasmas. Esta información la vas a recibir en forma de impulsos, emociones, imágenes y pensamientos que al principio sientes extraños, pero que con la práctica empiezas a sentirlos más claramente. Presta atención en silencio, todavía sin moverte, sin juzgar nada de lo que sientas, veas o escuches. Ese es tu regalo por todo tu esfuerzo, aunque simplemente sea entrar en conexión con un espacio libre de dolor y sufrimiento. Simplemente recibe con amor la luz, la sabiduría y la belleza que tu Ser te envía a través de tu cuerpo.

Cuando estés listo, abre poco a poco tus ojos con delicadeza y sin prisas, y trata de seguir quieto sin moverte de donde estás, sintiendo el espacio y las vibraciones que surgen a tu alrededor y en tu interior. Esta es la parte que más me gusta de la meditación. Entrar en contacto con la frontera entre mi mundo interior y mi mundo exterior. Es posible que lo veas todo un poco borroso, e incluso sientas una densidad o consistencia en el aire con muchas partículas de luz de las que antes no tenías consciencia. No pasa nada, pues es muy normal. Siente ese espacio y la energía que emana en tu interior entrando en comunión con la energía del exterior. La sensación es un poco difícil de explicar, pero la entenderás nada más te abras a la experiencia.

Recuerda el famoso refrán «la práctica hace al maestro». Te invito a que te propongas realizar este pequeño reto de meditación para descubrir el poder que el aire y la meditación tienen en esta nueva etapa de transformación que, consciente o inconscientemente, has elegido emprender. Te invito a que asumas un compromiso personal de practicar unos minutos de respiración consciente todos los días por tres semanas, veintiún *días*, para poder ser testigo de un gran despertar en tu vida en todos los sentidos a través de esta experiencia. Si te comprometes a hacerlo como el entrenamiento del buen guerrero que habita en ti, escríbelo ahora mismo en un papel para poder decretarlo y manifestarlo, y fija una hora y un lugar para practicarlo todos los días, o al menos poner tu mejor intención de llevarlo a cabo. Sentir paz y amor no es tan complicado como tu mente te puede hacer creer, solo requiere de tu compromiso personal. Lo más importante es tener intención sincera de ir en su búsqueda y disponer tu mejor predisposición física, mental y emocional para recibir este maravilloso regalo que la vida te desea hacer a través de tu propia respiración.

Ten en cuenta que elegir libremente establecer retos personales en forma de hábitos positivos es una de las cualidades principales que deben caracterizar a un guerrero espiritual con el fin de estar en las mejores condiciones posibles para poder vencer la resistencia, las excusas, los miedos y las tentaciones internas que surgirán en tu camino.

CAPÍTULO 6:

LA CAJA DE PANDORA

La caja de Pandora es un mítico recipiente de la mitología griega que pertenecía a Pandora, la primera mujer, creada por Hefesto por orden de Zeus. La historia cuenta que Zeus, deseoso de vengarse de Prometeo por haber robado el fuego y habérselo dado a los humanos, le presentó al hermano de este, Epimeteo, una mujer llamada Pandora, con quien se casó. Como regalo de bodas, Pandora recibió un misterioso *pithos* —una tinaja ovalada, aunque actualmente se cita como una caja— con instrucciones de no abrirlo bajo ninguna circunstancia. Los dioses habían otorgado a Pandora una gran curiosidad, por lo que decidió abrir la tinaja para ver qué había dentro. Al abrirla, escaparon de su interior todos los males del mundo. Cuando atinó a cerrarla, solo quedaba en el fondo Elpis, el espíritu de la esperanza, por lo que de esta historia surgió la expresión «la esperanza es lo último que se pierde». Hoy en día, cuando se habla de «abrir una caja de Pandora» significa que estás a punto de descubrir la verdad revelando los más oscuros secretos que se encuentran en tu interior, y que quizás es mejor dejarla cerrada que abierta para no tener que enfrentarte a tus miedos.

Tras muchos años tratando de entender mejor cómo funciona la mente, he llegado a la conclusión de que, al igual que puede convertirse en una gran herramienta para conquistar tus metas, encontrar soluciones y crear tus sueños, se puede convertir en tu peor enemigo. Esta dualidad permite a nuestra mente proteger un gran secreto con mucho esmero. ¿Qué habrá en su interior que trata de evitar que lo conozcamos con sus poderosas armas que nos llenan de dudas, miedos, inseguridades y excusas todo el tiempo? Un día, cansado de mis propias excusas para no conquistar mis sueños o ser la persona que deseaba ser, me pregunté: «¿Qué pasaría si retara cada uno de mis pensamientos? Y ¿qué pasaría si mis pensamientos no fueran verdaderos y no me los creyera?». Y así fue, como a través de mi propia curiosidad, encontré la fuerza de voluntad y el valor que necesitaba para retar mis pensamientos negativos y abrir este enigmático, misterioso y maravilloso cofre de tesoros que encierra nuestro verdadero potencial.

Creo que a estas alturas del libro estás empezando a darte cuenta de que tu felicidad y tu sufrimiento están más conectados de lo que crees con tu forma de pensar, y de cómo tu estado emocional tiene su raíz en los pensamientos y la interpretación que tengas de los mismos. Por lo tanto, tu felicidad o tu infelicidad dependerá mucho del tipo y calidad de pensamientos que elijas darle mayor atención, consciente o inconscientemente.

Quizás ha llegado el mejor momento para que te detengas un instante y observes los pensamientos que casi siempre llegan primero a tu mente cuando surge un conflicto, o simplemente cuando tomas consciencia de tus pensamientos. Sorpréndete haciendo este mismo ejercicio cuando estás en la cola de un supermercado, conduciendo el coche al trabajo o llevando a los niños a la escuela, cuando estás en la ducha, o incluso cuando estás en una conversación con un amigo, para observar los pensamientos que llegan a tu mente. No juzgues y simplemente observa sin interpretar, para despertar tu consciencia y conocerte mejor, pues solo así podrás entender quién eres, dónde estás e iniciar el camino de tu propia transformación.

Personalmente, he llegado a la conclusión que los seres humanos, con el paso del tiempo, tenemos que enfrentarnos a la misteriosa caja de Pandora para reconocer si tenemos el verdadero valor de enfrentarnos a nuestros miedos. Puedes tratar de ignorar todo lo que está pasando por tu mente, pero tarde o temprano tienes que reconocer el poder que tus pensamientos tienen en tu estilo de vida y tu toma de decisiones diarias.

Desde muy pequeños, los seres humanos nos condicionamos a buscar la felicidad fuera de nosotros, primero con los juguetes, después con aparatos electrónicos y digitales, con ropa y artículos de belleza, con viajes y un auto

nuevo, con un trabajo con un buen salario, buscando la fama y el reconocimiento, o después con nuestra pareja, nuestro hogar y nuestros hijos. Sin
embargo, con el tiempo nos damos cuenta de que, aunque al principio todo
nos hace sentir bien cuando conquistamos nuestras metas, tarde o temprano
seguimos buscando algo que nos siga llenando. Estamos tan enfocados en
aparentar que tenemos todo bajo control, que olvidamos quienes somos, y
hemos dejado al Ego, en piloto automático, que tome la dirección de nuestras vidas. Ha llegado la hora de atrevernos a abrir la caja negra que existe en
nuestro interior para descubrir el misterio que encierra en su interior.

PREPARADOS PARA ABRIR LA CAJA

Cuando estamos en silencio, muchas veces por la noche, somos más sus-
ceptibles de acercarnos a esa caja de Pandora de nuestra mente para abrirla
un poquito y echar un vistazo en su interior. No podemos mantener nuestra curiosidad apartada por mucho tiempo, pero no somos conscientes
de que, al hacerlo, automáticamente salen primero nuestros peores miedos atormentándonos toda la noche sin dejarnos descansar ni dormir. No
podemos pretender que después de un largo día de trabajo tengamos las
fuerzas y las energías necesarias para combatir todos nuestros fantasmas
y que vayamos a encontrar la solución a todos nuestros problemas. Sin
embargo, noche tras noche, en nuestros momentos de soledad, solemos
encontrarnos siempre ante la misma situación. La única manera que tienes
de poder conquistar esa nube densa y oscura que te impide ver la luz es
atreverte a observar tus pensamientos con consciencia, relajado emocionalmente, y preparado para no juzgar, interpretar o llegar a conclusiones
falsas al instante.

Te adelanto que tomar la decisión consciente de conocer mejor el misterio de tu propia mente no es, y nunca será, una decisión fácil de tomar, pues,
a medida que profundices en su interior, el sufrimiento atravesará como una
espada tu corazón. Solo tu intención, tu mejor predisposición, tu actitud, tu
respiración y el amor que sientes por ti pueden sanar esa primera herida para
seguir adentrándote en la profundidad de tu Ser.

Este proceso de acercarte a tus miedos conscientemente es muy difícil de hacer, pues tienes que elegir libremente enfrentarte con valor a tus emociones, a pesar de que duelan, para poder descubrir su verdadero significado y su origen, los cuales están relacionados con la interpretación que tú mismo has hecho de un pensamiento. La raíz de tu sufrimiento está en lo más profundo de la creencia de ese pensamiento, y, cuanto más tardes en reconocer su origen, más efectos negativos tus propios pensamientos tendrán tanto sobre tu salud física como sobre tu actitud emocional, y más limitada será la visión que tengas de tu vida.

Para poder sentirte completamente libre, vivir en paz, primero tienes que ser capaz de vencer el miedo y conocer tu lugar en el mundo. Todos sabemos que nuestro paso por esta tierra es limitado y tarde o temprano vamos a morir; y justo de ahí surge el mayor miedo de todos, el miedo a la muerte. La gran mayoría de la gente ya se siente tan abrumada con todas las responsabilidades en su vida que no tiene el tiempo ni la energía de acercarse a entender este gran miedo que no solo nos hace sentir muy incómodos, sino también inseguros sobre nuestra razón de existir. Sin embargo, es un miedo latente cuyo propósito es ayudarte a descubrir justo el verdadero propósito de tu vida.

El pánico, la ansiedad y el estrés se hacen más fuertes cuando llegan situaciones inesperadas a nuestras vidas que no creemos que podemos soportar, y para evitar enfrentarnos a nuestras sombras tratamos de cerrarnos a la experiencia, ignorando el volcán que está a punto de estallar, y buscando actividades que nos permitan distraernos, descargando nuestras emociones en otras personas, o evadiendo nuestra realidad con medicamentos, comida o drogas.

RECONOCERLO PARA VENCERLO

Para conquistar cualquier tipo de miedo que puedas tener en tu vida, primero debes poseer la madurez y la fuerza de voluntad para reconocer que existe, pero no para justificar lo que tus pensamientos te hacen creer, sino justo todo lo contrario, como el único camino para liberarte de su esclavitud y descubrir tu potencial. Sentirse valiente no es tener menos miedo, sino

estar en su presencia para ver a través de ellos. El valor de un verdadero guerrero espiritual se demuestra en su actitud y su valor. Tenemos que fijarnos
en cómo hablamos, cómo nos movemos, cómo nos comportamos, y cómo
actuamos para observar cómo el miedo se manifiesta en nuestras vidas sin ser
conscientes de ello. Al examinar tus emociones, el ritmo de tu respiración, la
temperatura y transpiración de tu propio cuerpo, e incluso el tono de tu voz,
eres capaz de entender mejor la naturaleza y el propósito de tu nerviosismo
o tristeza, de tus preocupaciones, e incluso la función de tus lágrimas. Y
entonces les puedes dar el espacio y la atención necesaria para que cumplan
con su función para tomar consciencia de la realidad en la que te encuentras.

Mucha gente cree que el camino espiritual es fácil, y que, con la práctica
de la meditación, la contemplación y la actitud correcta podrá descubrir fue-
gos artificiales y una música celestial en el proceso. Sin embargo, lo primero
que vas a descubrir es un corazón que necesita de mucho amor, de toda tu
dedicación, y de todo el cariño y la paciencia que le puedas dar, pero en
especial, necesita de tu compromiso personal a través de acciones concretas.
Tus emociones existen para que te acerques con delicadeza y compasión al
lugar más sagrado que existe en tu interior, y, al hacerlo, descubres que estas
cualidades son exactamente las mismas que tendrás que utilizar a la hora de
comunicarte con los demás para poder conectar con su esencia.

El compromiso de descubrir tu verdadera identidad y tu propósito de existir es una tarea muy difícil de hacer y recordar a lo largo de tu vida, pues no solo
la sociedad, sino en especial tu propio Ego, el guardián de la caja de Pandora,
harán todo lo posible para persuadirte de que regreses al mundo material dis-
frazando tu vida de sombras y miedos para evitar que conozcas tu verdadera
identidad donde el Ego carece de fuerza. El Ego no es más que una energía
mental creada en la mente de los seres humanos que se ha vuelto en contra de
su propio creador y que nos hace creer algo que en realidad no somos. Su principal función es hacernos sentir que estamos solos, que estamos en peligro, que
nadie nos va a querer, y que nada de lo que hagamos saldrá bien. En resumidas
cuentas, nos trata de convencer, la mayor parte del tiempo, de una visión negativa de la vida. Al igual que la oscuridad no es más que la falta de luz, el miedo
no es más que la falta de amor. Por este motivo, si quieres vencer tus miedos,
simplemente tienes que hacer el esfuerzo de amarte un poquito más.

CAPÍTULO 7

LA MENTE DE DIOS

Espero que ya estés empezando a sentir nuevas vibraciones recorriendo todo tu ser y despertando la ilusión y la esperanza de que tu vida en realidad tiene un propósito. Todavía nos falta mucho camino por recorrer, pero poco a poco, si te das la oportunidad y el permiso, podrás ir abriéndote a los misterios de la vida para conectarte con una energía que va más allá de tus pensamientos y que, si eres muy sincero, sabes que existe en tu interior. A medida que vayas leyendo mis palabras, no dejes de sentir el efecto que las mismas producen en tu Ser, y sigue conectado en cuerpo, mente y alma con este maravilloso ejercicio que voluntariamente has elegido hacer. Si sientes que te desconectas, no pasa absolutamente nada. Deja el libro a un lado para realizar cualquier otra actividad y cuando te sientas de nuevo conectado, retoma la lectura.

UN HERVIDERO DE PENSAMIENTOS

Muchas veces me quedo sorprendido por la cantidad de pensamientos contradictorios, positivos y fatalistas, que puedo tener en un solo instante, y por el continuo diálogo interno que mi propia mente tiene sin ser partícipe del mismo. Para que te hagas una idea, las personas pueden tener diariamente entre 50.000 y 70.000 pensamientos, lo cual quiere decir que podemos tener un total de más de cincuenta pensamientos por minuto, lo que significa casi un pensamiento por segundo. *¿Te imaginas?* Cuando leí estas cifras me sentí automáticamente mejor, pues creía que me estaba volviendo loco por no poder controlar mis pensamientos por un minuto, especialmente cuando trataba de acallarlos cuando practicaba la meditación o la contemplación. Un pensamiento por segundo son muchos pensamientos al día, y la gran mayoría contradictorios entre ellos. Te puedes sentir feliz y miserable en tan solo cuestión de un segundo si eliges creer el pensamiento que te hace sentir esa emoción. Por dicho motivo, siento que es un verdadero milagro, y una maravillosa experiencia, que podamos controlar en cierta medida los pensamientos durante la meditación para poder flotar en el silencio. Si te das cuenta, incluso por las noches, cuando estamos dormidos, los pensamientos siguen manifestándose en forma de sueños. ¡Qué máquina más espectacular somos! El cuerpo respira y la mente piensa sin nuestro consentimiento todos los días de nuestra vida. No tenemos ni idea de la bendición que es poder vivir esta maravillosa experiencia espiritual dentro de nuestro perfecto y maravilloso cuerpo, pues si no fuera a través de ella y de nuestra mente sería imposible conocernos. Mi conclusión: «Todo lo que experimentes, bueno y malo, tiene un propósito».

Es verdad que muchos de esos pensamientos que surgen en cada segundo están relacionados con las actividades que estamos realizando diariamente en ese momento, ya sea cuando nos estamos duchando, preparando la comida, llevando a los niños a la escuela, trabajando, limpiando o poniéndonos bellos. La mayoría de los pensamientos son inconscientes y suceden tan deprisa que no nos damos cuenta de su existencia. Pero también están los pensamientos productivos y creativos que nos ayudan a encontrar soluciones en el momento en que se nos presenta un reto, así como los pensamientos con un tono positivo que nos hacen sentir emociones positivas, y, por supuesto, los pensamientos que dominan la mayor parte de nuestro tiempo: los pensamientos negativos que nos hacen sentir emociones negativas. Pero los pensamientos tienen muchos matices, y si te fijas en tu propia experiencia podrás descubrir pensamientos disfrazados de verdad, pensamientos en forma de excusas, pensamientos de inseguridad que nos hacen dudar de todo, pensamientos que se convierten en auténticos jueces de tu realidad, y pensamientos que nos conectan con algo que no es de este mundo, con nuestra energía, como son los pensamientos de agradecimiento, de superación, de fe y de amor.

LA MENTE DEL EGO Y LA MENTE DE DIOS

Para poder entender un poco mejor todo lo que estaba pasando en mi propia cabeza y no volverme loco en este proceso de conocerme mejor, aunque no me gusta clasificar y etiquetar pues significa crear una dualidad donde solo puede existir unidad, tuve que empezar a diferenciar los pensamientos en dos tipos categorías según su procedencia, con el fin de poder entender mejor su origen y saber cómo actuar frente a ellos. Entonces descubrí que muchos de mis pensamientos venían de un lugar donde protegían mis intereses personales, a los cuales los clasifiqué dentro de la categoría de la mente del Ego, y otro lugar donde abarcaba una visión más global y amorosa, clasificándolo dentro de la mente de Dios. Al mismo tiempo, me di cuenta de que la mejor manera de poder identificarlos para colocarlos dentro de una u otra categoría era observando la emoción que provocaban en mi interior. Quizás este ejercicio te pueda ayudar a ti también.

Antes de seguir explicándote cómo llegué a este ejercicio, quiero dejar claro que cuando hago referencia al término «Dios» no lo estoy asociando a ningún tipo de religión en particular, sino a la energía que existe más allá de la consciencia, a esa energía que vive en el interior de todos los seres humanos, a esa energía que nos impulsa a amar y buscar la felicidad. En realidad, si lo deseas, puedes sustituir la palabra «Dios» por la palabra «Verdad», «Luz», «Energía», «Espíritu», «Esencia», «Ser» o «Amor», pues todas estas palabras llevan al mismo lugar. Las palabras son muy poderosas a la hora de interpretar nuestra realidad, y a menudo es muy difícil describir con ellas lo que pertenece a un mundo que va más allá de las formas. Mi intención es que puedas ir más allá del primer significado e interpretación que tu mente pueda dar a cada una de mis palabras y que te dejes llevar por su energía y el efecto que provoca en tu interior.

El camino espiritual es un camino personal de crecimiento y transformación para conectarte con tu divinidad. No importa la religión que practiques, si eres católico, judío, musulmán, budista o practicas cualquier otra religión, o incluso si crees o no en un Dios. Tanto si eres creyente como si no, si estás leyendo estas palabras y hacen vibrar algo en tu corazón, entonces estamos compartiendo una energía que ambos tenemos. Si crees en un Dios superior y practicas una religión cuya base sea el amor, tienes una herramienta maravillosa a tu favor para poder orar y pedir orientación, pero, aunque no practiques ninguna religión, no pasa nada, pues también puedes recibir dirección de tu propio Ser interior y despertar a todo tu potencial. Todos deseamos sentir el amor, encontrar nuestra conexión con el Universo, entender los misterios de la vida y la muerte, y, en especial, de sentir paz. Si estos son tus deseos, estás en el lugar donde tienes que estar.

En las creencias occidentales hemos asumido erróneamente que al tener la presencia de «Dios» en nuestras vidas contamos con la garantía de poseer automáticamente una vida cómoda y libre de dolor. Sin embargo, tú y yo sabemos que no es suficiente decir que tenemos fe o asistir a misa los domingos para realmente creer de corazón, pues de ser así no sufriríamos tanto. La gran mayoría de las personas, incluyéndome a mí muchas veces, medimos el poder de «Dios» en función de si nuestras oraciones fueron o no escuchadas. Tenemos fe siempre y cuando recibamos en nuestras vidas aquello que deseamos. Un poco egoísta de mi parte si quieres que te sea sincero, pues asumimos que sabemos automáticamente qué es mejor para nosotros sin conocernos a nosotros mismos de verdad o importar lo que es mejor para todos. Por la manera en que actuamos la mayor parte del tiempo parece que tenemos más fe en el Ego que en Dios. Esta fue la conclusión a la cual llegué cuando me puse a examinar los principios y valores de la religión que decía practicar y observar si realmente era una persona íntegra al manifestar aquello que creía en acciones concretas en mi propia vida.

Si me permites, déjame que profundicemos un poco más en el papel del sufrimiento para que veas lo equivocados que muchas veces estamos, culpando incluso a Dios de nuestros propios males, sin darnos cuenta de que hemos tratado de capturar los poderes de Dios bajo el control de nuestro propio Ego. No ha existido ningún Dios o líder espiritual en las religiones más importantes en todo el mundo que haya prometido y garantizado a lo largo de la historia de la humanidad una vida libre de dolor, o que al mismo

tiempo no coincida en que el amor verdadero es la única clave para la salvación y para sentir el cielo en la tierra. Con esto, tampoco quiero decir que
el dolor sea necesario para descubrir el amor, sino que es una herramienta a
nuestra disposición para conocerla. Por lo tanto, trata de plantar en tu interior la semilla de que posiblemente tu sufrimiento y el amor estás más unidos
de la mano de lo que crees.

La verdad, al igual que el amor, es universal. Detrás de todas las religiones existe un mismo Dios, la fuente de donde nace nuestra esencia, de
donde todos venimos y adonde terminamos regresando. Es la misma fuente
que da vida a las plantas, a los animales, que mueve la tierra y hace brillar
el sol, es la misma fuente que nos da la vida. Al igual que el agua es agua
en cualquier país del mundo, lo mismo ocurre con la energía del amor que
hay en tu interior y en todos los seres humanos. Este amor no entiende de
fronteras, ni de idiomas, ni de color de piel, ni del dinero, o de todo lo que
podamos acumular a lo largo de nuestras vidas. El amor es amor en cualquier
rincón del mundo. La paz es paz en cualquier corazón de cada ser humano
del planeta Tierra. El aire es aire allí donde vayas. No hay nada que nos
diferencie, a pesar de que nos pasamos la mayor parte del tiempo tratando
de crear diferencias y separarnos.

Nuestra responsabilidad, como seres humanos dotados de inteligencia
espiritual, es encontrar el camino para conectarnos a través de nuestra mente
y de nuestro cuerpo físico con un nivel de consciencia que nos permita tomar
distancia de nosotros mismos y de nuestros pensamientos, para observar con
sinceridad, y escuchar sin juzgar, esa voz, esa luz, esa verdad, que es la esencia
misma de nuestra existencia. La mente humana, al contrario de la mente del
mundo animal o del mundo de las plantas, tiene una característica muy especial
que nos hace únicos: la cualidad de sufrir o sentir paz de acuerdo al tipo de pensamientos que elijamos escuchar o prestarles más atención en cada momento.

DIFERENCIAR LOS PENSAMIENTOS

Después de este pequeño paréntesis para explicar el concepto de «Dios»,
espero que puedas entender y conectarte mejor más allá de mis palabras con

el mensaje que deseo compartir a través de ellas. Recuerda que tú siempre eres y serás el estudiante y el maestro al mismo tiempo, y que nada de lo que leas tienes que creértelo al pie de la letra. Yo solo puedo ser responsable de las palabras que escribo tratando siempre de ser lo más fiel posible a mi verdad, pero no de la interpretación de las mismas que hagas al leerlas. Deja que sea la luz de tu Ser la que te enseñe el camino que tienes que seguir a través de tu propia experiencia.

El primer grupo de pensamientos que empecé a diferenciar en mi propia mente fueron los pensamientos que provenían de la mente del Ego, los cuales suelen ser más fuertes, ruidosos y persuasivos que el segundo grupo de pensamientos, que suelen ser más tímidos, delicados y silenciosos.

Para poder empezar a separar los dos tipos de pensamientos que surgían en mi mente ante las diferentes situaciones en las que me pudiera encontrar a lo largo del día, ya fuera a nivel personal o profesional, tuve que empezar a encontrar una manera práctica de percibir la sutil diferencia que existía entre ambos tipos de pensamientos para así elegir como reaccionar o actuar. Por una parte, estaban los pensamientos que me hacían sufrir, dudar, pensar lo peor y tener miedo, y, por otra parte, los pensamientos que me hacían sentir en paz, seguro, más optimista, y bien conmigo mismo. Pero, además, era importante fijarme también en las emociones que dichos pensamientos causaban en mi interior para poder clasificarlas mejor. Con el paso del tiempo, este ejercicio personal se convirtió en una especie de juego y reto personal para ver quién tenía más control sobre mi propia vida y toma de decisiones, si la «Mente del Ego» o si la «Mente de Dios». En resumen, así fue como empecé a reconocer y separar los dos tipos de pensamientos en mi mente como si de una moneda se tratase, con una cara y una cruz. Dos partes de una misma moneda, que, si observas bien, al final son parte de la misma moneda. El truco es seguir jugando con la moneda para ver cuál de las dos caras tiene el mayor control sobre tu vida con el fin de tomar consciencia de tu realidad, pues sin aceptar donde estás te será muy difícil cambiar nada. Pero sigamos con el ejercicio de entender los diferentes tipos de pensamientos, y más tarde tendremos tiempo para profundizar un poco más en el significado de las dos caras.

Al principio es muy difícil sentir los pensamientos que provienen de la «Mente de Dios», pues no estamos acostumbrados a hacerlo. Pero cuando finalmente te das el permiso de escucharlos con atención, tarde o temprano empiezas a darte cuenta de que también existen muchos pensamientos que te hacen sentir en paz sin necesidad de entender el motivo. A pesar de que este tipo de pensamientos son casi imperceptibles, pues nos resulta difícil abrirnos a ese espacio, puedes llegar a sentir una certeza absoluta que va más allá de la razón y que es imposible ignorar. Entonces, cuando empiezas a diferenciar entre los pensamientos que provocan una emoción de paz, de los pensamientos que provocan una emoción de ansiedad, frustración, sufrimiento y tristeza, empiezas a reconocer que tú tienes el poder de impactar tus emociones de acuerdo al tipo de pensamientos a los que decidas prestarles mayor poder.

Aquí es donde tú, mi queridísimo guerrero del amor, tienes que empezar a entender y aceptar que en tu interior existen dos fuerzas opuestas muy poderosas, las cuales se alimentan de acuerdo a dónde enfoques tu atención. Lamentablemente, casi nunca somos conscientes de lo que pensamos, y solo nos atrevemos a reconocerlo cuando alguien nos lo dice o cuando lo escribimos en un papel. Con la práctica te darás cuenta de que en nuestro interior tenemos una gran balanza con dos pesas enormes que ganan en tamaño en función del poder que les das a cada una.

Además del tipo de emociones que puede generar un pensamiento, otra de las herramientas que tienes a tu alcance para distinguir entre los dos tipos de pensamientos es la observación de en qué espacio temporal te encuentras, presente, pasado o futuro, cuando tienes un pensamiento particular en tu mente. Los pensamientos que provienen de la mente del Ego, la mayor parte del tiempo están justificando su existencia en razonamientos que se encuentran en el espacio del pasado o el futuro, mientras que los pensamientos procedentes de la mente de Dios casi siempre los podrás sentir con mayor intensidad en el momento presente.

Realizar este tipo de ejercicio es un poco complicado de hacer al principio, y es muy probable que te sientas confundido a la hora de clasificar tus pensamientos. La principal razón de que te resulte difícil es porque nuestro Ego es demasiado inteligente y sabe cómo disfrazarse muchas veces como si fuera un pensamiento de «Dios», haciéndonos creer otra cosa para salirse con la suya. La única manera de poder desenmascararlo es conectándote con tu esencia. Por otro lado, es muy normal sentirte perdido y confundido con tus propios pensamientos en este proceso, pues, cuanto más decidido estés a descubrir de dónde proceden, más ruido vas a sentir en tu interior. Por mucho tiempo, tus pensamientos han sido los gobernantes absolutos de tu mente y han tomado el control de tu vida y de tus decisiones sin contar con tu participación. Por ello, es muy normal que ante este nuevo ejercicio traten de revolucionarse en tu interior ante la inminente pérdida de su poder. Por eso, este despertar, también se le conoce con el nombre de «revolución humana».

Pero recuerda que la intención de los ejercicios que comparto en este libro no es más que buscar una manera activa de profundizar en tu Ser. La práctica, las experiencias, los descubrimientos que puedas sentir, o las nuevas herramientas que puedas crear para seguir profundizando demuestran tu madurez espiritual, tu intención verdadera y tu crecimiento personal.

El amor que sientes hacia ti te ayudará a examinar si tus acciones fueron provocadas por pensamientos que provenían de la «Mente del Ego» o fueron causadas por la «Mente de Dios». Una observación sincera y respetuosa de tus propios pensamientos, sin sentirte culpable y juzgarte negativamente si te arrepientes de tus decisiones, te permitirá tomar una mayor consciencia de los propios impulsos causados por tus pensamientos a la hora de hablar o actuar, y ser más cauteloso en el futuro para no reaccionar al instante causando un mal mayor. Por eso, siempre dicen que antes de contestar o actuar es importante respirar un poco para tomar consciencia de aquello de lo que, tarde o temprano, te tienes que responsabilizar. Cada causa tiene un efecto, y tú puedes responsabilizarte de ambas partes con el fin de ser cocreador de tu destino. Así es como te irás transformando de ser una persona reactiva a convertirte en una persona proactiva, consciente y responsable de las palabras y decisiones que tomas todos los días.

A la hora de analizar el origen de los pensamientos que te impulsan a actuar, es importante que siempre recuerdes que tú no eres lo que piensas, sino el observador. Imagínate que te han invitado a ver una película y que *tú eres un espectador* sentado en una butaca. Simplemente observa, sin participar, qué pasa en la película que tu mente te quiere contar. Déjate sorprender por tus propios pensamientos a través de sus personajes y de sus historias. No porque veas una película de acción violenta o drama significa que vayas por la vida siendo violento o dramático. Por lo tanto, no son tus pensamientos los que definen el tipo de persona que eres, sino tus palabras y tus acciones de las cuales te puedes responsabilizar.

Haz tú mismo estas preguntas y observa lo primero que te venga a la mente y a tu cuerpo a través de tus propias emociones.

¿Trata mi pensamiento de convencerme de hacer algo para demostrar que soy mejor que alguien? ¿Surge un pensamiento negativo al instante como reacción a algo que no me gusta escuchar? ¿Estoy juzgando a alguien sin darme cuenta? ¿Espero algo a cambio antes de actuar? ¿Siento rabia, ansiedad o estrés en estos momentos? ¿Cuáles son mis excusas para no hacer lo que deseo hacer? ¿Hay algo extraño que no está bien con lo que está pasando? ¿Me siento mal en alguna parte de mi cuerpo? Estas son algunas de las preguntas que yo me hacía para identificar aquellos pensamientos que podrían catalogarse dentro del grupo de la «Mente del Ego».

Por otro lado, las preguntas como «*¿Siento* paz y amor en estos momentos?», «*¿*Mi intuición sonríe al pensarlo?», «*¿*Mi pensamiento me impulsa a hacer algo positivo?», «*¿*Estoy ayudando a alguien a ser mejor?», «*¿*Me siento agradecido y bendecido?» o «*¿Me siento conectado y fuerte?*» son algunas de las preguntas cuyas respuestas afirmativas me ayudaban a entender que los pensamientos provenían de la «Mente de Dios».

Solo tú, en tu corazón, en el silencio, en tu soledad acompañada por tu Ser, puedes descifrar la sutil diferencia del origen de ambos tipos de pensamientos. Tómate todo el tiempo del mundo cuando sientas el impulso de hacerlo. Sorpréndete a ti mismo observando tus pensamientos en lugares inesperados para ver de dónde vienen. Diviértete tratando de descifrar quién está jugando mejor el juego de cartas en estos momentos. Utiliza tu curiosidad y tu imaginación para sorprenderte y conocerte mejor. Examina tu cuerpo, como si fueras un doctor, para sentir las emociones que te producen los pensamientos que tienes, y observa qué reacción sientes en tu cuerpo si te atrevieras a seguir adelante con ese pensamiento. Incluso atrévete a ir en búsqueda de la raíz de ese pensamiento que causó toda esa reacción en cadena.

Cuanto mayor sea tu preocupación, tu ansiedad o tu sufrimiento, más señales tienes a tu disposición para prestarle mayor atención a tus pensamientos.

Cierra los ojos. Siéntelo. Respira. Observa. Escucha. No juzgues. No participes. Simplemente crea el espacio para que se pueda manifestar ante tu presencia la voz en tu interior atrayendo luz y claridad donde te encuentras. Y, si sientes o recibes algo, atrévete a escribir lo primero que llegue a tu mente o a tu corazón sobre un papel, aunque no tenga ningún sentido, para más tarde observarlo bajo otro punto de vista del cual no eres consciente en ese momento. Como te dije, al elegir dar forma a esos pensamientos a través de la palabra escrita, estás decretando al Universo que estás retomando el control de tu destino y demostrando con valentía que estás comprometido con tu propia transformación.

Y poco a poco, a medida que vayas empezando a descubrir mejor la forma, el color, el tono, la esencia de cada pensamiento, te darás cuenta de que las dos caras de la moneda están creadas para llevarte al mismo lugar. Date tiempo para descubrir cómo la «Mente del Ego» no es más que una parte de la «Mente de Dios» creada como un hechizo, una ilusión, una frontera que tienes que conquistar antes de descubrir tu verdadero potencial y naturaleza y hacerte responsable del gran tesoro que se esconde en tu interior. Cuando empiezas a sentir lo que en verdad eres, en lugar de lo que pensabas que eras, cuando tomas distancia de tu mente como un observador y espectador, y te das el permiso de entregarte con amor y compasión a lo que existe en cada momento, entonces estás despertando tu consciencia a través de tu cuerpo físico, mental y emocional a tu propia realidad. La mente no es tu enemigo que desea complicarte la vida y hacerte sufrir por gusto, sino es la llave y el camino que necesitas seguir para descubrir a través de tu consciencia toda la luz que existe en tu interior. No rechaces tus pensamientos, aunque te causen mucho dolor, pues solo a través de ellos podrás conocerte mejor.

CAPÍTULO 8

SIN DERECHO A JUZGAR

Una de las cualidades más importantes que debes tener para poder desenmascarar tus propios pensamientos es tratar de tener una actitud gentil, amable y positiva hacia ti mismo la mayor parte del tiempo, en lugar de una actitud arrogante de desafío y negación a tu potencial.

Observa y escucha con atención por unos instantes el diálogo interno que existe dentro de tu cabeza y podrás darte cuenta de todas las limitaciones que tu mente está creando todo el tiempo para justificar por qué no puedes conseguir aquello que tanto deseas. Presta atención y descubrirás todos los pensamientos que te hacen creer que tu forma de reaccionar ante una situación provocativa es la correcta, y todas las excusas que inventas para adoptar una actitud conformista que te impide convertirte en la persona que dices querer ser. Y digo «dices» porque, si realmente quisieras, tienes que saber que posees todo el potencial para lograrlo, de lo contrario no podrías desearlo. Por otro lado, es verdad que también tenemos muchos pensamientos positivos y amorosos durante el día, pero, por lo general, los pensamientos negativos tienen un mayor poder de captación de nuestro interés que los pensamientos positivos. Fíjate bien cuántas veces al día pensamos que algo malo nos va a suceder o que alguien está en nuestra contra, en lugar de cuántas veces tenemos pensamientos de agradecimiento y de amor ante nosotros o los demás. Por eso no es de extrañar que casi siempre nos resulte más fácil acordarnos de todo lo malo que nos ha pasado en la vida, en lugar de todo lo bueno.

RESPONSABLE DE TUS PALABRAS

La gran mayoría de las personas tienden a sentirse más atraídas por el drama, el chisme y las noticias negativas que por las noticias positivas. Solo tienes que poner la televisión o ir al cine para ver lo que la gente prefiere consumir todo el tiempo. Quizás sea porque es una manera que nuestra mente tiene de poder sentirse tan mal y justificar su actitud conformista o de víctima, y porque así consigue la munición necesaria para juzgar con más criterio a los demás y sentirse diferente o superior. Hasta que no cambiemos nuestra forma de pensar, no cambiará la programación que vemos en la televisión.

Ser impecable con las palabras, no tomarse nada personalmente, no hacer suposiciones y siempre poner lo mejor de tu parte para no interpretar tus propios pensamientos ni las palabras de los demás son cuatro maravillosos acuerdos personales que te pueden ayudar a dejar tu orgullo personal a un lado, y a eliminar el poder que tus pensamientos han tomado en tu vida sin apenas darte cuenta.

Tanto las palabras que nos decimos en silencio, como las palabras que se manifiestan al salir con sonido a través de nuestra propia voz o de la escritura sobre el papel o electrónicamente tienen el mismo poder de crear o de destruir. Por eso, mucho cuidado con los pensamientos que tienes sin pronunciarlos en voz alta y presta atención a los pensamientos que son decretados en el mundo físico a través de tu boca o de tu mano. Solo cuando decidimos tomar consciencia de las palabras que vamos a usar somos capaces de controlarlas para transformar un efecto negativo en uno positivo. Aunque el tipo de pensamientos es más difícil de controlar, pues implica una completa transformación de tu estilo de vida y de tu visión del mundo, las palabras que salen por tu boca o las que escribes en el ordenador, en el teléfono móvil o en un papel dependen exclusivamente de ti, y el ejercicio de tomar consciencia de ello puede ser la clave para experimentar al instante un gran cambio en tu vida. Por lo tanto, podemos resumir que tú eliges, consciente o inconscientemente, a qué tipo de pensamientos darle una manifestación externa a través de la palabra para manifestar una nueva visión de tu vida. Y así, a través de este ejercicio externo y con la experiencia de la observación y la práctica, tu misma forma de pensar cambia. El universo siempre conspirará a favor de la energía que tú le prestes más atención, y esto te lo puedo contar porque ha sido mi experiencia personal.

La gran mayoría de las veces, cuando nos sentimos atacados o indefensos, tendemos a reaccionar al instante y hablar sin pensar, manifestando los impulsos o símbolos que van apareciendo en nuestra mente a medida que los pensamientos, de forma automática, se van creando a empujones. Este impulso común que todos compartimos, y que se caracteriza porque nos damos el derecho de juzgar rápidamente, de reaccionar sin ser conscientes de lo que decimos, y sin asumir la responsabilidad de nuestras propias palabras, es una de las razones principales por las que no solo el mundo, sino nosotros mismos, nos encontramos la mayor parte del tiempo sintiendo frustración, estrés y sufrimiento en una situación de caos. Sin embargo, si tomáramos conciencia de nuestro verdadero poder de elegir qué palabras usar, y nos diéramos un respiro para procesar y conectarnos con nosotros mismos y nuestro momento presente, nuestra vida podría cambiar significativamente para mejor.

DEJA DE JUZGARTE

Uno de los grandes retos que todos tenemos que conquistar cada día es dejar de juzgarnos a nosotros mismos y juzgar a los demás con tanta facilidad. Sé que posiblemente no es nuestra intención, pero me he dado cuenta de que personalmente lo hago todo el tiempo. Cuando eliges voluntariamente hacer este ejercicio, las cosas se complican un poco más. Por alguna razón, detectamos más fácilmente cuándo alguien está emitiendo un juicio que cuándo lo hacemos nosotros mismos. Date una tregua, y ten el valor de reconocer tu forma de ser, de pensar y de hablar sin necesidad de sentirte culpable, sino simplemente observando cómo interpretamos, clasificamos y juzgamos la mayor parte del tiempo.

Tu segundo gran reto, si te das el permiso de seguir conociendo cómo funciona tu mente, será tratar de no interpretar las palabras de los demás como una amenaza constante a tu bienestar. Justo todo lo contrario. Cuando sientes llegar la amenaza o el ataque que crees que es contra ti, utilízalo como una señal a tu disposición para darte cuenta de que te estás desconectando de tu propia identidad, pues el amor nunca puede ser amenazado, y, si reacciones al instante, es porque estás atado a tus creencias y no te sientes todavía seguro de quien eres. Quizás no puedas entender claramente este pensamiento que acabo de formular, pero puedes realizar el ejercicio de cuestionar todo lo que te digan para conocerte mejor. Ese impulso que sientes para contradecir, atacar o justificar es un maravilloso vehículo para observar por qué te sientes de esa manera, pues te aseguro que, si estuvieras conectado con tu verdadera identidad como es tu intención, solo podrías sentir paz, compasión y amor hacia las palabras que consideras negativas de los demás.

Aunque puedes leer rápidamente este pensamiento que acabo de escribir, sabes en el fondo que llevarlo a la práctica no es tan fácil como parece, en especial si sientes que alguien está atacando tus intereses personales, como puede ser tu familia, tu religión o el país donde vives. Nuestra mente nos ha hecho creer que nuestra manera de ver las cosas es la única realidad que existe, y que todo lo que vaya en contra de nuestra forma de pensar es una amenaza directa contra nosotros mismos. Las cosas se tiñen de otro color cuando nos afectan personalmente. Por eso, solo al tocar fondo, cuando nos encontramos más vulnerables frente al dolor, el sufrimiento, nuestros miedos e inseguridades, tenemos la verdadera prueba para experimentar si realmente hemos aprendido la lección y estamos realmente dispuestos a entregarnos al poder del amor.

Si dedicas un instante a observar este pensamiento detenidamente, y visualizas que te metes en la piel de la persona que te está amenazando, quizás puedas darte cuenta de que, para ella, tú también eres una amenaza. Por lo tanto, podemos llegar a la conclusión de que, si mi verdad es la única que existe y tu verdad es la única que existe, no hay opción para un diálogo constructivo que lleve a una solución pacífica y productiva para ambas partes; por este motivo, tenemos que ir a la guerra y al conflicto para ver quién gana y quién tiene la razón.

Aunque no lo queramos aceptar, nuestro Ego nos ha hecho creer que el Universo gira en torno a nosotros mismos todo el tiempo, y que nuestra realidad es absoluta, verdadera y la única que importa. Aunque no lo queramos admitir públicamente o en voz alta, ¿cómo hemos podido llegar a creer que nosotros somos mejores que otras personas?, ¿qué nos ha pasado que creemos que el placer está por encima de nuestra salud física y mental, que nuestra forma de vivir es mejor que la de los demás, o que nosotros nos merecemos unos derechos y libertades a costa de otras personas?

Vamos diciendo por la vida que queremos un mundo mejor para nuestros hijos, que deseamos vivir en paz, pero no queremos asumir la plena responsabilidad de nuestras acciones si nos sentimos amenazados y protegemos a uñas y dientes nuestros intereses personales. Y lo mismo pasa en nuestro interior, deseamos sentirnos en paz, pero no queremos responsabilizarnos de nuestros miedos e inseguridades porque implica mucho esfuerzo salirse del área de confort y enfrentarse a la realidad.

Cambiar la persona que eres para convertirte en la persona que realmente deseas ser es una de las experiencias más increíbles y gratificantes que puedes tener en tu vida, pero también es, al mismo tiempo, una de las experiencias más difíciles y que mayor esfuerzo te va a exigir.

CONTROL DE LAS SUPOSICIONES

Pero aquí no se termina el camino. Después de tener cuidado con las palabras que salen de tu boca y no tomar nada de lo que te digan como algo personal, el próximo paso es dejar de hacer suposiciones creyéndote que sabes con certeza lo que va a pasar en el futuro. Las suposiciones que tu mente está fabricando todo el tiempo no son más que un espectáculo de distracción, una película de ficción, una ilusión para evitar aceptar la realidad de lo que está pasando. Algunas de las historias que creamos en nuestra propia mente son auténticas novelas, restándonos valiosa energía y tiempo que podríamos dedicar a nuestro bienestar físico, emocional, mental y espiritual, y a contribuir a un mundo mejor.

Una de las principales razones por las que nos gusta tanto hacer suposiciones es porque nuestra mente siempre está buscando respuestas que le convengan y, si no las encuentra, simplemente se las inventa ella misma para satisfacer su curiosidad y justificar cierto tipo de comportamiento.

Uno de mis maestros y guías que han aportado luz a mi consciencia, Sergi Torres, para ilustrar cómo funciona nuestra mente comparte en su libro, *Saltar al Vacío*, una historia de un antílope que va a ser devorado por cinco leonas. La gran mayoría de nosotros, si somos testigos de la caza de las cinco leonas al antílope, nos ponemos automáticamente de parte de la víctima y «nos da pena el pobre animalito». El antílope, a su vez, estará viviendo su propia experiencia de ser comido por las leonas, pero ¿qué nos hace a nosotros pensar que es malo que las leonas se coman al antílope cuando no tenemos ni idea del sentido de la vida de un antílope? ¿Por qué creemos que sabemos cuál es su sentido cuando ni siquiera conocemos el sentido de nuestras vidas? En realidad, como seres humanos, no podemos conocer el sentido de la vida de un antílope. Entonces, una vez cazado el animal por las leonas, somos testigos de otra escena. Detrás de unos arbustos surgen siete hermosos cachorritos de león muy desnutridos, a punto de morir, pues estaban pasando por la temporada de sequía. De nuevo, nuestra mente cambia de enfoque, contempla con ternura esos hermosos cachorritos, y sentimos automáticamente compasión; entonces cambiamos de nuevo de opinión y justificamos el motivo por el que la mamá tuvo que buscarles comida para poder sobrevivir.

Este ejemplo simbólico me ayudó a entender la gran ceguera en la cual todos nos encontramos la mayor parte del tiempo. Sin ser conscientes de ello, saltamos de un pensamiento a otro sin darnos cuenta de que posiblemente se contradicen entre ellos. Solo vemos aquello que decidimos interpretar con nuestros pensamientos en un momento determinado, y terminamos eligiendo la versión de la historia que más se ajusta a nuestras propias creencias y a ese determinado momento, llegando incluso alguna gente a defenderla hasta con la muerte. «No puede ser que mi historia no sea la correcta, y te lo voy a demostrar a la fuerza». Tomamos decisiones y actuamos de acuerdo a las historias que nuestra mente se inventa la mayor parte del tiempo, y nunca dudamos de sus interpretaciones. Considerando cómo van las cosas en el mundo, podrás llegar a la conclusión de que quizás tendríamos que dejar de seguir a ciegas nuestros propios pensamientos para empezar a empoderar nuestros corazones y detenernos un instante antes de actuar u opinar con tanta facilidad.

INÚTIL NEGATIVIDAD

Por último, la negatividad es uno de los poderes más destructivos que nuestra mente crea en forma de pensamientos alarmistas contra nosotros mismos.

Cada vez que te resistes a algo, estás experimentando negatividad, la cual, a su vez, puedes sentir en tu vida a través de emociones como la ansiedad, la furia, la depresión, la envidia o los celos. Tener una actitud pesimista o negativa, debido a una interpretación «ilusoria» de tu realidad, no te llevará nunca a ningún lado, pues no es una solución que aporte nada bueno a los problemas que puedas tener en estos momentos, ni te ayuda a mejorar o crecer, sino que te impide despertar tu potencial. La única función de la negatividad es fortalecer tu Ego y hacerte creer que tú eres mejor que los demás y que puedes ver las consecuencias negativas que los demás son incapaces de ver. Pensamos que al adoptar el papel de víctima podemos estar por encima de las circunstancias, pero no somos conscientes de que nos estamos convirtiendo en personas conformistas, con miedo al cambio, y en víctimas de las circunstancias, viviendo siempre en un pasado que ya se fue o en un futuro que nunca llegará, pero nunca viviendo lo único que tenemos, nuestro momento presente.

Si tienes regularmente pensamientos negativos en tu vida, úsalos a tu favor para recordarte que necesitas volver a conectarte con tu esencia. Trata de hacer este ejercicio con cosas sencillas y pequeñas que suceden a tu alrededor; por ejemplo, si oyes el ruido de una alarma, los gritos de los niños, alguien te dice algo feo, o estás atascado en el tráfico. Fíjate en cuáles son los primeros pensamientos que aparecen en tu mente y considera si son negativos o positivos; entonces observa el impacto que tienen no solo en tus emociones, sino incluso en tu cuerpo físico. Puedes sentir cómo en el instante en que surge un pensamiento negativo sobre algo, te sube la sangre a la cabeza, tus manos empiezan a sudar, te falta el aire o te pones a temblar. Ábrete a la oportunidad de conocerte y empezarás a entender muchas cosas.

EJERCICIO: EL ESPECTADOR

Imagínate que eres un espectador viendo la película que pasa por tu mente en algún momento. Trata de ver si eres capaz de no juzgar, racionalizar o encontrar un significado de por qué tienes este tipo de pensamientos, simplemente observa, déjalos estar y reconoce que simplemente existen. Trata de usar estos pensamientos para ver la otra cara de la moneda sin entrar en el juego. Al aceptar este tipo de pensamientos y no hacer nada al respecto, no tener una emoción negativa que los acompañe al instante, al poner tu fuerza de voluntad para no reaccionar a la defensiva con palabras o acciones, podrás sentir cómo estos pensamientos pierden poco a poco su fuerza, y verás cómo esa circunstancia o persona ya no tiene tanto efecto y poder sobre ti. Al convertirte en invisible, esa emoción deja de afectarte, y te sientes mucho mejor.

Deja que pasen esos pensamientos negativos como nubes flotando por el cielo y, cuando te sientas en paz de nuevo, felicítate por haber despertado tu consciencia y controlado tus reacciones. Día a día haz todo lo posible para no darle el permiso a tu mente de tomar el control de tu vida. Trata de poner todo de tu parte y date cuenta de que tú eres mucho más que tus propios pensamientos, eres un ser que observa y que escucha.

Lo que te impide avanzar en la vida no es quién eres en verdad, sino lo que crees que no eres. Las personas nacemos con consciencia para percibir lo que es verdad, pero con el paso del tiempo acumulamos en nuestra mente conocimientos, creencias, experiencias propias o ajenas, y terminamos creyendo a ciegas todo lo que hay en nuestra mente sin cuestionarlo, lo cual, la gran mayoría de las veces, no es más que una distorsión de la realidad que nos hace sufrir. Cuando desafías tus pensamientos negativos, tus excusas, e incluso tus creencias, descubres que la mayor parte de tu vida la has vivido tratando de ser «alguien» para los demás, y te has olvidado de ti. Creo que ya te estás dando cuenta de que ha llegado el momento de establecer una nueva lista de prioridades en tu vida, una en la que tú empieces a recuperar posiciones para llegar al primer lugar, pues, mi queridísimo amigo o amiga, por mucho que te cueste aceptarlo, si tú no estás bien, tu mundo tampoco lo estará.

Siente la siguiente frase para que entre profundamente en tu consciencia: tú eres real, tu mente es virtual. Es muy importante que te des cuenta de esta gran diferencia. Tu cuerpo físico es real, mientras que tu mente está formada por el conocimiento, por las palabras, y por las historias que hemos recibido y experimentado desde nuestro nacimiento hasta el día de hoy. Todos somos creadores de nuestra propia realidad. Creemos que esa voz que escuchamos en nuestras cabezas es lo que somos en verdad, pero, al mismo tiempo, tienes que darte cuenta y aceptar que tú mismo también estás escuchando esa voz. Tú eres mucho más de lo que piensas, por eso no puedes dejarte llevar ciegamente por lo que te diga esa voz, pues quien te habla todo el tiempo es tu propio conocimiento, y no tu corazón. Tu intuición es mucho más sutil, más profunda, y solo la puedes escuchar si realmente consigues silenciar el ruido de tus pensamientos.

La mente tiene la capacidad de hablarse a sí misma y crearse sus propias historias y dramas sin que tengan que nada ver con tu realidad o con quien verdaderamente eres. Los seres humanos hemos terminando siendo adictos a sufrir y pensar siempre en lo peor en todo. Cuando dejes de tomarte en serio tus propios pensamientos y aprendas cómo cambiar tu atención de los pensamientos negativos a los pensamientos positivos, sentirás cómo tus emociones negativas se transforman en positivas y te permiten tener más seguridad, claridad y enfoque para lograr conocerte y sentirte mejor.

Cambiar la persona que eres para convertirte en la persona que realmente deseas ser es una de las experiencias más increíbles y gratificantes que puedes tener en tu vida, pero también es, al mismo tiempo, una de las experiencias más difíciles que vas a vivir. Personalmente, me di cuenta de que cada vez que me resistía a aceptar la realidad que estaba experimentando no solo mis pensamientos negativos y emociones destructivas cobraban más fuerza, sino que hacía que mi salud física y mi energía se vieran seriamente afectadas.

El mundo está cambiando. Tú estás cambiando. No tienes por qué seguir dando todo tu poder al Ego, y puedes empezar a ver las dos caras de tus pensamientos como instrumentos para provocar tu despertar. Atrévete a cambiar la manera como te relacionas con tu mente, y ábrete a la posibilidad de crear un espacio lleno de posibilidades más allá de tus pensamientos y creencias, de los límites impuestos por tu propia mente, para abrirte paso a un nuevo estado de consciencia que te permita ver otra realidad, y descubrir el universo de tu Ser.

¿Eres capaz de imaginarte un mundo libre de interpretaciones, juicios, miedos e inseguridades?

Todo depende de la semilla que quieras plantar en tu interior y del reto que quieras conquistar. La elección es individual, de cada uno de nosotros, pues para obtener ese maravilloso mundo primero lo tenemos que conquistar a nivel personal. Cuando empiezas a dejar de juzgar y de tener expectativas, cuando eliges dejar de creer tus pensamientos, especialmente los negativos, tu vida empieza a transformarse. No es tan fácil lograr este objetivo, pero la práctica hace al maestro. Deja de ver a la persona que tienes frente a ti como una persona distinta de ti; y empieza a sentirla como parte de ti. Abandona la práctica tan común de quejarte o de ser una víctima la mayor parte del tiempo; y trata de ver qué otras opciones puedes crear en tu interior. No pasa nada si te estás quejando todo el tiempo de tu vida, pero debes saber que, si eliges darte una oportunidad, tienes el poder de ver las cosas desde otro punto de vista y cambiar completamente tu vida.

TERCERA SEMILLA
La hora de la verdad

CAPÍTULO 9

SEPARADOS AL NACER

EL PRESENTE

Cada instante es único, es perfecto, es especial y es maravilloso. Este preciso momento en el que te encuentras solo cobra significado ahora, cuando diriges toda tu atención a lo que está pasando. Ni antes ni después. Vivir es tomar consciencia del presente. Todo lo que necesitas está aquí, y todo lo demás que crees necesitar para vivir no es más que una ilusión. El presente es siempre eterno, y es el único estado en el que podrás crear tu destino, experimentar la presencia de la paz y sentir la esencia del amor.

Este profundo conocimiento de que tu vida solo puede manifestarse en un presente es la base principal para que puedas dejar de sufrir y seas feliz. Nada tiene sentido si crees que puedes controlar el tiempo; y, a su vez, todo cobra un nuevo sentido si reconoces la importancia de lo único que existe: el presente. Lo mismo pasa con el amor y la paz: si los tratas de atrapar es imposible, pero si los sientes y dejas estar se revelan ante ti cuando menos te lo esperas.

No importa qué experiencia estés viviendo en estos momentos, tu mente y tus pensamientos tratarán por todos los medios de buscarle un sentido, bueno o malo, para encajarlo dentro de la historia que tú mismo has creado, pues no podemos vivir sintiendo que nuestra existencia no tiene sentido.

El presente es lo que es: tus ojos sobre estas palabras, tus pensamientos interpretando el mensaje y la temperatura del lugar donde te encuentras, el contacto de tu cuerpo sobre la silla, el sofá o la cama, tu respiración, todo aquello que abarca tu vista en estos momentos. Ese es tu presente y cambia en un instante para ser otro presente. Incluso si ahora mismo eliges recordar algo para revivir una experiencia o soñar con un objetivo que deseas lograr, esto lo haces también en tiempo presente. Cuando sientes que estás en peligro y decides no reaccionar, salir corriendo o contraatacar, lo haces siempre en tu presente. Por eso es tan importante que no te lo tomes personalmente cuando te digo que en realidad «estás viviendo lo que tienes que vivir», pues es imposible estar en otro lugar que en el que estás en estos momentos. Nunca te puedes escapar del presente. ¿Me explico? Ser consciente de esta gran verdad puede ayudarte a aceptar más fácilmente tu situación para dejar de sentirte todo el tiempo mal y darte la oportunidad de observar, aceptar tu realidad, adaptarte a tus nuevas circunstancias, y eventualmente emprender nuevas acciones que provoquen un nuevo presente.

Sin este conocimiento que pertenece a la sabiduría universal que nos reta a ir más allá de nuestros pensamientos y que nos une con el Todo, no creo que hubiera podido resistir todos los cambios que viví en los últimos años. Espero que estas palabras penetren en tu corazón para que tú también descubras la importancia de elegir conscientemente dejar a un lado todas tus expectativas y suposiciones con respecto a cómo tendría que ser tu vida en estos momentos, para entregarte a la vida segundo a segundo y empezar a sentir lo que tengas que experimentar para seguir creciendo y transformándote.

GUERRERO DEL PRESENTE

Ser un guerrero espiritual, un embajador de la consciencia, un maestro de luz, ser tu máximo potencial, significa reconocer que desde que hemos nacido nos hemos separado de nuestro presente. Cuando éramos muy chiquitos, lo único que nos importaba era comer, dormir y jugar. Fíjate en los niños que tienes a tu alrededor y observa cómo, igual que los animalitos que puedas tener en casa, viven siempre con intensidad el presente como si nada más importara. Nada en el mundo es tan preciado como ese preciso instante, y su cara de felicidad lo refleja. Por eso nos sentimos tan bien cuando estamos rodeados de niños felices, porque nos hace recordar algo que tuvimos en algún momento. Todos nacemos conectados con el instante presente, pero, con el paso de los años, las responsabilidades del trabajo, la familia, la globalización, el espíritu capitalista, el desarrollo de la tecnología y la era digital, nos hemos desconectado de nosotros mismos al tratar de estar en todas partes. El tiempo no se puede controlar por mucho que lo intentes, solo se puede vivir.

Un guerrero espiritual, como hemos descubierto hace poco, es aquel que se enfrenta con amor, con compasión, con humildad y con cariño a sus propias sombras en el único espacio donde puede reconocerlas y abrazarlas de verdad: en el momento presente. Cuando sientes que surge una interpretación en forma de juicio, excusa o expectativa o empiezas a sufrir por algo, significa que te has desconectado del tiempo presente, pues tus pensamientos están alimentándose de experiencias pasadas o anticipando el futuro, y justo en ese momento, ya dejas de estar conectado con lo que hacías. Pasas de un estado donde el tiempo carecía de importancia a un estado donde mides cada segundo.

Observa. Respira. Conéctate. Trata de ver si eres capaz de no pensar en el tiempo y simplemente estar, ser, conectarte. Deja que tus pensamientos hagan lo que quieran. Siente tus emociones y siente tu cuerpo. Siente tu respiración y siente tu energía. Al elegir enfocar tu atención en este preciso instante y despertar tu consciencia a lo que existe, te abres a la posibilidad de sentir la fuerza, la belleza, el amor y la compasión de la perfección de la vida, y a que nada ni nadie pueda amenazar tu paz en estos precisos momentos.

Cierra los ojos y siente este pensamiento de nuevo. A pesar del dolor que estés sufriendo o el momento complicado que estés viviendo, nada ni nadie puede amenazar tu paz ahora mismo si tú te das el permiso de entregarte por unos segundos a este instante. Respira y descansa, aunque sea un segundo de tu dolor. Y, si quieres, hazlo cuantas veces sea necesario para recuperarte un poco y empezar a despertar la luz de la esperanza y la ilusión en tu interior. En este espacio de amor es donde tú plantas las semillas de tus sueños.

Tu realidad es justo la que tienes ante ti, pues de lo contrario estarías viviendo otra experiencia, y esa experiencia se convertiría en tu realidad. ¿Empiezas a darte cuenta de cómo no puedes escaparte de tu momento presente y de que justo ese momento es el vehículo que tienes para sentirte mejor?

Cierra de nuevo los ojos y siente de nuevo este pensamiento. Reconocer que no puedes estar en otro lugar que donde estás, te permite tomar consciencia de que puedes elegir ignorar lo que está pasando o tratar de ocultarlo, algo que hacemos la mayor parte del tiempo, o enfrentarte a él con rabia y frustración, algo también muy común en nuestra forma de reaccionar ante los problemas, o simplemente sentirlo y estar en su presencia para descubrir lo que tenga que manifestarse ante ti. Es tu elección. Si eres honesto, verás como la mayor parte del tiempo vivimos tratando de evitar nuestra realidad y de imaginar otra en la que nos sentimos más cómodos para tomar decisiones. ¿Por qué elegimos vivir algo que no tenemos y sufrimos por ello? Carece de lógica, pero hazte esta misma pregunta para ver a qué conclusión llega tu mente. Quizás te sorprendas de tu forma de pensar.

Cada uno de nosotros somos los auténticos creadores del destino de nuestras vidas, consciente o inconscientemente, porque al elegir dónde poner tu atención creas tu realidad. Quizás las palabras resuenen con fuerza en tu corazón y captures la esencia de lo que deseo expresar, quizás te sientas confundido tratando de entender algo que empiezas a sentir como verdadero, pero no entiendes todavía, o quizás creas que nada de lo que digo tiene importancia. Todo es perfecto como es, incluso tu interpretación de mis palabras. Tu momento presente es lo que importa. Cuando me abrí de corazón a esta posibilidad y me di cuenta de que yo elegía cómo interpretar y cómo sentirme, me sorprendí de haber encontrado una manera de descansar de mi sufrimiento, de mi frustración, de mi culpabilidad, de mi rabia, y empecé a sentirme poco a poco mejor. Encontré mi área de descanso.

Dentro de ese hermoso espacio que hemos visualizado juntos al principio del libro para plantar las semillas del amor, te invito a que plantes ahora la semilla del presente para poder recordar que en tu conexión con tu respiración y con tu Ser, cuando tengas el impulso de hacerlo, encontrarás el descanso y la paz que tanto anhelas. Esta pequeña intención puede hacer grandes milagros en tu vida. En el momento en que te entregas voluntariamente a tu presente te conviertes en parte del Todo; solo cuando surge un pensamiento anclado en el pasado o en el futuro, te desconectas y te separas de nuevo, empezando a sufrir una vez más. La diferencia que existe entre el sufrimiento y la paz se encuentra justo en esa separación y conexión con tu realidad.

EL SILENCIO Y EL RUIDO

Una de las herramientas más importantes que tenemos a nuestro alcance para poder entrar en contacto con nuestro presente es el silencio. Pero con el silencio no me refiero a que hagas todo lo posible para meterte en un cuarto cerrado para mantenerte aislado de los ruidos, o a que trates de meditar para acallar tus pensamientos, sino a entregarte a la nada donde estás. Sorprendentemente, el ruido será tu aliado para descubrir el hermoso sonido de tu silencio, pues, al igual que sucede con el miedo y el amor, solo cuando uno desaparece puedes realmente empezar a sentir el otro.

Mucha gente le tiene miedo a la soledad y a estar en silencio y a oscuras, pues temen enfrentarse a sus fantasmas internos, pero el silencio del que hablo va mucho más allá de esos pensamientos, se encuentra justo detrás de ellos, donde está la nada y está todo, donde está la luz y sientes el Universo. Si fuéramos capaces de ir un poquito más allá de nuestros pensamientos, de todo el ruido que sentimos a nuestro alrededor y en nuestro interior, y nos atreviéramos a cruzar esa delicada frontera que existe detrás de nuestra mente, descubriríamos en el silencio la esencia y la belleza de nuestro Ser.

El ruido te lleva al silencio y el silencio te devuelve al ruido. Ambos están unidos, igual que lo están nuestros propios pensamientos positivos y negativos, la luz y la sombra. Solo cuando decidas observar conscientemente el tipo de pensamiento que tienes en cada momento podrás sentirlos, vivirlos y transformarlos. El dolor no surge porque un pensamiento negativo entre en tu mente, sino por la interpretación que inconscientemente estás haciendo del pensamiento que tienes. Puedes sentirte mal si interpretas que es malo pensar de una determinada manera, y, cuanto más tratas de deshacerte de un pensamiento en particular, más fuerza le estás dando. Pero, cuando abandonas el deseo de juzgar ese pensamiento, automáticamente él mismo, por su cuenta, regresa al silencio de donde vino. Si estás sufriendo es porque posiblemente estés juzgando e interpretando un pensamiento. Haz tú mismo la prueba. Tómate tu tiempo y siéntelo. Escucha las razones que tu mente trata de exponerte para justificar tu sufrimiento. Deja que tus interpretaciones y el pensamiento se manifiesten ante ti y simplemente obsérvalos. Por una vez, date el permiso de ver qué pasaría si tu interpretación actual fuera incorrecta y qué pasaría si tuvieras el poder de dejar ir todas tus interpretaciones de ese pensamiento. Trata de ver cómo te sientes observando ese pensamiento en silencio con mucho amor, como si fuera tu propio hijo haciendo una pequeña travesura, pero sabiendo que lo quieres con toda tu alma. Deja que el pensamiento se exprese en ese espacio que has creado, donde tú eres el observador, hasta que se canse del silencio. Ese no es su hogar, ese es tu hogar.

El estado natural del silencio es la paz. Simplemente abriéndote a lo que estás viviendo en este preciso momento puedes sentir si estás o no en paz; el ruido, el sufrimiento, la ansiedad o el estrés simplemente son señales para demostrarte que sigues juzgando y que no estás conectado con tu estado natural, y que te has separado de tu estado natural.

PUEDES ELEGIR DÓNDE ESTAR

Como verás, la única persona que puede marcar la diferencia aquí y ahora en tu estado emocional eres tú si eliges estar presente en tu presente. Parece un trabalenguas, pero no lo es, pues casi todos decimos que estamos presentes cuando en realidad nuestra mente está en otra parte. ¿Te das cuenta? Al final, estés donde estés, es tu vida. Tú tienes la opción de elegir dónde estar. ¿Te imaginas regresar a un momento bonito de tu infancia? Ahí puedes estar. ¿Te imaginas tumbarte en una hermosa playa? Ahí puedes estar también. ¿Te imaginas lo peor que te puede pasar? Ahí puedes sufrir, pero estar también. ¿Te imaginas sentir paz? Ahí definitivamente pues estar y sentir paz.

Mi pregunta para ti en estos momentos es en qué lugar quieres estar ahora, desde qué lugar quieres tomar tus decisiones, y desde qué lugar quieres actuar para transformar tu vida.

Aunque todo lo que estás leyendo pueda sonar como un idioma extraño, o sientas como si tuvieras una sopa de letras revueltas en tu cabeza, no pasa nada. Tu mente no tiene que interpretar nada ni llegar a ninguna conclusión. Todo lo contrario. Estoy aquí para hablarle a tu Ser, para darle el alimento que necesita para sentirse más fuerte, para despertar su energía, y crear una chispa que provoque un antes y un después en tu vida. Muchas veces, simplemente tienes que abandonar y dejar que las palabras penetren en tu interior para dejar que su esencia entre en comunión con la consciencia de tu Ser. Deja que sea el amor que sientes hacia ti y hacia el mundo quien te guíe de la mano en tu transformación para que puedas ver lo que tengas que descubrir en el momento en que estés listo para recibirlo. ¿Cuándo es ese momento? Cuando menos te lo esperes. Ni antes ni después. Solo tienes que darte el permiso para poder recibirlo. Normalmente surge una revelación cuando no tienes expectativas y estás entregado en cuerpo y alma a tu momento presente.

La humanidad y la sociedad están sufriendo porque nos hemos separado de nuestro estado natural. Las empresas, los medios de comunicación, los líderes de opinión e incluso nosotros mismos hemos asimilado la técnica del miedo como nuestra mejor herramienta para provocar cambios a nuestro favor, y, sin darnos cuenta, nos hemos convertido en adictos al sufrimiento creyendo que es nuestro estado natural. El mundo en el que vivimos no es más que ese reflejo de nuestro mundo interior. La separación que hemos creado entre unos y otros, ya sea por motivos políticos, económicos o religiosos con el fin de proteger nuestros intereses, es muy similar a la separación que hemos creado con nuestros propios pensamientos.

Si crees en el conflicto, existirá conflicto, pero si crees en la paz y la experimentas primero en tu mente, existirá la paz. Aquel lugar donde decidas poner tu atención y todas tus energías será el destino donde tu vida se va a dirigir. Todo depende de ti. Al nacer te separaste de tu madre para venir a este mundo. Ahora te toca poco a poco regresar con tu madurez y experiencia al lugar donde naciste.

CAPÍTULO 10:

LA ILUSIÓN DEL TIEMPO

Respira. Cierra tus ojos. Date un descanso. Ante ti tienes un nuevo universo que puede saturar todos tus sentidos y dejarte incluso sin aliento, confundido y agotado. Para que puedas de verdad sentir todo el poder y la belleza del amor tienes que recuperar primero tus energías, especialmente las físicas, pues estas tienen un efecto directo en tu energía mental, y esta a su vez sobre tus emociones que te ayudarán a conectarte con tu energía espiritual. Si es necesario, tómate una siesta, vete a correr, respira aire puro, toma un buen vaso de agua fresca o prepárate una rica ensalada. Y, cuando te sientas renovado, continua tu viaje en este maravilloso océano de posibilidades al que libremente te has entregado.

Como venía diciendo, donde estás en estos instantes es el momento donde tienes que estar, te guste o no te guste tu realidad. Como sabes, no puedes cambiar el momento que estás viviendo. Me imagino que, si estás pasando por una buena etapa en tu vida, te resultará más fácil estar de acuerdo conmigo que estás en el lugar correcto donde tendrías que estar, mientras que, si estás pasando por una etapa difícil que te produce sufrimiento, dolor, ansiedad o estrés, te costará más aceptar que deberías estar viviendo esta experiencia. De todos modos, el esfuerzo que estás poniendo en tratar de aceptar tu realidad, aunque no quisieras vivirlo, ya es un gran paso hacia tu transformación y crecimiento, pues estás empezando a aceptar una realidad, y aquí, en estos momentos, en este despertar de consciencia es el único lugar desde el cual puedes actuar para provocar un cambio positivo en tu vida.

Mucha gente que está viviendo alguna experiencia difícil y traumática en su vida se puede molestar cuando les indico que lo que están viviendo es parte de su propio crecimiento personal y espiritual, y aunque les duela escucharlo, es la oportunidad que aparece ante nosotros para ayudarnos a descubrir nuestro potencial. Sé que esto es casi imposible de imaginar para aquellas personas que estén pasando por situaciones realmente complicadas carentes de sentido y de lógica. La vida a veces nos sorprende con noticias devastadoras que nos quitan el sentido, pero he podido ser testigo en mi vida y en la de muchas personas que he conocido, de cómo esas mismas experiencias se convirtieron en la llave para iniciar una nueva etapa con una relación con la vida más profunda.

A nadie le gusta el cambio si no le conviene en el momento, sin embargo, este se manifiesta simplemente para seguir su curso divino. Observa cómo la naturaleza y el mundo animal se entregan libremente al cambio como parte fundamental de su supervivencia. Solo nosotros, los seres humanos, tratamos por todos los medios de evitar algo que es natural en la vida.

Muchas cosas te pasan por la mente cuando te dicen que tienes que aceptar tu destino, aunque no te guste. En nuestra cabeza no podemos entender por qué tenemos que vivir la experiencia de una enfermedad como el cáncer, quedarnos sin trabajo y sin dinero, arruinados económicamente, o sufrir inesperadamente la pérdida de un ser querido. En nuestro sufrimiento, no podemos ver ni entender el propósito de aquello que estamos viviendo, y mucho menos recibir las lecciones que necesitamos aprender cuando estamos pasando por un momento de mucho dolor. Sin embargo, serán estas mismas experiencias complicadas y difíciles, donde somos más vulnerables y tenemos las emociones a flor de piel, las que nos permitan descubrir nuestro verdadero potencial y nos enseñen el camino para descubrir el verdadero significado del amor, nuestra capacidad de resiliencia para seguir adelante pase lo que pase y darnos una nueva oportunidad.

PILOTOS AUTOMÁTICOS

Estamos tan obsesionados por demostrar todo lo que podemos hacer, tener y acumular que nos hemos olvidado de alimentar la relación con nosotros mismos y apreciar la belleza de todo lo que existe a nuestro alrededor. Nos hemos convertido en pilotos automáticos operando a la mitad de nuestro potencial en direcciones opuestas. Todas las mañanas nos levantamos y hacemos exactamente lo mismo. Pasan los días, las semanas, los meses y los años, y nos preguntamos dónde se nos ha ido el tiempo. Nos parecemos más a los robots de las películas de ciencia ficción que a seres humanos viviendo una maravillosa experiencia terrenal. ¿Qué nos ha pasado? Observa tu vida, tu día a día, y saca tus propias conclusiones. Cuántas veces no estamos de vacaciones pensando en el trabajo y sin disfrutar de ese merecido descanso, o en una cena con amigos consultando el móvil sin atender a la conversación, o mirándonos al espejo para vestirnos sin realmente vernos y sentirnos. Y luego regresamos a nuestra rutina de todos los días, haciendo, midiendo, comparando, juzgando, criticando y quejándonos. ¿No crees que ya llegado el momento de tomar un descanso y abrirnos de verdad a una nueva manera de vivir? La respuesta solo la puedes sentir tú en tu corazón.

Tomar consciencia de dónde estás en cada instante, sentir qué es lo que realmente deseas hacer en cada momento, llevar a cabo de manera apasionada y decidida una acción concreta, elegir estar en silencio para conectarte con tu Ser, son decisiones que solo tú puedes tomar cuando te des el permiso de hacerlo. Observa cómo te sientes, y por favor, sé lo más sincero posible para reconocer un patrón en tu conducta del cual posiblemente seas inconsciente. ¿Sientes la mayor parte del tiempo que te has convertido en víctima de las circunstancias? ¿Sientes que eres mejor que alguien en particular? ¿Te sientes perdido en la vida la mayor parte del tiempo?

A la consciencia de tu Ser no le importa la emoción que puedas sentir, si estás triste o si estás alegre, si estás preocupado o si estás entusiasmado, si estás sufriendo o dejas de sufrir. La consciencia simplemente te acompaña en el lugar donde estás en cada momento, sin juzgar y sin esperar nada a cambio. Eso es amor puro, sin interpretaciones ni condiciones. La presencia de tu consciencia será quien te haga observar cada momento como es y detenerte en el tiempo para ser. Qué hermosa palabra acabo de descubrir: «presencia», la manifestación de tu esencia en tiempo presente. ¿Ves? Entregándote en cuerpo y alma en el único lugar donde puedes estar, tu presente, tienes la posibilidad de abrirte para recibir la magia que el Universo te ofrece.

En el instante en que tu consciencia se conecta con el momento presente, el pasado y el futuro desaparecen y dejan de tener importancia, tus ansiedades y tus miedos pierden su fuerza, y tu sufrimiento da paso poco a poco a un espacio de paz. Se siente muy extraño hacer este ejercicio y vivir la experiencia de entrar y salir del sufrimiento. Carece de lógica, pero tienes que vivirlo para entenderlo. Por ello, también me gusta definir a la consciencia como «la inteligencia del amor», porque sabe cuál es la mejor estrategia para acallar tu mente y enseñarte el camino hacia tu potencial.

Es posible que en tu corazón sientas surgir una sonrisa al reconocer en mis palabras un eco de una voz lejana, o una vibración interna recorrer tu cuerpo al conectarte con algo que sientes verdadero; sin embargo, tu Ego no se va a dejar vencer tan fácilmente para tirar por el suelo toda la historia falsa que ha creado y te ha hecho creer por tanto tiempo. Prepárate muy bien y reserva tus energías, pues a medida que te vayas acercando más a la luz, más fuerza de voluntad necesitarás para superar todas las sombras que aparecerán en tu camino. Así que no te sorprendas cuando en la vida sientes a veces que vas más hacia atrás en lugar de ir hacia delante. Sin embargo, si tu intención de acercarte a la verdad es sincera, las cosas nunca volverán a ser como eran, pues habrás sembrado una semilla en tu corazón que poco a poco irá creciendo para transformar tu vida a pesar de todos los obstáculos que puedas encontrar en tu camino. Y esa luz siempre iluminará la oscuridad en la que te puedas encontrar para recuperar tus esperanzas, recordarte quién realmente eres y ayudarte a encontrar la salida del laberinto donde te encuentras.

Enfoquémonos en otro pensamiento para profundizar en nuestra consciencia: «El tiempo es eterno y relativo al mismo tiempo».

Observa: «sombra y luz», «sufrimiento y paz», «tristeza y alegría», «relativo y eterno», «negativo y positivo». ¿Te das cuenta de cómo todo tiene sus dos caras opuestas? ¿Será que no puede existir una sin la otra? Cierro mis ojos y siento mi agradecimiento por «dar y recibir». Sonrío de nuevo por «estar y sentir», y me doy cuenta de que puedo seguir con muchas otras dualidades que experimentamos constantemente en nuestras vidas, «día y noche», «verano e invierno», «frío y caliente». Seguro que se te ocurren muchas más.

A veces me pregunto si las palabras que escribo tendrán el mismo sentido para ti que para mí en estos momentos. Pero no importa. Lo único que

puedo hacer es ser fiel a este instante, y nada más, pues es todo lo que tengo
y todo lo que soy.

Perdona por este pequeño paréntesis que, como siempre, surge cuando
menos te lo esperas para revelarte algo nuevo. Sigamos hablando de la relatividad del tiempo. ¿No te pasa a veces que sientes que el tiempo se te va de las
manos, como si volara, y otras muchas veces sientes cómo un simple minuto,
sesenta segundos, se te hace eterno? Observa tú mismo las actividades que
sueles llevar a cabo en tu día, y presta atención a cuáles son las actividades
que pasan más deprisa, o las que se te hacen eternas de realizar. Siente cuáles
son tus emociones durante estas actividades y trata de reconocer cuál es la
principal diferencia que puedes encontrar entre una actividad en la que el
tiempo se te escapa de las manos y otra en la que no encuentras el momento
para terminarla. Quizás haciendo este ejercicio puedas aprender algo más
de ti y te des cuenta de si realmente deseas o no hacer esas actividades a las
que estás resistiéndote tanto, pues obviamente no estás conectado y comprometido en esos momentos con ellas. ¿Cuáles son esos pensamientos que
te están desconectando de tu realidad?

Personalmente, cuando me he entregado de corazón a una actividad y
no he sentido el paso del tiempo, he descubierto que estaba entregando mi
pasión y honrando mi experiencia con todos los sentidos y con mi máximo
potencial en ese preciso instante. El tiempo y todas mis otras actividades,
responsabilidades y obligaciones dejaban de tener sentido. Mis preocupaciones, mis ansiedades, mis deseos, mis necesidades, se apartaban para crear
el espacio donde mi esencia se pudiera manifestar en todos los sentidos. Ahí
es donde quiero y me gustaría estar la mayor parte de mi tiempo. Ahí es
donde siento que soy mi mejor «yo». Ahí es donde puedo dar lo mejor de
mí. Ahí es donde puedo sentirme feliz. Ahí es donde realmente puedo amar
y hacer la diferencia.

Por otro lado, en las etapas de mi vida en las que he sentido más miedo
y estaba más inseguro de mí mismo, el tiempo se me hacía eterno y no veía
la hora para dejar de sufrir y sentirme tan desgraciado. Ahora entiendo la
diferencia sutil entre ambos instantes, uno en el que el tiempo de detiene,
para simplemente ser, y otro en el que el tiempo empieza a contar, para dejar
de ser.

Despertar tu consciencia para reconocer cuándo el tiempo te resulta algo difícil de soportar te permite justo conectarte con tu presente para tomar una decisión que provoque un cambio que te haga sentir mejor, ya sea tomando un respiro, eligiendo dar un paseo, meditando por unos minutos, haciendo ejercicio, leyendo un libro o aprovechando tu oportunidad para cambiar de actitud y aprender algo nuevo de la experiencia que estés viviendo. Solo tú puedes tomar la decisión de conectarte o seguir desconectado, y tanto tus pensamientos como tus emociones pueden ser una buena señal de dónde estás en cada momento.

Si dejamos a un lado el poder que tu mente tiene sobre el paso del tiempo con tus pensamientos, tienes que admitir que no existe nada en tu vida que no te deje vivir en el presente. Todo lo que tú eres y haces, todos tus movimientos y tus palabras, siempre suceden en el momento presente, ni antes ni después. Incluso cuando duermes por las noches, tu cuerpo está siempre respirando en el presente para poder mantenerse con vida, y para que, en tu momento presente, ni antes ni después, puedas abrir los ojos de nuevo por las mañanas. Si te fijas, siempre que estás respirando, lo estás haciendo en momento presente, y, por dicho motivo, tu respiración será una de tus mejores herramientas para llevarte a la paz del presente. De ahí proviene la práctica de la meditación y de la contemplación como instrumentos para regresar a nuestro verdadero hogar. Todo tiene un propósito y por eso se habla tanto ahora del papel de la respiración en la salud, la productividad y el bienestar.

Aaaahhhh, si quieres, repasa lo que acabas de leer. Muchas veces he tenido que detenerme y revisar varias veces las enseñanzas de los grandes maestros, los consejos de grandes amigos y mentores, o las nuevas ideas que surgen en mi interior, para tratar de entender la profundidad del mensaje que he recibido. No tengas miedo de escribir, subrayar, pintar o marcar las palabras o frases que te llaman la atención. Yo lo hago todo el tiempo y es una manera de remarcar a mi consciencia y a mi mente lo que me interesa escuchar. Muchas veces cuando leo algo por primera vez que antes no sabía, o que pensaba, pero nunca me atrevía a manifestar, mis ojos se quedan como platos vacíos. En la segunda y la tercera lectura, mi mente trata de entender el significado de lo que he recibido, leído o escuchado con la razón. Y así, poco a poco, trato de dejar de pensar para sentir y plantar nuevas semillas en un espacio vacío lleno de amor hasta que poco a poco el verdadero significado sale a la luz.

El presente es el espacio donde el tiempo nunca existe. Y vuelvo a repetir de nuevo, solo el tiempo tiene sentido de «tiempo» cuando incorporas en la ecuación los famosos términos y definiciones de «pasado» y de «futuro». Todo lo que hagas, todo lo que pienses y todo lo que sientes en estos momentos es lo que es, es todo lo que hay, es tu vida, sin un antes ni un después.

Ahora bien, en el momento en que eliges libremente ir hacia el pasado para recordar algo, o visualizar algo para poder planificarlo, estás utilizando el poder que tiene tu mente de viajar en el tiempo de una manera consciente y productiva para tu propio desarrollo y crecimiento personal. Pero, si al hacerlo sientes que surge la ansiedad y el sufrimiento en tu interior, si sientes algún tipo de miedos o inseguridades acaparar toda tu atención, entonces es muy probable que tu mente esté empezando a interpretar el pasado y el futuro creando su propia historia y eligiendo desconectarse de tu consciencia.

LA MEDITACIÓN Y LA MENTE

La meditación o la contemplación, como he ido compartiendo a lo largo de estas páginas, es una de las herramientas más efectivas que he conocido para entender la función y el juego de la mente con nosotros mismos. Cuando empiezas a meditar, lo primero que te sorprende es cómo, a pesar de que puedes ordenar a tu cuerpo que no se mueva y enfocar la atención en tu respiración, cuando quieres mandar una orden a tu mente para que deje de pensar, esta no te hace caso y sigue con la suya. Es como un juego virtual en el que nuestra mente sabe que si es persistente con los pensamientos el tiempo suficiente terminará ganando la partida, pues conoce tu debilidad. Pero como en cualquier juego, ya sea de ajedrez o de cartas, tarde o temprano, cuando aprendes la técnica de tu contrincante, terminas por empezar a jugar mejor y ganar varias veces la partida. Así que, por un lado, está tu Ser, tu consciencia, y, por otro lado, está tu mente. Posiblemente hasta el día de hoy tu mente estaba ganando casi todas las partidas la mayor parte del tiempo, pero espero que, poco a poco, a medida que sigas profundizando a través de estas palabras en la belleza y sabiduría de tu Ser, la balanza empiece a inclinarse cada vez más a tu favor.

El viaje hacia tu mundo interior es una travesía intensa en la que tienes que ponerte a prueba constantemente para conquistar grandes retos. No es fácil, pero tampoco imposible. Tu Ego, y su armamento de pensamientos fatalistas y negativos, nunca bajan la guardia para encontrar el mejor momento de llevar a cabo su contraataque y jaque mate. Pero, cuando empiezas a entender el papel creador y destructor de tu propia mente, y reconoces que sus movimientos son siempre parecidos y que se repiten todo el tiempo, entonces descubres una nueva estrategia que te permite crear un nuevo mundo de posibilidades.

EL PAPEL DE LAS EMOCIONES

«Sentir para estar» resume una estrategia muy práctica para usar tus emociones como vehículos que te conecten con tu momento presente. Si estás experimentando ansiedad, siéntela. Si estás experimentando tristeza, siéntela. Si estás feliz, siéntelo. La solución a tus problemas no está en tapar lo que sientes con la comida basura, con drogas o comprando algo para ignorar una situación que te hace sentir incómodo, sino en estar presente donde estés para enfrentarte a tu realidad y encontrar una solución. Detrás de cada emoción que sientes, encontrarás siempre la respuesta a lo que buscas si te das el permiso de estar ante la presencia de dicha emoción. La misma pregunta que tengas acerca de la situación que estás viviendo será la que te dirija a un lugar, a un espacio, donde tú mismo, en tu deseo de ir hacia ella, te ayudarás a encontrar la respuesta. Quizás te lleve un poquito de tiempo descubrir ese lugar donde todo cobra significado, pero si tu intención es sincera tarde o temprano, en el momento que tenga que ser, y casi siempre cuando menos te lo esperes, la recibirás.

El gran secreto simplemente es permitir que se presente ante ti esa incómoda emoción que sientes o ese pensamiento que no te hace sentir bien contigo mismo, con el fin de observar tu impacto interno sobre tus emociones y pensamientos y darte la oportunidad de aprender algo nuevo para transformarte. Pero recuerda que solo será en el espacio del presente cuando podrás sentir y cambiar algo a través de la acción.

Puede ser que una emoción de ansiedad te lleve a una de dolor, y esta te lleve a una emoción de rabia, y la de rabia te lleve a una de odio, y esa emoción de odio te lleve a una de sorpresa, y esa emoción de sorpresa a una libertad, que se traduce en paz, y donde sientes amor. No importa las vueltas y los giros que tengas que experimentar cada vez que observes una emoción, pues todo lo que tengas que sentir, todo lo que tengas que vivir, siempre está en tu camino para guiarte de la mano donde tengas que llegar: tu propio despertar.

No es tan fácil como parece estar presente ante tus emociones y pensamientos si estás pasando por una etapa muy difícil con dolor y sufrimiento, pero no quiere decir que sea imposible. Tu fuerza de voluntad te impulsará a hacer la prueba para convertirte en tu propio maestro. Si ya has tratado por todos los medios de sentirte mejor y no has tenido éxito, espero que puedas concederte una nueva oportunidad de experimentar este proceso que estoy compartiendo contigo. Ignorar tus lágrimas, tu dolor y tus miedos es una decisión muy peligrosa que puede tener graves consecuencias no solo sobre tu salud emocional, sino también sobre tu salud física y tu estilo de vida personal y profesional.

CAPÍTULO 11

SINCERIDAD QUE QUEMA

Sinceridad contigo, sinceridad con la experiencia que estés viviendo, sinceridad con los pensamientos que tengas, y sinceridad con las emociones que sientas, es una de las principales cualidades que tienes que ejercitar todos los días para atraer la luz de tu interior a tu vida.

DESAPRENDER PARA APRENDER

Desaprender para aprender es, por otro lado, un proceso por el cual vas dejando ir todo aquello que ya no te sirve en este nuevo estado de consciencia para empezar a recibir el verdadero aprendizaje que siempre estuviste buscando. Como si fueras un viejo ordenador, tenemos que limpiar el disco duro para evitar que los virus tomen el control y destruyan todo.

Muchas veces, la cultura en la que nacemos, las experiencias que vivimos y los aprendizajes que recibimos se pueden convertir en nuestros mayores enemigos por no dejarnos ver más que una parte condicionada de la realidad. Normalmente, cuando somos pequeños y vamos a la escuela, cuando estudiamos una profesión en la universidad, cuando asistimos a cursos o talleres, cuando escuchamos a los líderes políticos y religiosos, cuando vemos las noticias y los programas de la televisión, o cuando escuchamos a nuestros propios padres, recibimos la información codificada para preservar ciertos intereses y las aceptamos la mayor parte de las veces como verdades absolutas sin ponerlas muchas veces en duda si protegen nuestros intereses o reafirman nuestras creencias, y de ese modo, las incorporamos directamente a nuestro sistema de pensamientos para impactar, consciente o inconscientemente, nuestra toma de decisiones y nuestras acciones. Esta verdad que duele mucho admitir cuando reconoces por qué pensamos de la manera en que lo hacemos es uno de los motivos principales por los que resulta tan difícil cambiar el mundo donde vivimos. Desde muy pequeños aprendemos muy bien cómo separar lo mío de lo tuyo, cómo etiquetar y catalogar todo lo que vemos, cómo clasificar las cosas por su origen y procedencia, y cómo defender nuestros intereses por encima de los intereses de los demás.

Pero, ¿cómo podemos desaprender algo para aprender su verdadero significado?

Desaprender para aprender es un concepto nuevo que estoy empezando a entender para llevar a cabo mi propia transformación. Así es como yo lo puedo visualizar: es como si tuviéramos un vaso lleno de agua sucia que sabemos que tenemos que vaciar para llenarlo de nuevo con un agua más limpia. Lamentablemente, en la mayoría de casos, la gente no se da cuenta de lo sucia que está el agua y de la necesidad de reciclarla porque no nos hemos tomado el tiempo de revisar su contenido. Pero, tarde o temprano, la vida nos lleva al límite para que no tengamos otro remedio que enfrentarnos a la realidad y emprender las acciones necesarias para purificarnos de nuevo.

OBSERVA SIN PARTICIPAR

Te invito una vez más a que mires tu vida con absoluta honestidad, sin juzgar ni responsabilizar a nadie por la situación en la que te encuentres en estos momentos, o por la que recientemente hayas pasado, sin sentirte víctima, buscar justificaciones o culpar a alguien. Aunque sea casi imposible no hacer ninguna de estas tres opciones, simplemente trata de imaginar esta situación y observa lo que pasaría si todo lo que has aprendido hasta el día de hoy fuera falso y tuvieras que comenzar a aprender de nuevo.

Fíjate con atención en lo que está sucediendo a nivel emocional en tu vida privada, en tu profesión, en la relación con tus amigos y tu familia, y trata de ver con sinceridad tu parte de responsabilidad que te ha llevado a la situación donde estás. Con honestidad y con amor, trata de mirar atrás en tu pasado y fíjate si hubo alguna señal en el camino que pudiste haber seguido para evitar estar en la situación en que te encuentras en estos momentos. Mira a ver si notas alguna diferencia entre la persona que eras antes y la persona que eres ahora. Trata de ver si puedes encontrar alguna enseñanza o lección que esta nueva experiencia ha traído a tu vida y que antes no tenías. La técnica de imaginarte que eres otra persona, para poder dejar tus emociones a un lado y ser más sincero, te permite examinarte con más objetividad para alcanzar un diagnóstico más real de tu estado actual.

Puede ser que tu relación de pareja, o tu matrimonio, se haya terminado, y que a través de esta experiencia en particular puedas reconocer nuevas cualidades que antes no habías percibido en otra persona o en ti mismo, o puede ser que descubras nuevos matices sobre el amor que esta nueva experiencia te ha ofrecido, o que obtengas una enseñanza que puedas aplicar a una futura relación. Puede ser que hayas perdido el trabajo que tenías, y esta experiencia te permita reconocer que no estabas dando lo mejor de ti a pesar de que decías o sentías lo contrario, o que te des la oportunidad de empezar a conquistar una nueva meta que tenías abandonada ahora que no tienes ese trabajo, o decides regresar a estudiar para seguir preparándote para conquistar tus verdaderos sueños. O puedes haber pasado por la terrible experiencia del fallecimiento de un ser querido para reconocer nuevas emociones en ti que antes desconocías, para cambiar el propósito y rumbo de tu vida, o para agradecer mucho más las personas que todavía siguen a tu lado. Todo tiene un propósito.

No importa la situación en la que te encuentres, en este camino de la consciencia, todos deseamos aprender para crecer, pero esto no significa que recibiremos los aprendizajes como nosotros esperamos, sino que llegarán a través de tu Ser cuando te des el permiso de recibir este nuevo conocimiento que va más allá de la razón para dirigir tu vida. Por eso se dice muchas veces que la realidad quema y duele, y que es peligroso jugar con fuego, pero tarde o temprano, lamentablemente te darás cuenta que para poder aprender de verdad muchas veces tenemos que sufrir.

UNA NUEVA ACTITUD

Ahora tienes la oportunidad de empezar tu vida con una nueva actitud, una nueva intención, abrazando estas nuevas lecciones que tu corazón está recibiendo para escribir tu nueva realidad. Deja que tu dolor y tu sufrimiento te lleven de la mano para que descubras un espacio de amor, paz y divinidad en tu interior. Cuando algo se va de tu vida, significa que está dejando un espacio para que algo nuevo lo llene. No puedes pretender recibir sin aprender a dejar ir algo primero. Utiliza tu sentido común. La naturaleza se recicla constantemente para volver a renacer. Cuando algo se rompe, automáticamente surge la oportunidad de construir algo nuevo. Tú puedes elegir ese «algo». Si realmente quieres sanar y tener una nueva oportunidad —y deseo repetirte de nuevo este «si quieres» para estar seguro de que entiendes la responsabilidad de decir que sí—, entonces tienes que ser capaz de ver la experiencia que estás viviendo con amor y con compasión, aunque sea la causa de tu mayor sufrimiento y dolor.

Sé que estas palabras pueden resultar muy difíciles de digerir, especialmente si estás pasando por una complicada enfermedad, si alguien te ha hecho mucho daño físico o emocional, o si has sentido la pérdida de un ser querido. Y posiblemente te preguntes cómo serás capaz de encontrar ese lado positivo en un espacio de tanta oscuridad y sufrimiento. Pero yo me hacía la misma pregunta, y, al abrirme a la posibilidad de encontrar una respuesta, cuando menos lo esperaba, la recibí. Esto no quiere decir que estaba menospreciando lo ocurrido o restándole importancia, pues es necesario pasar por el proceso de la pérdida para iniciar una nueva etapa. Y esto no significa tampoco que vas a olvidar lo ocurrido, sino que vas a elegir no seguir sufriendo continuamente y recordarás la experiencia para aprender de tus errores o de tu pasado.

No podemos seguir tomando prestado cuando nos conviene el papel de Dios para decidir lo que sería justo o no en nuestras vidas de acuerdo a nuestros propios intereses personales. Aunque hayas perdido todo, aunque sientas que ya no tienes nada por lo que valga la pena vivir, tienes que buscar las fuerzas y el valor en este momento tan delicado y frágil para descubrir tu verdadero propósito. Si estás viviendo esta experiencia es porque la tienes que vivir y de ella sacarás algo que con el tiempo entenderás. De momento, trata de crear una intención de ver la luz en tu oscuridad y de recuperar la fe para que los milagros se manifiesten en tu vida. Si es necesario, apóyate en las experiencias de aquellas personas que se han encontrado en el mismo lugar donde ahora estás tú. No serás la primera ni la última persona que tenga que pasar por lo que estás viviendo. En el mundo existen muchos seres de luz listos para mostrarte el camino si tú vas a su encuentro y les pides ayuda. Muchas personas han podido transformar con éxito las incapacidades, las enfermedades y el dolor para descubrir el propósito de sus vidas, y, aunque desearían que nadie tuviera que vivir su misma experiencia, entienden que es parte de su crecimiento y estarían dispuestos a repetirla si fuera necesario, pues al sentirlo se sienten orgullosos de las personas en que se han convertido hoy en día después de esa terrible experiencia y pueden marcar la diferencia en sus vidas y en la de los demás.

SOLO TÚ SABES

La parte más difícil de este proceso de despertar es aceptar con sinceridad nuestra parte de responsabilidad en las situaciones que nos ha tocado vivir. Solo tú sabes con exactitud cuál es la realidad de tus verdaderos pensamientos y sentimientos en la soledad de tu Ser. Nadie más que tú conoce tus verdaderos secretos que se esconden en lo más profundo de ti. Quizás incluso nunca te has atrevido a decirlos en voz alta, pero sabes que existen. Es muy difícil aceptar públicamente que en algún momento ha pasado por tu cabeza dejar a una persona, querer estar en un lugar distinto de donde estás, o incluso desear el mal a alguien. Todos hemos sentido envidia, celos, ira u odio, aunque no nos guste aceptarlo. En nuestro interior, en los rincones más apartados de nuestro ser, bajo las sombras más profundas, pretendemos esconder aquello que sabemos que hemos sentido, por miedo a que salga a la luz sin darnos cuenta de que justo estamos haciendo lo contrario, dándoles más fuerza.

Como te dije, es muy normal tener pensamientos destructivos, pesimistas y fatalistas. Este tipo de pensamientos los tiene todo el mundo, y no por ello definen el tipo de persona que son. Por ejemplo, yo tengo muchas veces pensamientos negativos, pero no por ello me considero una mala persona, pues entiendo que son parte de mí y que solo a través de ellos puedo retarme a crear y dar más fuerza a mis pensamientos positivos, los cuales producen a su vez emociones positivas, que me llevan a crear acciones positivas. Por lo tanto, no temas acercarte a tus sombras y tus fantasmas, siempre y cuando lo hagas desde el amor, con compasión y con sinceridad, pues, al hacerlo de este modo, abrazando tus sombras, estas se transforman automáticamente en tu instrumento de sanación.

Tú eres la única persona que sabe en tu interior si el mundo que has creado es una ilusión para protegerte de tus miedos, o si realmente vives con integridad fiel a la persona que dices ser. Si reconoces que vives en una ilusión, estás en el camino correcto para tu propia transformación, pues la aceptación de tu realidad es la llave que necesitas para recuperar la conexión con tu verdad.

EL RENACER DE LA LLAMA

Cuando éramos niños, a todos nos gustaba jugar con el fuego para ver hasta dónde podíamos llegar antes de quemarnos. Del mismo modo, como adultos tendemos a vivir al límite para ver todo lo que somos capaces de hacer, y tarde o temprano nos olvidamos de que estamos jugando con fuego y terminamos por quemarnos. Es entonces cuando la vida, en su amor infinito hacia ti, a pesar de haberte equivocado e ignorado las señales de advertencia, a pesar de sentirte fracasado y débil por tus decisiones, te regala una nueva oportunidad para que a través de tu dolor puedas poner en acción el poder del amor. ¿De qué otro modo crees que sería posible ser testigo de nuestro potencial o de la acción milagrosa del amor?

En estos momentos existen millones de personas en todo el mundo recibiendo la misma llamada de descubrir esa luz, esa llama del amor que reside en tu corazón, ese nuevo despertar de consciencia que trae un propósito a tu vida. Recuerda que del dolor más intenso nace siempre la vida. Justo antes de dar a luz, las mujeres tienen que pasar por el mayor dolor físico que puede existir. Ese es el poder del fuego que habita en tu corazón, que puedes sentir cómo te quema por dentro, pero al mismo tiempo te ilumina.

En mi experiencia personal, lo que nunca imaginé que me iba a suceder en vida pasó, y esa pesadilla que piensas que solo puede pasar en las películas se convirtió al mismo tiempo en mi transformación personal y en mi despertar. Entender que nada te pertenece y que tienes todo lo que necesitas sin poseer nada es algo muy difícil de comprender con la razón, pero posible de sentir con el corazón. Entregándome con mucha compasión y cariño a mi dolor, aceptando lo que estaba sintiendo, responsabilizándome de mi actitud, de mi salud y de mis necesidades básicas, y reenfocando mi energía restante hacia los demás, fui testigo de cómo el fuego que sentía en mi interior se transformaba para abrazar todo mi Ser.

Aunque te resulte casi imposible sentirte agradecido cuando estás pasando por una época muy difícil en tu vida, tienes que hacer todo lo posible para buscar las fuerzas de agradecer aquello que no entiendes, y aprovechar para agradecer aquello que tienes. Empieza poco a poco, dando las gracias por las mañanas antes de empezar el día por tener una oportunidad de conocerte mejor, y antes de cerrar tus ojos por la noche por permitirte vivir un día más. Con la práctica trata de llevar el agradecimiento a todas las actividades del día. Agradecer que tienes una casa donde dormir, agradecer los alimentos que puedes consumir, agradecer la llamada de alguien que no esperabas, agradecer una sonrisa de un desconocido, agradecer que tienes salud, son ejemplos de cómo puedes elegir darte una nueva oportunidad y demostrar que eres capaz de quererte un poquito más para empezar a reconstruir tu vida.

CAPÍTULO 12:

EN UN INSTANTE

Tan solo necesitas un instante, un segundo, un suspiro en el silencio, para iluminar todas tus sombras y descubrir una nueva luz que te llevará con fe y determinación al encuentro con tu Ser. Eso es todo lo que necesitas: un instante divino de gracia para conectarte, para descubrir, para entender, para volar, para sumergirte, para encontrarte.

Es muy probable que te sientas confundido, nervioso, perdido y asustado en estos momentos en que deseas dejar de sufrir para encontrar una solución a tus problemas, en que deseas dejar de buscar para sentirte en paz, y que deseas recuperar la fe en ti mismo y en Dios. Pero todavía no pierdas la esperanza. No importa lo que te haya llevado hasta aquí, lo que importa es que estás leyendo estas palabras y atreviéndote a sumergirte en la inmensidad de tu Ser. En este espacio. En tu soledad. Respirando a duras penas a través de tus heridas para sentirte mejor. No importa el tiempo en estos momentos. Todo lo que necesitas está aquí y ahora. Nada pasa por casualidad y el tiempo de Dios siempre es perfecto, como tiene que ser, ni antes ni después, justo en el momento presente en que leas mis palabras, cuando sientas tu consciencia despertar, en el instante que una revelación surja para convertirse en un pensamiento que se traducirá en una emoción que te impulsará a actuar.

EN LA ESPIRAL

Personalmente he llegado a la conclusión de que la vida es como una enorme espiral de grandes círculos que poco a poco se hacen cada vez más pequeños hasta llegar a un punto infinito que apenas podemos ver dónde termina. Todos, cuando nos convertimos en adultos, estamos en las esferas más alejadas de ese centro, y de acuerdo a nuestras decisiones, experiencias y enseñanzas a lo largo de nuestras vidas, nos acercamos poco a poco hacia el centro o nos alejamos en sentido contrario. Tarde o temprano, tanto si prestas atención como si no, puedes sentir a veces una fuerza de gravedad que te atrae hacia tu interior sin saber por qué, quizás impulsados para ir hacia el origen de nuestras vidas. Pero sentir esa fuerza y dejarse llevar hacia el interior no es tan fácil como parece, pues dicha fuerza se enfrenta a otra igualmente poderosa que nos dirige en sentido contrario, la fuerza de nuestro Ego. Mientras que la primera trata de unirnos con el Todo, la segunda tiene como objetivo alejarnos para llenarse de poder.

Este libro ha llegado a tus manos simplemente porque así lo has elegido tú, quizás conscientemente inspirado por el título, por algo que habrás leído o escuchado o porque alguien te lo ha recomendado, o quizás simplemente impulsado por tu corazón, para recordar algo que estaba dormido en tu interior. Yo simplemente soy un espejo de tu corazón, un eco de tu voz, un instrumento a tu alcance para recuperar la dirección de tu vida. A través de mis palabras solo pretendo darte una alternativa para hacer las cosas, o ver las cosas, desde otro punto de vista, para que, en lugar de seguir buscando fuera de ti las respuestas a tus inquietudes, gires tu atención hacia el interior.

La mayoría de las personas piensan que, al cumplir sus sueños de poseer una mejor casa, un mejor trabajo, un mejor coche, e incluso tener una familia, se sentirán automáticamente mejor, llenos de felicidad, y sus problemas se solucionarán, pero como quizás te habrás dado cuenta, la felicidad no depende de todo lo que puedas acumular y tener, sino de tu capacidad de ser fiel a tu verdadera identidad. Tarde o temprano, es muy normal que con el paso de los años lleguemos a una etapa en la cual nos sentimos un poco engañados por la vida, con los demás, e incluso con Dios, pues esperábamos que después de tanto esfuerzo y «sacrificio» nos sintiéramos diferentes de cómo estamos en estos momentos. Al principio creemos que, si al menos nos recompensaran económicamente, con éxito o reconocimientos, todo nos iría mucho mejor y justificaría todo lo que hemos pasado, pero, aunque así fuera y tuviéramos todo aquello que siempre soñamos tener, nunca llegaríamos a alcanzar aquello que estamos anhelando.

Todos, y me incluyo en este grupo, estamos obsesionados por lucir más jóvenes, ganar más dinero, ser más famosos y tener más de todo, y cuanto antes mejor, en especial en esta nueva era global, tecnológica y digital. Pero llega un momento en que ese «más» y «más» empieza a dejar de sumar, y se pone a hacer justo todo lo contrario: restar.

La naturaleza es muy sabia y hace que todo termine regresando siempre a su estado natural por el bien común. El universo te deja hacer, te deja experimentar, te deja jugar todo lo que necesites, pero, cuando menos te lo esperas, te hala de vuelta hacia adentro para que reconectes con tu verdadera identidad y cumplas con tu misión. El cambio suele ser tan brusco que nos deja completamente desorientados y culpamos a todos por lo ocurrido, incluyendo a Dios mismo, por nuestra desgracia de perder aquello que «pensamos» que tanto necesitamos para vivir.

Observa cómo te sientes al leer este pensamiento que acabo de compartir contigo.

Nosotros creemos siempre que sabemos qué es lo mejor para nosotros, pues tenemos la seguridad de que nosotros, y no Dios, poseemos la absoluta certeza de saber lo que es mejor para todos. ¿Verdad? Ten el valor para abrir tus ojos a esta posible realidad. ¿Cuáles son las creencias que hemos asumido y que consideramos son necesarias para vivir? Si fuera porque creemos que sabemos todo el tiempo lo que es mejor para nosotros, no estaríamos en el lugar donde nos encontramos. Sin embargo, por otro lado, tienes la oportunidad también de ver este momento como el lugar donde tenías que llegar. Quizás todo lo que viviste y has pasado te ha llevado a este preciso instante donde puedes sentir un flechazo de luz. Todo lo que importa eres tú en cada momento, y este no es mejor ni peor que cualquier otro momento. Sin embargo, sientes algo diferente que no puedes entender y que te atrae, pues, por unos instantes, puedes experimentar la ausencia del dolor, y quizás sale una voz en tu interior diciéndote que eso mismo es «amor» y que todo lo que has vivido te ha llevado a experimentar este instante.

Cuando nos creemos la historia de que nuestra casa, nuestro dinero, nuestros hijos nos pertenecen, terminamos sufriendo. Cuando nos abrimos a tratar de entender que nada y todo es nuestro, se abre una nueva manera de vivir. Durante toda nuestra vida nos apegamos a todo, ahora ha llegado el momento de hacer justo lo contrario, despegarnos de todo, para vivir de nuevo sin condicionamientos ni expectativas.

Recuerdo cómo hace unos años alcancé todo aquello que siempre soñé tener, como mi propio programa de televisión, reconocimiento y fama internacional, libertad económica, una pareja estable, muchos amigos, y cómo, de repente, todo se fue para dejarme sin nada. Esa nada donde empecé a sentir un vacío tan intenso y extraño que perdí la noción de quién era y qué estaba pasando conmigo. Y así fue como, en el momento menos esperado y más frágil de mi vida, viví una verdadera historia de amor donde el protagonista era «yo». No sé si alguna vez te ha pasado algo por lo que sintieras que la tierra se abriera en dos partes y que tuvieras que poner un pie a cada lado para mantener el equilibrio y no caer. Miedo, vértigo, ansiedad, dolor y frustración llegan a invadir todo tu cuerpo y tu alma hasta casi no poder respirar. Pero en un instante puedes hacer despertar la fe, la compasión, la esperanza y la ilusión cuando te das el permiso de amar.

«Aceptación», «Adaptación» y «Acción» son los tres pasos claves que primero tuve que aprender para transformar una situación complicada y difícil en una oportunidad de cambio. Esta gran lección de vida me la dio mi amigo Jairo. A estos tres pasos les añadí «Agradecimiento» y «Amor» para crear la fórmula de las cinco «A» que me ayudó a transmutar mis sufrimientos en un estado de paz. Espero que este paréntesis te pueda ayudar a crear tu propio mantra que te permita enfocar tus pasos para ir al encuentro de tu Ser.

Entiendo y siento mucho la difícil situación que puedas estar viviendo, pero te aseguro que solo tú puedes dar ese primer gran paso de aceptar con mucho amor lo que te está pasando para poder darte una nueva oportunidad y entender mejor el propósito de tu vida, aunque en este momento no lo veas por ninguna parte. Al menos, simplemente abre tu imaginación para crear esa posibilidad. Esto es todo lo que tienes que hacer. Crear una intención y plantar una semilla en tu interior. Sin esa aceptación sincera y amorosa es imposible dar un cambio positivo a tu vida, pues las decisiones las tienes que tomar en el mismo lugar donde te encuentras, te guste o no, y no tratar de crear una «ilusión» del lugar donde estás, pues, aunque tomes decisiones, nunca te llevarán a ninguna parte.

Tómate todo el tiempo que necesites para observar tu realidad con compasión, observando tus sentimientos, observando tus pensamientos, antes de tomar cualquier tipo de decisión. A veces es necesario detenerse para simplemente estar. Aunque creas que no estás moviendo un dedo para cambiar las cosas, te aseguro que el proceso de aceptación es el más difícil de hacer y constituye al mismo tiempo la mitad del camino recorrido para salir del lugar donde te encuentras. Por lo tanto, no tengas prisa en esta etapa de tu camino. Haz todo lo posible para no juzgar ni interpretar tus pensamientos, y usa tu tiempo para renovar energías meditando, descansando, alimentándote mejor, respirando.

Al igual que surgió ese instante en tu vida que llegó como un relámpago y te puso a prueba, de nuevo puedes sentir en un instante un impulso que te pondrá otra vez de pie para seguir hacia delante, por muy indefenso, inseguro y frágil que puedas sentirte en estos momentos. Pero tienes que abrirte a la posibilidad de que surja para poder escucharla cuando suceda. Esta fuerza que proviene del más allá y de dentro de ti te impulsará de nuevo a seguir tu camino como una semilla hizo hasta convertirse en una hermosa flor. Todo lo que eres, todo lo que hay a tu alrededor, existe para que tú lleves con éxito tu misión.

Todo depende de ti. Puedes sentir esa energía impulsarte hacia tu próxima etapa desconocida o puedes ignorarla. Solo tú tienes la respuesta y puedes aprovechar ese instante para conectar esa misma energía con tu fuerza de voluntad, para recuperar la ilusión y la esperanza, y para motivarte a dar un primer paso, por muy pequeño que sea.

Un instante es todo lo que necesitas para tomar esa decisión y pasar a la acción. Un instante es la manifestación del presente en el presente. Un instante encierra la grandeza y la sabiduría del Universo, el Todo y la nada en ti mismo. Un instante es todo lo que necesitas para sentir amor y paz al mismo tiempo. Cierra los ojos y siente la posibilidad de sentir ese instante de amor que trato de compartir contigo con tanta ilusión. Solo necesitas de tu intención amorosa para conectar tu Ser con tu cuerpo y con tu mente y provocar un cambio positivo en tu vida.

¿Puedes sentir la magnitud de ese instante en tu corazón y en tu mente? ¿Puedes abrirte a la posibilidad de experimentarlo? Date el permiso de abrir tu mente a nuevos horizontes que te permitan descubrir quien realmente eres a pesar de que tu mente no pueda en estos momentos. Imagina. Visualiza. Sueña. Confía en ti y en esa voz que te dice «no pierdes nada». Tan solo un instante tiene el potencial de cambiar tu vida para siempre y llenarte de luz que ilumine la oscuridad en la que vives. Llegará un momento en que caerás de rodillas, cuando reconozcas ese instante de máxima vulnerabilidad como un verdadero milagro que llegó a tu vida, y todo lo que necesitaba para manifestarse eras tú.

EJERCICIO: LA PIZARRA

Con esta hermosa emoción de un nuevo mundo lleno de posibilidades, te invito a hacer otro ejercicio para que puedas seguir descubriendo todo tu potencial. Imagínate que tienes ante ti una pizarra de escuela muy grande y oscura, y que, con una tiza blanca, marcas un pequeño punto blanco en algún lugar de esa enorme pizarra. Lo puedes marcar en el centro, a un lado, arriba a la derecha, o en algún lugar de tu izquierda. Donde quieres, marca un puntito. Visualiza la pizarra oscura con ese punto blanco que acabas de marcar del tamaño de un grano de arroz. Si te resulta difícil hacerlo con los ojos cerrados, te invito a que tomes un papel negro que tengas a mano y hagas tú mismo el punto blanco, o incluso a que, la próxima vez que vayas a la escuela de tus hijos, sorprendas a todos al acercarte a la pizarra en el aula y dibujes ese punto blanco. ¿Lo puedes ver? Bien. En el momento en que enfocas tu atención hacia ese punto diminuto, ese circulito insignificante en el marco negro de la pizarra o de la hoja negra empieza a tener vida propia y a dar sentido a la existencia misma de la pizarra. Ese punto blanco, que antes no estaba, marca un antes y un después en esa pizarra oscura. Así es la vida misma. Por el simple hecho de marcar ese punto blanco, de aceptar que tu vida es luz, estás eligiendo vivir, y tu vida cobra un nuevo sentido que antes quizás no tenía.

Ahora que has descubierto tu lugar dentro del universo, fíjate en cómo, al hacer una distinción entre ese punto blanco y todo lo que está fuera de ese punto, entre tu vida y la del resto del Universo, te das cuenta de que el uno no puede existir sin el otro, y que tu luz no tiene significado sin la oscuridad que le rodea. Todo cobra un nuevo propósito. Cierra tus ojos y déjate sorprender por las imágenes, visiones, sonidos o pensamientos que este ejercicio puede provocar en tu interior.

Aunque sientas que tu vida está tan oscura como una gran pizarra negra en estos momentos, al elegir encontrar un punto de luz en tu interior, esa pequeña diferencia hace despertar una nueva consciencia en tu interior que te invita a querer descubrir tu lugar dentro del Universo. Y desde ese espacio, en ese instante, tu vida cobra un nuevo sentido.

Si me lo permites, y ya que has elegido libremente estar aquí, podemos tratar de retar a nuestra mente y a nuestro corazón un poquito más, y preguntarnos qué fue lo que hizo que prestáramos atención a ese punto blanco. Quizás fue un simple impulso o un instinto interno que se originó justo en el mismo lugar que hizo que tuvieras este libro en tus manos en estos momentos, o quizás fue una conclusión a la que llegaste tú mismo después de leer estas palabras porque se conectó con un conocimiento que llega desde lo más profundo de tu Ser. ¿Dónde se originó esa luz? ¿En el corazón, en la mente, en tu estómago? ¿Será del mismo lugar de donde nacen tus miedos o tu fe? No temas hacerte todas las preguntas que quieras para despertar tu curiosidad de saber más sobre ti. Si te atreves a dejar ir todas tus creencias acerca de lo que debes tener en estos momentos de tu vida, o de lo que deberías sentir después de todo lo que te ha pasado, y te dejas llevar por tu Ser en este instante en el que se está produciendo un despertar de consciencia, quizás puedas hallar las respuestas a tus preguntas en el mismo lugar donde se originan las mismas preguntas, y descubrir en la oscuridad en la que te encuentras, una luz que traiga sentido a esa misma oscuridad.

Esto es tan solo una posibilidad que te invito a contemplar por ti mismo. El camino para descubrir quién realmente eres es mucho más simple de lo que parece, pero muy complicado de caminar, pues estamos acostumbrados a pensar y actuar desde otro punto de vista, defendiendo siempre nuestros intereses y estableciendo una gran separación entre la oscuridad y la luz, cuando en realidad existen en el mismo lugar.

Recuerda la promesa que hicimos juntos al principio del libro. Si sientes que es necesario descansar un poco la mente y el corazón después de tanta revelación, sigue tu intuición. No tienes que demostrar nada a nadie ni a ti mismo, ni tratar de terminar el libro en un plazo de tiempo. Vete a caminar, respira aire puro, suspira, medita, duerme y, cuando sientas que estás renovado y vuelvas a sentir la conexión con tu Ser, abre de nuevo estas páginas y sigue leyendo. Me imagino que quizás te sientas como cuando de niños, jugando, empezábamos a dar muchas vueltas muy deprisa en torno a nosotros mismos como si fuéramos una noria, hasta el punto de perder el equilibrio y caernos literalmente al suelo sintiendo que todo el mundo giraba a nuestro alrededor. Así me sigo sintiendo hoy en día muchas veces, como un niño mareado tratando de descubrir el misterio divino de la vida, pero sin olvidar que es un juego maravilloso porque el misterio se encuentra en mi presencia y conexión con la vida.

CUARTA SEMILLA

Los maestros disfrazados

CAPÍTULO 13:

OPORTUNIDAD DE CAMBIO

«Tú no eres tus pensamientos, sino el observador de tus pensamientos». Si puedes llegar a entender el profundo significado de esta frase, tu vida puede entrar automáticamente en un nuevo estado de consciencia que te permitirá conocerte mejor para tomar las decisiones que te permitan transformarte en la persona que siempre has deseado ser. Por lo tanto, repitamos, meditemos, sintamos juntos y tomemos consciencia de nuevo de este simple pero poderoso pensamiento: «Tú no eres tus pensamientos, sino el observador de los mismos».

De ti depende si quieres creerte al pie de la letra tus propios pensamientos todo el tiempo, desde que abres tus hermosos ojos por las mañanas hasta que te vas a dormir por las noches. De ti depende escucharlos, prestarles mucha o poca atención, y hacerles caso sin dudar o dejarlos estar como lo que son, simples pensamientos. La elección es tuya, pero recuerda que tus pensamientos no te definen a ti, sino que es lo que tú haces con ellos lo que define tu vida.

Como descubrirás con el paso del tiempo y con tu propia experiencia, normalmente, los significados de muchos de tus pensamientos están directamente asociados con las emociones que puedas sentir, y viceversa. Cuanto más te creas un pensamiento que te dice que algo te pertenece, cuanto más expectativas tengas sobre una persona o una situación, cuantos más juicios establezcas en tu mente para justificar tu comportamiento y manera de actuar, y cuanto más creas que tienes siempre la razón, más vas a sufrir. Pero, como verás muy pronto, esa misma separación que tus propios pensamientos tratan de hacer entre tu mundo y todo lo demás será precisamente el camino que te ayudará a conocerte mejor. Aunque no puedas controlar cómo y por qué llegan los pensamientos a tu mente, sí puedes controlar si vas a reaccionar o no de manera automática cuando aparezcan, o si los vas a dejar estar sin prestarles mayor atención. Cuando decides convertirte en testigo de tus propios pensamientos, estos pierden automáticamente la fuerza que tenían sobre ti y, en su lugar, recuperas una libertad que antes no eras consciente de haberla perdido. Y será entonces, en ese preciso momento, cuando la balanza se incline a tu favor y empieces a darte cuenta de que en realidad tienes más control del que imaginas de tu propio bienestar y felicidad.

La mente del Ego, con sus pensamientos que te mantienen todo el tiempo en alerta a la espera de atacar o defender, siempre será una parte importante de tu vida, pero ello no quiere decir que tengas que hacerle caso todo el tiempo. Los pensamientos van a tratar de convencerte, de persuadirte, de conquistarte, pero eso no quiere decir que tengas que casarte con ellos. Trata de conocer un poco mejor la intención que tus pensamientos tienen, para desenmascarar el motivo de su persistencia.

UN EJEMPLO Y UN EJERCICIO

Un claro ejemplo de cómo tu Ego o tu pensamiento se puede convertir en tu peor enemigo a la hora de conquistar tus propios sueños lo podemos ver a través de aquellos pensamientos que se disfrazan todo el tiempo en forma de «excusas» para motivarte a abandonar aquello que te habías comprometido a hacer y que sabes es importante para ti porque implica un esfuerzo mayor al que estás acostumbrado. Si te fijas en algún reto personal que hayas tenido en los últimos años, como por ejemplo bajar de peso, empezar un nuevo trabajo o cambiar de lugar de residencia, en el caso de no haber logrado estas metas, podrás darte cuenta de todas las excusas que tú mismo has creado para abandonar tu propósito con el paso del tiempo. Solo tenemos que retomar nuestras listas de resoluciones a principio de cada año para darnos cuenta que siempre repetimos el mismo parámetro y las mismas excusas.

A lo largo de todos mis viajes he tenido la oportunidad de conocer mucha gente y hacer muchas presentaciones y talleres. No importaba si estaba en Argentina o en México, en República Dominicana o en España, cuando hacía la pregunta de cuáles eran los deseos que más anhelaban en esta vida, casi todo el mundo respondía de la misma manera: salud, paz, dinero y amor. Siempre, la salud es el deseo más importante para todos, tanto para hombres como para mujeres, por delante del dinero y del amor. Sin embargo, a pesar de que entendemos la importancia que la salud tiene en nuestras vidas para no solo conquistar nuestros sueños, sino también disfrutar por mucho tiempo con la gente que amamos, la gran mayoría ponemos un millón de excusas para justificar nuestra falta de compromiso personal con nuestra propia salud. ¿Por qué será? Entre las excusas más populares siempre aparecen «el tiempo», «los hijos», «el trabajo», «las tareas del hogar», «el estrés», «el cansancio», «el dinero» y «la conveniencia», por mencionar algunas. Sin embargo, no somos conscientes de que decirlas o creerlas carece totalmente de sentido, pues sin nuestra salud el tiempo se convierte en un enemigo, no podemos dar lo mejor a nuestros propios hijos, el trabajo se puede ver afectado hasta el punto de perderlo, el estrés puede paralizar tu vida, y el hermoso universo que has creado deja de tener sentido. Toda tu vida se ve afectada si no tienes salud, pero solo lo reconocemos cuando ya no la tenemos.

Si quieres, te invito a que me demuestres el valor que tienes y escribas en un papel las principales excusas por las que no haces treinta minutos de ejercicio todos los días, o no comes lo más sano posible, o no te has atrevido a realizar tu gran sueño. Cuando hagas este ejercicio, por favor, no participes del juego mental tratando de justificar tus excusas, juzgando lo que sientes o lo que piensas, o culpándote por no haber hecho nada antes. En absoluto. El objetivo de los ejercicios que te propongo hacer en este libro es simplemente para despertar tu consciencia a una nueva realidad y para empezar a reconocer el hábito negativo de justificar algo que va en contra de tus propios intereses. Quizás de este modo comiences a poner cara a tus excusas para justo hacer lo contrario y acercarte a los deseos y metas que dices tan fácilmente querer.

El primer maestro disfrazado que descubrí en mi camino de despertar, hace ya más de diez años, fue este tipo de pensamientos camuflados en forma de «excusas». Un día cualquiera pude darme cuenta de lo estúpido que resultaba el argumento de mis propias excusas para alejarme justo de aquello que más quería y deseaba realmente hacer. El libro *La vaca* de mi amigo Camilo Cruz provocó un antes y un después en mi vida Te puedes inventar un millón de excusas para no hacer algo, pero es importante que aproveches esa maravillosa oportunidad para retarte a saber si realmente tu deseo es sincero o no, con el fin de buscar otro deseo o lanzarte con todas tus fuerzas a conquistarlo.

EXCUSAS REVELADORAS

Hubo un momento en mi vida, no hace muchos años, cuando tenía una lista muy larga de excusas, aparentemente válidas, para no hacer muchas cosas que realmente deseaba en lo más profundo de mi corazón. Y yo me las creí todas y cada una de ellas. Cuando finalmente me atreví a observar las excusas que yo mismo creaba para justificar por qué no tenía aquello que tanto deseaba, acepté el reto de escribirlas en un papel para ver si las podía entender mejor, y entonces mi vida cambió al instante. No me preguntes en qué momento sucedió esa transformación, pero algo pasó en mi interior que hizo que mis excusas se convirtieran justo en las señales que mi corazón y mi mente deseaban tener para dar el próximo paso. Y así fue como pude hacer realidad mi sueño de escribir libros, tener mi *show* de televisión y cambiar de una profesión relacionada con vender a una profesión relacionada con inspirar.

Aunque no creas que tenga mucho sentido escribir aquello que te resulta difícil entender, la fórmula realmente funciona si te atreves a llevarla a la práctica. Por lo tanto, la conclusión a la que mi propia experiencia me llevó de la mano fue entender que, si tienes una excusa, significa que tienes una oportunidad de hacer tu sueño realidad; no en otro lado, sino justo en esa precisa excusa. Lo cual quiere decir que, cuanto más fuertes y ruidosas sean tus excusas, más razones para hacer precisamente lo contrario de aquello de que te tratan de convencer. Ahora, con el tiempo, la experiencia y la distancia, puedo ver cómo el veneno que me paralizaba se convertía al mismo tiempo en mi propio medicamento para hacer mis sueños realidad. Y esta misma fórmula, aunque es muy difícil llevarla a cabo, me sigue funcionando hoy en día.

Ahora sonrío cuando siento que mi propia mente empieza a crear una excusa, y siento que alguien me la cuenta para justificar sus acciones, pues ahora puedo ver lo que antes no entendía, y puedo tener la compasión y el amor necesarios para darme el espacio de experimentar una salida a mi sufrimiento haciendo justo lo que la excusa no quiere que haga, y también crear el espacio para que esa persona se dé cuenta de su realidad. La respuesta a nuestros problemas la tenemos frente a nosotros todo el tiempo, pero está tan cerca que no podemos verla. Cuando finalmente eres capaz de desenmascarar este tipo de pensamientos en tu mente, o de ayudar a que otras personas hagan este mismo ejercicio, se produce la famosa imagen de una bombilla que se enciende automáticamente en el interior de las personas. Entonces surge un antes y un después, un punto de inflexión en el cual tú —solo tú, no tus pensamientos— asumes la responsabilidad de elegir qué camino seguir. Ante ti tienes tres opciones, tienes un cruce de caminos que te obliga a decidir qué rumbo tomar; incluso si deseas no hacer nada ya estás tomando también una decisión. Y ahí, el famoso disfraz de víctima del cual nos gusta vestirnos la mayor parte del tiempo ya no cumple con su funcionalidad y no tiene sentido, pues, en tu despertar, sabes que la causa de no tener aquello que deseas no está fuera de ti, sino en ti mismo.

Te puedes inventar miles y miles de excusas para no hacer algo y seguir en el lugar donde estás. O puedes elegir observar de frente a las excusas para que se conviertan en tus maestras. Por ejemplo, ante una excusa que tengas recientemente hazte en voz alta, o escribe en un papel estas preguntas: ¿realmente lo quiero hacer?, ¿lo he intentado con la mejor predisposición y todo mi esfuerzo?, ¿por qué no he logrado tener éxito?

Las excusas que tengas en cualquier momento para no hacer algo que tendrías que o que desearías estar haciendo son en realidad un recordatorio para evaluar si de verdad estás comprometido o no con aquello que dices que deseas hacer. De este modo, las excusas se transforman de ser enemigas a ser tu mejor herramienta para retarte y poner en balance tu integridad personal. ¿Te imaginas? Abre por un segundo el espacio divino de tu ser para plantar esta nueva semilla. Quizás hoy no la entiendas, pero, si la dejas reposar, te sorprenderá cuando florezca en tu interior el potencial que pudieras descubrir si te atrevieras a enfrentarte a esa misma excusa con amor y con acción. El día que tomes consciencia del verdadero regalo que encierra tener una excusa en tu vida, y puedas maravillarte del papel que juega en tu propio bienestar, será el día en que empieces a descubrir tu auténtico potencial y conquistar tus verdaderos sueños.

Un pensamiento disfrazado de excusa es como una barrera que aparece en un río para impedir que el agua fluya hacia su destino final, provocando que se quede estancada y con el tiempo se evapore o se pudra, o que termine encontrando otro camino para seguir su curso. Pero, a medida que avanza y encuentra su curso, el agua sigue enfrentando nuevos obstáculos. Así es nuestra vida. Dependiendo de cómo reaccionamos ante esas barreras, nos quedaremos estancados, elegiremos probar rutas alternativas o nos enfrentaremos directamente a superar la resistencia que aparece ante nosotros para seguir fluyendo hacia nuestro destino final.

Cuando al fin eliges por propia voluntad enfrentarte a tus excusas, ya sean personales o profesionales, automáticamente das tres pasos hacia delante en tu camino de autosanación y transformación, pues estos pensamientos encierran otros pensamientos disfrazados de «miedos» e «inseguridades». Lo mejor de todo es que no tienes que esperar mucho antes de que empieces a recibir resultados positivos y beneficiosos en tu vida. Tu salud mejorará al instante, tus relaciones positivas se consolidarán, tu intuición guiará con más fuerza tus decisiones diarias, te sentirás más seguro de ti mismo, y tu consciencia estará más alerta para percibir, aprovechar y ejecutar todas las oportunidades que se te presenten en el camino para despertar tu potencial.

IMAGINAR UNA VIDA SIN EXCUSAS

Haz un descanso un segundo y piensa cuántas cosas estamos dejando de hacer hoy, esperando un tiempo mejor, sintiendo que el tiempo y los años se nos escapan de las manos, y seguimos en el mismo lugar de siempre sin hacer nada. El cambio, la evolución, el crecimiento, es una parte inevitable del ser humano y de la naturaleza, y es parte de ti. Por muy buenas que sean tus razones para justificar no ser quien deseas ser, no son suficientemente poderosas para impedir que puedas descubrir quién eres en realidad. Solo tú puedes sentir lo que pasaría en tu interior si te imaginaras una vida sin excusas.

Cierra tus ojos y pregúntate: ¿en qué tipo de persona me convertiría si no tuviera ningún límite?, ¿cómo sería mi vida si pudiera ser como deseo ser?, ¿cómo me sentiría?, ¿qué sería diferente con respecto a la vida que tengo ahora? No juzgues ni trates de interpretar tus pensamientos para la respuesta «correcta». Lo primero que sientas y lo primero que venga a tu mente en forma de imágenes, símbolos o palabras es lo que tienes que capturar en tu corazón o escribir en un papel.

Nadie más que tú puede saber las verdaderas respuestas a estas preguntas tan importantes, y solo tú puedes experimentar el pánico o el vértigo que sientes al tener que enfrentarte a cada una de ellas para descubrir tu realidad y reconocer de quién te escondes, qué estás tratando de proteger y por qué deseas aparentar algo que no es. Cuando te inventas excusas para justificar la vida que tienes y consideras que posees suficientes razones para no hacer nada que cambie tu situación, ese pensamiento se convierte en una cadena muy pesada que puede quitarte hasta la respiración y te impide abrir tus alas para volar. Libérate de tus excusas, y no solo tendrás una oportunidad para lograr aquello que tanto deseas, sino que sentirás un nuevo aire de libertad llenar tu vida.

UN EJEMPLO PRÁCTICO

Te voy a dar otro ejemplo muy común, pero también difícil de digerir si realmente quieres abrirte a sentir esta nueva posibilidad. Toma un respiro y crea el espacio para observar el siguiente pensamiento sin juzgar o interpretar. Vamos a crear primero la situación y luego observamos qué pasa en tu interior. Quizás tengas que leer este escenario que te voy a presentar varias veces para poder llegar a la conclusión a la que tengas que llegar.

Si tuvieras un trabajo que no te gusta, pero tampoco te paga bien, estoy casi seguro de que te resultaría más fácil tomar la opción de dejar ese empleo en busca de uno que te pague mejor. Hasta aquí, creo que tú y yo estamos más o menos de acuerdo, porque nuestra mente nos dice que, si no nos gusta lo que hacemos y no nos pagan lo que merecemos, podemos buscar otras oportunidades de trabajo o abrirnos a otras alternativas. Pero ¿qué pasaría si el caso fuera un poco diferente y tienes un trabajo que no te gusta, pero que sí te paga muy bien, y que gracias al dinero que recibes puedes saldar todas tus deudas y mantener a tu familia como quieres? Entonces, estarás de acuerdo conmigo en que quizás sea mucho más difícil dejar el trabajo que no te gusta, pues sientes que tienes unas obligaciones y que el trabajo te ayuda a cumplirlas. Quizás te digas: «mejor sacrificar mi bienestar personal para poder dar a mis hijos todo lo que desean», o: «a quién quiero engañar, no hay un trabajo perfecto para todo el mundo y no puedo ser desagradecido», o «más vale pájaro en mano que cien volando». Estos son algunos de los ejemplos de lo que todo el tiempo hacemos sin darnos cuenta para tomar decisiones.

A primera vista, damos estos pensamientos por válidos porque encontramos una justificación de peso: antes que sentirme bien, lo más importante es el dinero que puedo ganar. Sin embargo, con el tiempo podemos ser testigos de cómo, poco a poco, las cosas cambian sutilmente, y una decisión aparentemente justificada se puede convertir en nuestro calvario. Por ejemplo, al no gustarte tu trabajo empiezas a perder la seguridad que tenías en ti mismo; después, experimentas un cambio de actitud considerable ante lo que esperas de la vida y pierdes la ilusión por disfrutar de lo que haces; esto a su vez tiene como consecuencia que llegas a casa estresado y de mal humor; y poco a poco empiezas a ver cómo lo que más quieres en el mundo, la familia y el hogar, termina también afectado por tu decisión al sacrificar tu bienestar. Además, si esto no fuera suficiente, al convertirnos en pilotos automáticos que hacemos siempre lo que esperan los demás de nosotros, no solo dejamos de soñar con lo que siempre quisimos ser, sino que enseñamos a nuestros hijos a sacrificar su propio bienestar a cambio del «supuesto» bienestar de los demás. ¿Te imaginas?

Empezamos a crear una «ilusión» de que podemos garantizar la felicidad de otras personas, siempre y cuando sacrifiquemos nuestra propia felicidad, y terminamos justo haciendo lo opuesto. Y, si quieres, podemos seguir rizando el rizo con este escenario que juntos hemos creado. Quizás al entrar en una depresión por no sentirte bien contigo mismo, empiezas a culpar a la empresa, a tu pareja, e incluso a tus propios hijos, como responsables de tu infelicidad sin que ellos tomaran cartas en el asunto. Una decisión que al principio pensábamos que era para el bien de todos, termina siendo una decisión que alterará no solo tu vida, sino la de las personas que te rodean.

Con este ejemplo no pretendo que decidas inmediatamente dejar tu trabajo si no te gusta lo que estás haciendo, pues ante todo está el sentido común y cubrir primero tus necesidades básicas, pero no caigas en la tentación de crear una historia que no corresponde con la realidad, simplemente porque es lo que más te conviene en ese momento.

Como ves, poco a poco, me atrevo a contarte las cosas con más franqueza y sinceridad para que puedas crear otros escenarios que quizás tu mente no esté acostumbrada a tener. Para no dejarte con mal sabor de boca, sigamos creando otras opciones a la experiencia que hemos establecido si te encuentras en la situación de estar en un trabajo que no te gusta tanto.

Lo primero que podemos hacer para abrir nuevas posibilidades en el lugar en que estamos es cambiar de actitud y empezar a agradecer el trabajo que tenemos como un instrumento para permitirnos mantener a la familia. También podemos abrirnos a la posibilidad de cambiar o mejorar el puesto de trabajo dentro de la misma empresa, ya sea hablando con los jefes y compañeros para conocer qué alternativas hay, o adoptando una actitud más proactiva que reactiva para encontrar posibles opciones. Por otro lado, puedes empezar a estudiar por las noches y los fines de semanas cursos de formación que te permitan avanzar en tu carrera profesional y tener acceso a otras oportunidades dentro o fuera de tu trabajo actual. También puedes quedarte con tu trabajo actual para tener el dinero que necesitas y buscar un *bobby* que puedas hacer en tu tiempo libre y que te permita canalizar toda tu energía. Otra opción que suele tener resultados muy positivos al instante es buscar la manera de ayudar a gente que quizás está pasando por una situación peor que la tuya. O, al final, siempre puedes empezar a ponerte a buscar activamente otro trabajo, aunque signifique mudarte a otra ciudad con tu familia, sacrificar un poco tu salario a corto plazo para tener un mayor crecimiento a largo plazo.

La lista de alternativas que podemos crear frente al experimento que hemos planteado es interminable. Con esto simplemente quiero demostrarte que, si realmente quieres, tú ya tienes todo el potencial para encontrar salidas a tu situación si te das el permiso de hacer el ejercicio. Si tienes cien excusas para no dejar tu trabajo, automáticamente tienes cien razones para encontrar una solución; de lo contrario, ignorar lo que está pasando puede llevarte a una situación aún más complicada que en la que te encuentras en estos momentos.

EL PELIGRO DEL CONFORMISMO

Aquí estoy yo, haciendo justo lo contrario de lo que mi excusa hace muy poco tiempo me decía que no tenía que hacer, escribir este libro. Puedo seguirla al pie de la letra y hacerle caso porque me creo todas las razones y significa un esfuerzo considerable, o puedo simplemente usarla como la señal que necesitaba para examinar si realmente estoy interesado en esta nueva meta y me entrego incondicionalmente poniendo la mejor intención de mi parte y todo mi esfuerzo para conquistar los obstáculos que surjan en el camino para alcanzar con éxito mi misión.

Fíjate en las personas que más admiras por su éxito y su seguridad, ya sea en el mundo del deporte, los negocios, el entretenimiento o la filantropía, y verás que todas ellas tienen algo en común: nunca adoptan una actitud de víctima y no se dan por vencidos hasta lograr sus metas cueste lo que cueste. Aunque no siempre sale todo como desean en los primeros intentos, tampoco se rinden fácilmente ante los fracasos, porque entienden que estos no son más que entrenamientos para seguir creciendo y mejorando.

Si te conformas con lo que crees que es suficiente para tu vida, tú mismo estás eligiendo cerrarte a nuevas oportunidades para mejorar y crecer. Es verdad que eres completamente libre de elegir qué vida tener y quedarte donde estás si así lo deseas, pero, en ese caso, ten la madurez de no quejarte de la situación donde te encuentras. Acepta la decisión que has tomado y disfruta al máximo de lo que tienes, responsabilizándote de las consecuencias de tus acciones. Entiendo que, después de ver la vida de color gris por tanto tiempo, te sientas inmune a tus propias quejas y termines creyendo que no es posible salir de la situación en la que te encuentras. También entiendo que es muy fácil caer en la tentación de etiquetar y clasificar todo lo que te está pasando y culpar a los demás por tus desgracias, en especial todo aquello que no se ajusta a tus creencias y necesidades, pero deseo que te des la oportunidad de escuchar si dentro de ti sientes una voz o una luz que te dice que hay una nueva oportunidad de cambio en tu vida para mejor.

UNA HORA AL MES

Te invito a que observes con sinceridad, de vez en cuando, cuáles son las excusas más comunes que surgen en tus pensamientos, y qué actitud tienes ante la vida. Toma nota de si te has convertido en una persona positiva o negativa la mayor parte del tiempo, o si te sientes orgulloso de la persona en que te has convertido. Cuanta más atención atraigas hacia tu forma de pensar y tu actitud, mayor será tu consciencia de si te has convertido o no en tu peor enemigo. Por una hora al mes, lo cual no significa un gran sacrificio, trata de hacer el ejercicio de revisar cuáles son las metas y las resoluciones que te habías propuesto para este año, y observa si estás avanzado, te has quedado estancado o has tirado la toalla. Asume la responsabilidad por aquellas cosas que dices querer tener y rétate, sin culparte a ti o a los demás, a encontrar cuáles son las primeras razones que aparecen en tu mente por no haberlas conseguido. Escribe con sinceridad aquello que primero venga a tu mente sin juzgar ni interpretar, y luego, al cabo de dos, tres o cuatro meses, repite el mismo ejercicio para fijarte con el tiempo, poco a poco, en qué cosas han cambiado y qué cosas siguen igual. Seguro que encontrarás un progreso y una diferencia no sólo en los resultados sino en tu interior también. Este tipo de ejercicios te permitirá descubrir y reconocer más fácilmente parámetros de conducta y razonamientos que tenemos sin ser conscientes de ellos, quizás algunos heredados de nuestra familia o cultura, o creados por nosotros mismos, y este conocimiento te permite actuar con mayor determinación y seguridad.

Atrévete a profundizar un poquito más en este ejercicio y trata de examinar cómo te sientes pensando que no vas a lograr aquello que tanto deseas, y examina al mismo tiempo cómo te sentirías si fueras capaz de conquistar ese mismo sueño. Lo importante es prestar atención a los diferentes sentimientos y emociones que puedas percibir imaginando ambas situaciones con el fin de elegir a cuál escenario y sentimiento quieres prestarle una mayor atención.

El poder de escribir tus excusas en tu propia computadora, en una *tablet*, en tu móvil o, mejor, en un simple papel, te permite poner una distancia física entre los pensamientos silenciosos que existen en tu mente y la consciencia de tu Ser. Justo aquí es cuando automáticamente surge un poderoso mecanismo que tienes a tu disposición para desenmascarar tus propios pensamientos. Es impresionante la diferencia que existe entre una interpretación de un pensamiento en tu mente y una interpretación del mismo pensamiento sobre papel. Si haces la prueba, te sorprenderás de cómo puedes encontrar muchos matices y soluciones que antes, cuando estaba simplemente haciendo mucho ruido en tu mente, no podías ver. Tú mismo vas a poder sentir la bipolaridad de tu propia mente. En tan solo un instante pasa de convertirse en tu mayor obstáculo para hacer tus sueños realidad a convertirse en tu mejor aliado y herramienta más eficaz para justo manifestar aquello que tanto deseas.

Aquí tienes tu oportunidad de cambio. La excusa que tú mismo creas para no convertirte en la persona que realmente deseas ser no es más que una preparación de tu mente creada por el Ego para el fracaso. Estoy seguro de que a nadie le gusta equivocarse y fracasar en aquello que con tanto amor desea conquistar, pero tenemos que usar un poco más el sentido común y entender que, si todos naciéramos sin necesidad de aprender, la vida carecería de magia y de misterio. Por lo tanto, el supuesto «fracaso» que nuestra mente impide que experimentemos es a su vez necesario que suceda para que podamos aprender, crecer y evolucionar.

Aceptar y confesar tus excusas no te hace inferior a nadie. Todo lo contrario, tener el valor suficiente para ser sincero y aceptar su realidad es una verdadera cualidad de un buen guerrero espiritual para vencer una actitud de víctima que lo mantenía paralizado. Muchas veces, me doy cuenta de que, a la hora de enfrentarme a mis excusas, el problema no eran mis razonamientos para no hacer algo, sino que no estaba seguro de querer hacer aquello que pensaba que quería de verdad. Quizás lo primero que tenemos que reevaluar son nuestros deseos y prioridades, pues de lo contrario seguimos viviendo en una ilusión que será muy difícil cambiar. Muchas veces pensamos que queremos algo, pero en realidad no son más que deseos de otras personas de nuestro entorno. Por lo tanto, te encuentras en el mejor lugar de todos, pues tus excusas se pueden convertir también en una buena herramienta para plantearte de verdad, con consciencia, qué es lo que quieres conseguir en la vida, para después responsabilizarte e ir en su búsqueda.

No importa lo que has hecho hasta el día de hoy, no te sientas culpable por haberte creído tus excusas en el pasado. Ni el pasado ni tus emociones negativas definen quién eres tú ahora. El tiempo de Dios es perfecto. Quizás sea hoy el día en el que las excusas dejan de tener fuerza sobre tu propio destino. Una de mis frases favoritas que llevo utilizando desde hace muchos años, y que me digo a mí mismo cada vez que mi mente me reta con un millón de excusas para no hacer aquello que tanto deseo, es «¿por qué no?». Esta misma frase la puedes aplicar también cuando alguien te da muchas excusas para no lograr tus metas y te dice que no pierdas el tiempo. «¿Por qué no?». Repítelo cuantas veces sea necesario.

CAPÍTULO 14:

FANTASMAS CON PROPÓSITO

Uno de los fantasmas más poderosos con los que a nuestra maravillosa mente le encanta jugar con nosotros cuando estamos más vulnerables es el de los miedos; pero, cuando finalmente descubrimos su máscara, estos se convierten en verdaderos maestros que nos impulsan a tener el valor para luchar por aquello que realmente deseamos.

Como ya habrás descubierto, tu mente tiene la llave de tu calvario o de tu salvación. En el interior de tu mente está la más avanzada computadora del mundo, capaz de encontrar soluciones a los problemas más complejos, y con un disco duro que contiene toda la sabiduría del Universo. Ahora bien, vamos a inventarnos una posibilidad para quizás entender mejor por qué existen los miedos y quitarnos el terror con el que vivimos la mayor parte del tiempo esperando siempre lo peor. Quizás nuestro Ser ha creado un sistema poderoso de protección para estar seguro de que antes de acceder a todo el potencial que tenemos estemos realmente preparados para usarlo correctamente con las mejores intenciones. Imagínate que pudieras crear un mecanismo de defensa que pudiera distorsionar nuestra visión de la realidad con el fin de proteger este gran tesoro que llevamos en nuestro interior y ponerlo solo al alcance de las personas que realmente están preparadas y tienen el valor y el compromiso personal de liderar el cambio para el beneficio de la humanidad.

Podría ser un tipo de virus, al igual que muchos de los que afectan hoy en día los ordenadores de todo el mundo, que se encuentra instalado en el interior de la mente de los seres humanos con el objetivo de distraernos y retarnos a revisar nuestras verdaderas prioridades y pasar a una etapa de entrenamiento físico, mental, emocional y espiritual. Pero, en lugar de darle una imagen en forma de calavera, como sucede con el símbolo que aparece en la pantalla del ordenador cuando se detecta un virus, yo le di la forma de un fantasma para poder reconocerlo más fácilmente cuando se presenta en mi vida. Si decides ignorar este virus, como pasa en nuestra vida real muchas veces con nuestros aparatos electrónicos, puede llegar a destruirte la vida; pero, cuando entiendes su propósito, tienes el poder de vivir la vida de tus sueños.

No dejo de sorprenderme de lo poquito que sabemos de nosotros mismos, tanto de la perfección de nuestro cuerpo, que puede seguir en funcionamiento sin nuestro permiso, como del misterio de nuestra mente, que es capaz de crear, pero, al mismo tiempo, de retarnos para ponernos a prueba.

El miedo, como seguro que habrás experimentado en muchas ocasiones, es una sensación muy extraña que viene desde lo más profundo de tu interior y que tiene el poder de paralizarte, llenándote de dudas e inseguridades que no te dejan pensar con claridad e impulsándote a salir corriendo como si hubieras visto un fantasma.

Al igual que pasa con el virus de una computadora —que, cuanto más lo ignoras, más lento funciona—, tarde o temprano, todos tenemos que enfrentarnos a nuestros miedos si no queremos perder completamente el sentido de nuestras vidas. Por mucho que tratemos de evitarlos, esquivarlos o ignorarlos, los miedos terminan, una y otra vez, apareciendo ante nosotros cuando menos lo esperamos para asustarnos y alejarnos de nuestros sueños. No importa si estás o no en la cresta de una ola viviendo una etapa maravillosa en tu vida, los miedos siempre están latentes, bajo la superficie, esperando un momento de vulnerabilidad para sorprenderte de nuevo cuando menos te lo esperes y ponerte a prueba. Cuando finalmente aparecen, el efecto es inmediato. Tu cuerpo se siente débil; tu mente, confusa; tu energía baja considerablemente; y las dudas te invaden para finalizar su trabajo. Entonces tu «realidad» empieza a cambiar, al empezar tu mente a crear una historia, una «ilusión», que gana con fuerza cada vez que le prestas una mayor atención.

DESENMASCARAR EL FANTASMA

Muchas veces, enfrentarse a estos fantasmas disfrazados no es tan fácil como pueda parecer, pues detrás de un miedo siempre surgen otros muchos más escondidos. Y tarde o temprano nos dejamos atrapar por todos ellos si no estamos preparados y enfocados en nuestra misión. Necesitas de mucho valor, fuerza de voluntad, intención positiva, enfoque y perseverancia para combatir con éxito cada uno de ellos y lograr recuperar el papel de tu mente y la consciencia de tu «realidad» y de tu Ser.

El primer paso para poder desenmascarar el fantasma del miedo es tener la intención de conocerlo, de ir en su búsqueda, con sinceridad, compasión y con mucho amor, pues solo con luz puedes iluminar la oscuridad. Solo cuando tienes el valor de enfrentarte a tus miedos impulsado por tu voz interior, puedes crear un espacio donde observar ese miedo sin juzgarlo ni criticarlo para que salga poco a poco de las sombras. Para poder enfrentarte con éxito a tus grandes miedos —quedarte sola o solo en la vida sin nadie a tu lado, perder todo tu dinero y acabar arruinado, fracasar en el intento de conquistar tus grandes sueños, o envejecer y morir, por mencionar algunos—, tienes primero que abrirte a la eventualidad de que ese miedo se pudiera manifestar y hacer realidad en tu vida. Por lo tanto, aunque parezca paradójico, uno de los ejercicios que tienes que hacer en ese preciso momento es visualizar justo lo que el miedo te dice que va a pasar y enfrentarte con valor a las respuestas que puedas recibir. «¿Qué pasaría si realmente me quedo solo en la vida?». «¿Qué pasaría si realmente pierdo todo el dinero?». «¿Qué pasaría si realmente nadie me quiere?».

Tener el valor para hacer este tipo de preguntas y el valor para enfrentarte a las respuestas no es nada fácil e implica que tengas una gran madurez espiritual y también, una buena preparación física para tener las mejores energías. La clave de esta prueba no está simplemente en hacerte las preguntas, sino en observar al mismo tiempo las emociones que surgen en tu interior para empezar a descubrir un lado de ti que desconocías. Pero, al hacerlo, tienes que tener el compromiso de simplemente observarlas sin participar en el juego, sin juzgarlas, sin sentirte mal o sin salir corriendo. Recuerda que solo si aceptas sinceramente lo que te está pasando tendrás la oportunidad de cambiar la situación que estás viviendo.

La mejor manera de enfrentarte a tus miedos es primero preparándote lo mejor que puedas antes de ir al campo de batalla. Sé que suena un poco exagerado, pero te aseguro que, cuando te enfrentes al tipo de preguntas que te mencioné anteriormente, vas a recibir golpes muy duros, pues tu mente jugará con el pasado y con el futuro, haciendo creer situaciones que pudieran pasar para salirse con la suya. La mejor manera de prepararte es recordando que tú eres mucho más que tus pensamientos y que tu esencia es de Luz, por lo tanto, ante ti, puedes iluminar cualquier sombra que surja. Será en el momento en que te desconectes de tu esencia, cuando es posible que los miedos tomen el control y ganen la batalla.

Quizás al principio te cueste enfrentarte a tus grandes miedos, pero con la práctica, si tienes el valor de manifestar ante ti los escenarios de los que esos miedos tratan de convencerte y eres capaz de imaginarte esa posibilidad, y si tienes la paciencia para estar presente frente a ellos con amor el tiempo que haga falta, podrás ser testigo de cómo en un suspiro prolongado ese miedo se disuelve ante la luz de tu presencia.

Una opinión personal, que con mucho respeto me tomo el permiso de compartir contigo, es que, si Dios tuviera que someternos a un test para que podamos demostrar si estamos realmente listos y preparados para descubrir el paraíso, ese examen podría tener la forma de «fantasmas disfrazados» para retarte a demostrar si realmente hemos aprendido la lección.

LA MISIÓN DEL FANTASMA

Aunque me resulta difícil admitirlo, los miedos me han ayudado a aceptar una parte de mí que quizás nunca hubiera descubierto de otra manera. Reconocer y abrazar mis vulnerabilidades no fue una experiencia nada fácil de hacer, pero descubrir mi propia fuerza de voluntad, poner a prueba mi fe y mi capacidad de perdonar, son algunas de las bendiciones que estos fantasmas disfrazados trajeron a mi vida para transformarme en la persona que soy hoy en día.

Ahora, como siempre, con un poco de distancia y tiempo de esa experiencia dolorosa en la que tuve que enfrentarme a mis fantasmas, soy

Consciente de que detrás de un sueño y un deseo siempre existe en la sombra un miedo, y al igual que sucede cuando iluminas un cuerpo o un objeto con mucha luz, esa sombra también se hace más grande. Por mucho que quisieras ignorar la existencia de esa sombra, siempre estará unida a la «luz», pero lo que importa no es la sombra, sino reconocer que tú eres la luz, y la sombra, una simple «ilusión».

Los miedos, al igual que las excusas y los pensamientos negativos, no van a desaparecer de tu vida por el simple hecho de reconocerlos en tu mente y saber que existen. Estos van a estar siempre presentes a lo largo de toda tu vida, y se manifestarán justo en el momento menos oportuno, para ponerte las cosas difíciles y retarte a conectarte con tu verdadera esencia.

CAPÍTULO 15:

LAS REGLAS DEL JUEGO

E l tercer poderoso maestro que tenemos a nuestra disposición para descubrir nuestro potencial son nuestros pensamientos disfrazados en forma de «dudas e inseguridades». Este tipo de pensamientos pueden ser igual o más poderosos que nuestros propios miedos, pues no solo tienen el poder de convencerte de que no podrás alcanzar lo que deseas porque no reúnes las cualidades para hacerlo, sino que pueden apagar tu luz para que cada vez brilles menos.

Sin embargo, puedes abrirte también a la posibilidad de reconocer este tipo de pensamientos limitantes como tu oportunidad para impulsarte al cambio y demostrar todas las cualidades y el potencial que ya tienes en estos momentos, convirtiéndose este tipo de pensamientos que te mantienen en vilo en tu gran maestro para conocer cada una de tus cualidades, tu potencial para hacer realidad todos tus sueños. El gran secreto para poder vencer tus inseguridades con éxito radica en la actitud con la cual elijas enfrentarte al reto que tengas ante ti. Por ejemplo, si te sientes inseguro de hablar en público, y dudas de si serás capaz de hacerlo bien porque tienes miedo al ridículo, según la actitud que tengas en ese preciso instante en que estás observando tus pensamientos, puede suceder que abandones tu intención de hablar en público, o puedes elegir darte una oportunidad y conquistar uno de tus sueños. La elección al final es solo tuya, pero si eliges dejar de ver tus «dudas» como algo negativo, y en su lugar empiezas a reconocer en ellas tus grandes maestras, no solo podrás experimentar cómo te muestran el camino para lograr tus grandes deseos, sino que descubrirás todas las cualidades maravillosas que tienes escondidas en tu interior.

¿Recuerdas la famosa frase «la felicidad no se encuentra en el destino, sino en el camino»? Este es el gran regalo que esconden tus pensamientos disfrazados en forma de inseguridades y dudas cuando tienes el valor de estar en su presencia y retarte a ti mismo a demostrar justo lo contrario de lo que dicen.

Es verdad que suena más fácil de lo que es, pues detrás de cada duda que tengas aparecerán al mismo tiempo muchos miedos. Pero por ese motivo son tus grandes maestros y tú eres el estudiante, para que puedas aprender a dar siempre lo mejor de ti en cualquier ocasión, medir tu nivel de compromiso personal contigo mismo, y descubrir cualidades que desconocías que tenías.

LAS DUDAS COMO MAESTROS

Al igual que ocurría con los maestros anteriores de las excusas y los miedos, la regla para romper este poderoso hechizo —cuya función también es crear distracción para que no hagas lo que tu corazón te impulsa a seguir— es justo pasar a la acción como próximo paso para acercarte a tus sueños. Solo cuando te das el permiso de corazón y te atreves a seguir hacia adelante, a pesar de que literalmente sientes que las piernas te tiemblan y que vas a perder el conocimiento, tienes la oportunidad de conocer quién realmente eres, qué es lo que quieres y hacia dónde vas. La única manera de encontrar una respuesta a una duda o una inseguridad que tengas en la vida es simplemente atreviéndote a vivirla a través de tu experiencia, pues de lo contrario nunca dejará de ser una duda o una inseguridad. Solo la acción te permitirá poner un punto final a ese interrogante que tu mente ha creado.

Hacerle caso a la voz de tu corazón, en lugar de a esa voz disfrazada que proviene de tu mente con pensamientos que te ponen a prueba con otra visión de la realidad, es una verdadera prueba de fe que solo tú, y nadie más, puede vencer. Una vez superes este nuevo test, reconocerás cómo tu mente crea este tipo de experiencias por tu propio beneficio en tu camino de aprendizaje y crecimiento personal, pues sin estas pruebas nunca conoceríamos nuestros poderes innatos e incluso el propósito de nuestras vidas.

Una manera de conquistar este tipo de pensamientos disfrazados de dudas e inseguridades es observando en qué momento aparecen en tu mente. Si te fijas, verás que estos pensamientos están creando una proyección hacia el futuro usando una experiencia dolorosa y negativa del pasado. Con lo cual, al tomar consciencia de que estamos ante un pensamiento que está viviendo en un espacio de tiempo que no es el presente, podemos identificarlo automáticamente como un pensamiento del Ego desconectado de nuestra esencia y divinidad. Y quizás de este modo puedas tener más valor y seguridad para atreverte a dar un paso hacia delante en el camino de tus sueños.

A tu consciencia, al contrario que a tu Ego, no le importa si crees o no que puedes hacer algo bien o mal, pues simplemente acepta lo que es como es, y no ve cada instante como bueno o malo, mejor o peor, sino como ese momento mágico en el que vas a poder conectarte con el presente y tu divinidad. Si haces la prueba y te atreves a poner todo de tu parte, y si tienes el valor de pasar de la intención a la acción, tu ansiedad y sufrimientos terminarán transformándose, como por arte de magia, para pasar a un estado de ilusión y satisfacción ante lo que estás haciendo.

ALGUNAS HERRAMIENTAS

Todas las personas tendemos a sufrir, a tener miedos, a sentirnos inseguros y a dudar de nuestras decisiones en algún momento de nuestras vidas pues es parte de nuestra propia naturaleza humana. Por eso entiendo que sea tan difícil imaginar la posibilidad de que podamos sentirnos bien, simplemente por el hecho de estar conectados con el presente, siendo nosotros mismos y haciendo justo lo que tenemos que hacer. Ni más, ni menos. Aprovecha tus dudas e inseguridades como una señal para demostrarte que te estás desconectando de tu esencia y regresar a tu hogar. Como te dije, quizás estas palabras no tengan sentido para muchas personas, pero para ti, mi gran guerrero de amor, creo que ha llegado la hora de salir de tu área de confort y llevarlas a la práctica a través de tu experiencia.

Respirar, orar, meditar, hacer deporte, comer sano y descansar son algunas de las herramientas que tienes a tu alcance para renovar tus energías y sentirte más fuerte, más seguro, y con una mejor actitud para despertar tu fuerza de voluntad y retar con éxito este tipo de pensamientos.

Una de las frases que me repito constantemente en silencio para tener el valor de pasar a la acción en un momento de muchas dudas internas es: «Si estoy aquí, es porque merezco estar aquí, y tengo que aprender algo nuevo». Te salgan bien o mal las cosas, te sientas mejor o peor con los resultados, lo que realmente importa es la intención con la que te has enfrentado a esa difícil experiencia y lo que has descubierto en el proceso. Ese es el secreto de la vida. Vivir para crecer. Y solo a través de la acción podrás aprenderlo. Después quizás tengas que lidiar con nuevos pensamientos de culpabilidad, otras inseguridades, y más miedos, pero, con la práctica, a medida que te acostumbres a identificarlos, estos mismos pensamientos dejarán de tener fuerza negativa y se transformarán en tus mejores aliados para asumir la responsabilidad de tu vida y de tu destino.

Date el permiso de examinar tu vida y reconocer que hubo algún momento en particular en que también dudaste de ti, y que ahora, con el paso del tiempo y la práctica, puedes observar cómo la experiencia que viviste se convirtió en la plataforma que necesitabas para convertirte en la persona que eres hoy en día.

EN LA MONTAÑA RUSA

Nuestra manera de pensar la mayor parte del tiempo, que lo clasifica y separa todo, lo que es bueno de lo malo, lo que pertenece a un antes o a un después, que evalúa si es mejor o peor, no nos da la oportunidad de experimentar de verdad lo que significa vivir el presente. Cuando tú estás poniendo tu cuerpo y alma en una actividad en concreto, ese preciso instante en el que estás entregado de corazón no se puede clasificar como mejor ni peor, no entiende de valores ni de medidas, pues simplemente es lo que tiene que ser y donde tenemos que estar. Pero justo en el momento en que permitimos que nuestra propia mente se pone a interpretar lo que está pasando es cuando automáticamente nos desconectamos de nuestro presente y empezamos a sufrir. Observa tú mismo tus propias actividades y haz este mismo experimento a través de tus emociones para despertar tu consciencia.

Muchas veces hacemos algo, ponemos nuestra mejor intención y, cuando ya hemos terminado, empezamos a juzgar lo que acabamos de hacer. Y así vamos por la vida como si estuviéramos en una montaña rusa llena de subidas y de bajadas, momentos en que estamos conectados y otros desconectados. Aunque nuestro objetivo final sería estar la mayor parte del tiempo conectados, mi intención con estas palabras es que dejes tanto de sufrir y de sentirte culpable cuando te encuentres desconectado, y que utilices esos momentos de los cuales empiezas a tener consciencia para cambiar tu actitud y darte una nueva oportunidad.

En resumidas cuentas, cuando creas estar listo, o, mejor dicho, cuando *sientas* que estás listo para pasar a la acción —pues esta decisión no viene de tu cabeza sino de tu corazón— es cuando tienes que atreverte y hacer todo lo posible por dejar tus dudas a un lado, y comprometerte a poner todo de tu parte para superar el reto que tienes ante ti. Como sucede en el mundo del cine, cuando ya todo está listo para empezar el rodaje, no puedes buscar más excusas, ni dejarte llevar por los miedos, ni sentirte inseguro, ha llegado el momento que estás esperando para respirar profundamente y salir al escenario de la vida con seguridad y determinación, y sentir en tu corazón una voz que te dice: «luces, cámara y acción».

Cuando tomas consciencia de que cada etapa de tu camino es un paso más que te lleva a descubrir tu potencial, empiezas a honrar cada instante como una oportunidad de crecimiento personal. Si sientes mariposas en el estómago, siéntelas. Si sientes tus piernas temblar, siéntelas. Si sientes que la cabeza te va a explotar, siéntela. Y respira. Al estar presente con ese instante en el que una emoción o un pensamiento surge en tu interior, estás eligiendo vivir ese preciso momento y ser testigo de la manifestación del amor en acción.

Casi todos tomamos decisiones y actuamos con una mente adormecida. Aunque nuestra intención sea buena y positiva, en realidad no tenemos mucha fe en nuestro potencial, y, si nosotros no creemos en nosotros mismos, ¿cómo podemos esperar que los demás confíen en nosotros? Tomemos un ejemplo muy común en estos momentos en los programas de noticias y tertulias de todo el planeta: la paz en el mundo. Como colectivo, estamos empezando a dudar de que la paz es posible y a creer que el conflicto siempre es inevitable. Si pensamos siempre de esta manera qué espacio podemos crear para que surja la esperanza, la ilusión y el cambio para manifestar nuestro gran deseo. Sin embargo, si empezáramos cada uno individualmente a encontrar el camino y la fórmula para sentirse en paz y seguro con uno mismo, entonces nos resultaría más fácil compartir nuestra experiencia con los demás.

La felicidad, el amor y la paz son tres cualidades innatas que todos los seres humanos poseen en su interior, independientemente del color de su piel, de su nacionalidad y de su estilo de vida. Nuestros pensamientos no son los creadores de la felicidad, sino la manifestación del amor y la paz en tiempo presente. Sin embargo, tus pensamientos te pueden enseñar el camino hacia donde pretendes ir.

Cierra los ojos. Respira. Deja que las palabras penetren en tu corazón. Y siente.

JUEGO DE AJEDREZ

Solo tú tienes el poder de dejar de dudar de tu potencial y sentirte más seguro de ti mismo. Por mucho que leas este libro y te creas al pie de la letra mis palabras, por mucho que atiendas a seminarios y congresos de superación personal, que tomes cursos para lograr tu máximo potencial, o que estés rodeado de personas positivas la mayor parte del tiempo, al final, solo tú puedes elegir actuar. Llega un momento en el que tienes que dejar de prepararte y tomar la decisión de poner a prueba tu conocimiento, pues solo a través de la experiencia puedes aprender.

No renuncies a tu felicidad y a tu estado natural de paz simplemente porque tu mente no te dejar ver quién realmente eres. Te invito a darte el permiso de retirar la cortina de humo que no te permite ver la luz. Sé que es muy difícil hacerlo, pues estamos acostumbrados a creer después de ver, pero en este caso, si realmente deseas ver un cambio en tu vida, primero tienes que tener fe. Una vez te atrevas a seguir tu impulso interior y conquistar tu primer gran reto, todo empezará a resultarte más fácil, y tu experiencia testimonial quizás se convierta en la prueba que otras personas desean conocer para tener más valor para enfrentarse a sus propios temores.

Personalmente, cuando me ha tocado enfrentarme a mis inseguridades, he sentido los escalofríos recorrer todo mi cuerpo, he tenido dolores de cabeza y de estómago, he sudado y he llorado, y me he desvelado por las noches. No creas que por tomar la decisión todo será más fácil, sin embargo, cuando te lanzas finalmente al vuelo, experimentas el poder de una energía muy poderosa, la adrenalina, que te llenará de fuerzas e ilusión para cumplir con éxito tu cometido. A todo el mundo le pasa lo mismo cuando te enfrentas a algo que te importa de verdad. Pero todas estas emociones y manifestaciones físicas son parte de la maestría y el sentido de nuestras vidas. Nadie dijo nunca que fuera fácil tener salud, sentir paz o amar, si no fuera por el papel de tu mente en este proceso. Pero, como te vengo diciendo, todo lo que te sucede, incluyendo este tipo de pensamientos que te llevan a dudar de tu potencial, tiene el propósito de ayudarte a descubrir quien realmente eres. Con la práctica y la experiencia, he descubierto que estas emociones son ahora parte de mi adicción a sentirme vivo, a atreverme a descubrir quién soy, y de la aventura de la vida para despertar a un nuevo mundo de posibilidades que cada día se presenta ante mí esperando a que tome una decisión.

La única manera de vencer tus excusas, tus miedos y tus inseguridades es actuando, y creyendo en el poder del amor. Se aprende a confiar, confiando. Se aprende amar, amando. No dejes que tus pensamientos te impidan conocerte de verdad.

Te invito a que veas tus propias dudas como un juego de ajedrez para llevarlas al jaque mate. Si dudas, por ejemplo, entre quedarte o no en un trabajo que no te gusta, fíjate en cómo te sientes si te quedas en el trabajo, y cómo te sientes si decides irte del trabajo. Probablemente llegues a la conclusión de que sufres tanto tomando la decisión de quedarte como la de buscar otro trabajo. La inseguridad de lo que pudiera pasar tanto si te quedas como si no, y los miedos que surgen ante ambas posibilidades, te hacen sufrir. Elijas verlo desde un punto de vista o desde otro, te vas a dar cuenta de que estás eligiendo entre sufrir y sufrir. ¿Lo ves? No importa la decisión que tomes, pues siempre que elijas creerte las interpretaciones de tu mente vas a sufrir.

Por lo tanto, deja ya de dudar tanto y simplemente pon todo tu corazón en aquello que sabes que tienes que hacer para salir de dudas.

Te cuento mi verdad de la mejor manera que puedo hacerlo y con la mano en el corazón, pues la naturaleza es tan sabia y poderosa que, si no eliges voluntariamente mover una ficha, tarde o temprano ella la mueve por ti porque el juego de la vida tiene que seguir y te obliga a tomar una decisión con una experiencia que quizás no te guste experimentar. Cuántas veces no hemos estado en una situación en la cual nos hemos quedado por mucho tiempo angustiados por tomar una decisión, y al final no tuvimos otra opción que enfrentarnos a la realidad, pues algo sucedió que tomó la decisión por nosotros. Por lo tanto, tienes la opción de ser cocreador de tu destino y convertirte en una persona proactiva, o esperar a que las cosas pasen y convertirte en una persona reactiva. De ambas puedes aprender si estás abierto a hacerlo, pero de la primera puedes estar mejor preparado y salir más airoso de la prueba que tengas que superar sin tener que sufrir tanto. El cambio es inevitable.

Los seres humanos pensamos que conocemos mejor cuál es nuestro destino en la vida, cuando ni siquiera hemos dedicado el tiempo ni el esfuerzo necesarios a tratar de conocer el sentido de la misma. Por mucho que creas saber qué es lo que necesitas en tu vida en este preciso momento, la vida te puede demostrar lo equivocado que puedes llegar a estar, y a la vez, en su bondad y misericordia, te permitirá descubrir todo tu potencial y todo lo que eres.

ESCUCHAR ANTES DE ACTUAR

El poder de la duda te permite colocarte detrás de las palabras y te hace ser responsable de su significado y su relevancia. Cuando no te crees de verdad todo lo que oyes decir en tu mente, ya sea a través de ti mismo o de otras personas, entonces estás tomando la decisión de apostar más por tu Ser que por tu Ego. A la hora de escuchar las historias que tu propia mente está creando todo el tiempo, no juzgues muy rápido y sé un poco más escéptico, simplemente respeta los pensamientos por lo que son, y luego analízalos. Haz este mismo ejercicio al escuchar las palabras y las opiniones de las otras personas. No eres responsable de lo que dicen los demás ni de la interpretación que las otras personas hagan de tus palabras, pero sí lo eres de procesar correctamente todo lo que escuchas, y de las palabras que elijas utilizar. Entender esta última frase es vital para deshacerte de la esclavitud de tu propia mente y tener una mayor autonomía para empezar a conocer los poderes y la belleza de tu Ser.

Si tus pensamientos te dicen: «soy demasiado mayor para cambiar», «no soy suficientemente inteligente para triunfar en los negocios», «soy gorda y nunca luciré delgada», tienes que hacer el difícil ejercicio de no creértelos, pues son pensamientos distorsionados cuya función es distraerte de tus metas y destructiva en tu vida personal y profesional. Me atrevería a decir que este tipo de pensamientos son como cánceres silenciosos que van creciendo en tu interior a medida que te los vas creyendo consumiendo toda tu energía si no los detectas a tiempo. Cuando te das cuenta de que no son más que fantasmas disfrazados, estos pierden su fuerza. Una manera que tienes para desenmascararlos es ponerlos en duda y afirmar justo lo contrario de lo que dicen para tomar consciencia de que tú puedes decidir el impacto final de ese pensamiento. No existe una ley en el Universo que diga esto es bello o no lo es, esto es bueno y esto no lo es. Sin embargo, los juicios y las interpretaciones de si valemos o no los creamos nosotros mismos quizás para no salir del área de confort, quizás para no esforzarnos más, quizás para justificar nuestras acciones, quizás porque nos hemos convertido en adictos de la mentira o la ilusión que hemos creado al vivir tanto tiempo alejados de la verdad. Si terminas creyendo los pensamientos que te dices a ti mismo disfrazados como verdades absolutas, entonces nunca podrás vivir la vida que deseas ni convertirte en la persona que te gustaría ser. Adopta el papel de detective en un interrogatorio con tu mente, no te creas nada de lo que te dice y haz muchas preguntas para llegar a la verdad.

Nadie te juzga más de lo que tú te juzgas a ti mismo todo el tiempo. Si algo o alguien no te gusta, puedes tomar la decisión de alejarte de ese lugar o de esa persona, pero, si no te gustas a ti mismo, nunca puedes escapar de ti. Puedes ocultarte del mundo, pero nunca te podrás ocultar de tus propios pensamientos, de tus juicios, de tus emociones. Pero existe una salida a este tipo de condena y de esclavitud, y esta surge ante ti cuando finalmente te das el permiso de conocerte y quererte más. Solo cuando decides escuchar con compasión y amor todo lo que te has creído, esa mentira pierde su fuerza para dar paso a la verdadera esencia de la realidad que siempre juega a tu favor. Lo único que necesitabas hacer era ir al encuentro de ti mismo para sentirte mejor.

Hagamos una prueba ahora mismo con las siguientes preguntas:

¿Tienes absoluta seguridad de que no te mereces ser feliz? ¿Es verdad que no puedes lograr lo que deseas con todo tu corazón? ¿Tienes una garantía de que nunca podrás conquistar tus metas? ¿Tienes la certeza de que no podrás ser como soñaste de niño? Toma cualquiera de los pensamientos limitantes que has tenido hasta el día de hoy, y atrévete a traerlos a la luz escribiéndolos sobre un papel para traerlos fuera de ti y poder examinarlos con más objetividad. Y sigue utilizando las mismas reglas del juego que ellos usan para desarmarlos también. Pon en duda tus dudas.

Cierra los ojos de nuevo y trata de ver si tu mente sigue encontrando respuestas y observa lo que pasa en tu interior cuando formulas estas preguntas a los propios pensamientos que tú mismo estás recibiendo.

¿Me puedes asegurar que lo que piensas es la absoluta verdad y que tienes pruebas contundentes para justificar que es imposible lograr lo que tanto quieres? ¿De verdad crees que no existe ninguna otra solución posible para lograr la meta que tanto deseas? ¿Qué pasaría si no te hago caso y hago justo lo contrario?

Observa, no participes en el juego. Planta las semillas de estas preguntas en tu interior, y verás como tarde o temprano, si te entregas de corazón y tu intención es la correcta tus pensamientos se rendirán ante la fuerza del amor y la luz que poco a poco va surgiendo con más intensidad en tu interior.

Si estás buscando motivos para confiar en ti, dejas automáticamente de confiar en ti, y desde ese lugar de desconfianza es imposible de confiar. Por lo tanto, no dejes que tus dudas sean el alimento para que cada día desconfíes más de tu potencial, pues, al hacerlo, te estarás separando de tu verdadera identidad. Quizás piensas que tu mente te está protegiendo de algo, cuando en realidad está haciendo justo lo contrario, te está separando de quien realmente eres. No te creas mis palabras, simplemente haz tú mismo la prueba y fíjate en cómo racionalizas todas tus dudas acerca de ti y del mundo hasta el punto de creértelas a ciegas sin apenas ser conscientes de lo que está pasando. Si quieres, haz este otro ejercicio y entrégate a experimentar y sentir qué sucedería si fueras capaz de imaginar tu vida sin tener ningún tipo de dudas, y cómo sería tu vida si siempre tuvieras dudas. ¿En qué tipo de persona te convertirías?

CAPÍTULO 16:

DE REGRESO A TU HOGAR

Como podrás observar, existe un pensamiento recurrente a lo largo de este libro: «Detrás de la interpretación que hacemos de nuestros propios pensamientos surge el origen del sufrimiento y nuestra separación de Dios». Aquí tienes que tomarte de nuevo el tiempo que sea necesario para, en tu propio espacio interior, tratar de encontrar el significado de las palabras que acabas de leer.

Cuando pensamos o creemos que para ser felices necesitamos de algo externo a nosotros mismos, automáticamente nos separamos de nuestra propia identidad y dejamos de estar conectados con el poder del amor. Cuando estamos entregados en el momento presente dando lo mejor de nosotros en cada instante, honramos nuestra esencia y surge la paz automáticamente sin buscarla.

Si tú me haces daño y yo elijo cerrar mi corazón sintiendo deseos de venganza y odio, el dolor que siento no surge de lo que me has hecho, sino de mi interpretación de lo que ha sucedido y de mi ilusión de que aquello que ha sido afectado era mío, decidiendo como represalia cerrar mi corazón hacia ti. Solo con el tiempo reconocerás que nada nos pertenece y es nuestra codependencia de todo lo que nos hace sufrir.

Trata de leer y observar el siguiente pensamiento sin empezar a juzgar rápidamente.

La mayor parte de nuestros sufrimientos no son causados por situaciones externas a nosotros mismos, sino por la interpretación de dichas circunstancias a través de nuestros propios pensamientos. En realidad, el mundo en el que creemos vivir no es más que una proyección de lo que pensamos y sentimos en nuestro interior. En otras palabras, tú eres quien da el sentido al mundo en el que vives. Por lo tanto, si cambias tu manera de pensar, automáticamente cambiarás el mundo.

La compresión de este pensamiento es tan complicada como descubrir todo tu potencial, pues para transformar nuestra visión del mundo y de nosotros mismos, primero tenemos que poner en duda nuestros propios pensamientos, e incluso las creencias que tenemos inconscientemente arraigadas en nuestra mente por tanto tiempo.

LOS FILTROS DEL «DESAPRENDIZAJE»

Por lo tanto, como tuve que vivir personalmente, tuve que abrirme a la posibilidad de pasar primero por una etapa de «desaprender», para luego empezar a «aprender» de nuevo. ¿Cómo lo hacemos? Filtrando nuestros propios pensamientos como si tuviéramos un colador en la mano, para observar si sufrimos o no al sentir dichos pensamientos. Muchos de tus pensamientos pasarán fácilmente a través del filtro del amor si te hacen sentir bien contigo mismo, pero muchos otros pensamientos no podrán pasar si te crean ansiedad y frustración. De este modo, a través de tu estado interno, podrás empezar a diferenciar entre los diferentes tipos de pensamientos y sus efectos con el fin de tener una mayor consciencia de los mismos.

Durante los próximos días trata de hacer la prueba de fijarte en cuántas veces escuchas entre tus amigos, compañeros de trabajo y familiares, o a ti mismo, decir la palabra «miedo», «pero» o «no puedo». Trata de contar cuántas veces puedes leer en los periódicos o escuchar en la televisión dichas palabras y te darás cuentas que vivimos en una sociedad que mueve la opinión de las masas usando esta estrategia del miedo y de las suposiciones negativas para separarnos de nosotros mismos y crear diferencias, en lugar de unirnos por un propósito común. Sin embargo, tú puedes empezar a marcar la diferencia tomando partido de tus acciones y responsabilizándote del tipo de pensamientos y palabras que usas la mayor parte del tiempo, pues a través de tu transformación estarás convirtiéndote en ejemplo para que otras personas se atrevan a dar el mismo paso, y, a través de su transformación, empezar a cambiar positivamente el mundo en el que vivimos. No digo que ignorando el miedo que existe en el mundo te sentirás mejor al instante y encontrarás la solución a tus problemas, pero sí que tienes la responsabilidad de transcender ese miedo para poder dar espacio a que sucedan los milagros en tu vida.

Te invito a que pienses si tú crees que puedes lograr mejorar las cosas en tu vida desde un espacio del miedo, o desde un espacio del amor. Personalmente, yo apuesto por el segundo escenario. La única solución para lograr la paz en el mundo es despertando primero a nivel personal una nueva posibilidad de vivir en paz, y después, gracias a tu propio ejemplo, inspirar a los demás a realizar su propia transformación y despertar. Solo con la intención de poder ver las cosas desde este otro punto de vista podrás crear una nueva posibilidad y sentir en tu interior una renovada energía que surge desde lo más profundo de tu Ser.

PARA EMPEZAR

¿Por dónde podemos empezar? Muy fácil. Iniciemos este proceso de cambio con una simple y profunda oración. Con tu mano en el corazón, haz una declaración de amor y un compromiso personal decretando tener más claridad en tu mente para poder ir más allá de las ilusiones que tus pensamientos puedan hacerte creer que existen en realidad. Cuando nuestros pensamientos con respecto a una experiencia empiezan a cambiar, esta misma experiencia termina transformándose también. Por lo tanto, aprendiendo a separar las dos formas de pensar como lo hicimos con las dos caras de la mente —donde algunos de los pensamientos provenían de la mente del Ego, cuyo poder más grande es el miedo, y otros venían de la mente de Dios, cuyo poder más grande es el amor— estás empezando a cumplir con una de las asignaturas más importantes para lograr la maestría de tu vida. Al igual que la oscuridad solo se puede vencer con luz, el miedo solo se puede conquistar con amor.

La prueba de tu verdadero conocimiento, de la fe, de la capacidad de perdonar y de amar solo la puedes sentir de verdad cuando la vida te presenta la oportunidad de manifestarla. Por ejemplo, no es nada fácil perdonar a alguien que te ha herido, o ser optimista en tu vida cuando lo has perdido todo, o agradecer con sinceridad cuando el dolor te impide olvidar. Pero si en esos frágiles y delicados momentos puedes poner la intención de pedir a Dios, al amor, a nuestro ser interior, al Universo, que te ayude y te guíe de la mano para tomar las mejores decisiones por tu propio interés y el de los demás, podrás crear el espacio para que todo lo que eres se manifieste a través de ti. La famosa palabra «iluminación», usada muchas veces por las religiones de todo el mundo para describir la vida de sus grandes maestros, tiene que ver justo con este proceso de abrirte a tu propia naturaleza y a la compresión de que al usar el sufrimiento puedes encontrar el camino de tu autosanación física, emocional y espiritual.

Desde otro punto de vista, el sufrimiento está buscando que lo suframos para revelarnos la esencia de luz y amor que habita infinitamente en nuestro interior. Si te das la oportunidad de estar presente ante tu sufrimiento con amor, podrás sentir al instante ausencia de ese sufrimiento, aunque sea por un segundo, y entonces, quizás, una chispa de luz surja en tu interior mostrándote el camino para regresar a tu hogar.

El sufrimiento, a través de las emociones que sentimos, simplemente nos quiere poner en contacto con nuestro corazón y con el amor, pero, como tenemos miedo a sufrir, hacemos todo lo posible para rechazarlo, ignorarlo o taparlo con otros pensamientos que nos ayuden a sentirnos mejor por conveniencia. Y entonces, ese sufrimiento nunca termina desapareciendo porque nunca lo hemos terminado de aceptar, y permanecerá en nuestro interior esperando a que lo reconozcamos para liberarnos. Tarde o temprano, si realmente deseamos dejar de sufrir y no lo hemos conseguido por otros medios, debemos dar una oportunidad a que ese mismo sufrimiento se manifieste, para que podamos amarlo incondicionalmente, y convertirse automáticamente en el milagroso instrumento que nos permita reconocer nuestra verdadera identidad, pues solo en ausencia de sufrimiento descubriremos la paz.

Todos tenemos en algún momento días más tristes y días más alegres. Aunque podamos sentirnos muy mal por mucho tiempo, tenemos que aceptar la posibilidad de que también podemos sentirnos mejor. Admitir que puedes sentirte mejor de lo que estás ahora te impulsa a tomar decisiones que te permitan renovar tus energías para sentirte mejor. Tomar unos minutos para estar en silencio y respirar profundamente en meditación, hacer deporte para liberar las tensiones que tienes acumuladas en tu interior, alimentarte con productos frescos y sanos para desintoxicar tu cuerpo, eliminar hábitos y adicciones negativas que no te permitan descansar bien por las noches, son algunas de las actividades que podrás hacer para sentirte mejor y cambiar tu actitud.

UN BUEN JARDINERO

Tenemos que buscar la manera de tener un poco más de fe en nosotros mismos y no sentirnos tan culpables y negativos todo el tiempo de nuestras decisiones y acciones. El hecho de que te sientas mal cuando te crees que alguien te ha roto el corazón, que has fracasado por no conseguir lo que tanto deseabas, o que te sientas culpable por algo que has hecho contra alguien, no significa que seas débil, sino que eres «humano». Reconocer el lugar donde te encuentras en estos momentos, aceptar tus vulnerabilidades, y abrir tu consciencia para entender cómo funciona tu mente y cómo has actuado hasta ahora es un gran acto de amor hacia ti mismo que requiere de mucho valor. Tienes que darte un respiro y reconocer que no eres tan malo como creías, ni has hecho las cosas tan mal como pensabas, pues, aunque sí es verdad que puedas sentir miedos, inseguridades, frustraciones, ira y envidias, también eres capaz de sentir amor, belleza y compasión en cualquier instante. Y si tienes esas cualidades en tu interior, significa que tienes las semillas en tu interior esperando de tu atención para florecer y manifestarse en tu vida con su máximo potencial cuando decidas ir a su encuentro. El problema, como podrás empezar a deducir, es que estábamos ocupándonos de las semillas equivocadas, las malas hierbas que no dejan crecer nada, en lugar de ocuparnos de nuestro jardín en el paraíso.

No vas a reconocer el amor si primero no reconoces el miedo. A la paz no la sentirás si no entiendes lo que significa sufrir. Una emoción no puede existir al mismo tiempo con la otra. O experimentas miedo o experimentas amor. Las dos al mismo tiempo es imposible. Lo mismo ocurre con la paz y el sufrimiento. Haz tú mismo la prueba para darte cuenta de que en ti tienes el poder de decidir qué emoción sentir, aunque parezca tan simple esta solución.

Es imposible sentirse alegre sin conocer primero qué es la tristeza, pero eso no quiere decir que pongas toda tu atención solo en sentir las emociones negativas que la tristeza produce, pues puedes elegir también estar presente con mucho amor ante esa emoción tan delicada que nace de tu ser y que te hace ser vulnerable para descubrir todo lo que eres y puedes dar, no solo hacia ti mismo, sino también hacia los demás. Te aseguro que tienes en estos momentos mil razones a tu alrededor para sentirte agradecido, bendecido y afortunado. Solo tienes que prestar atención para reconocer la majestuosidad de la vida en tu entorno y en tu interior.

No podemos evitar tener emociones negativas, ni pensar que solo podemos tener emociones positivas todo el tiempo, pero sí podemos elegir cómo reaccionamos y qué hacemos cuando se presentan estas emociones.

FELICIDAD ES CONEXIÓN

Tu felicidad no se origina simplemente por conquistar una meta que te hacía mucha ilusión, o por ser una persona positiva la mayor parte del tiempo. La felicidad surge espontáneamente en tu interior cuando existe una conexión orgánica y auténtica entre quién eres, «tu Ser»; lo que piensas, «tu Mente»; lo que dices, «tus Palabras»; y lo que haces, «tus Acciones». La puedes sentir cuando estás abierto a recibirla como sientes la fragancia de una flor que pudiera estar en tu camino, pero la puedes perder fácilmente cuando tu atención se enfoca en otras cosas. Así de delicada y maravillosa es la felicidad, tan frágil que, en el momento en el que tu mente la empieza a sentir y desear atrapar, termina desapareciendo como humo en el aire, aunque siga latente su esencia en tu interior esperando a que surja de nuevo el momento propicio para salir a luz.

Estoy seguro de que habrás experimentado en más de una ocasión qué fácil es sentir felicidad y, al instante, sentir miedo también. Cuántas veces no nos hemos sentido flotando por las nubes, disfrutando al máximo de una experiencia inesperada, sintiendo plenitud y, de repente, en una fracción de segundo, es como si despertáramos de un sueño para entrar en otra realidad, justo en el momento que se cruza otro pensamiento por nuestra mente. Muchas veces, cuando somos conscientes de que estamos sintiendo algo tan especial, y lo llegamos a asociar con un estado de felicidad, este sentimiento desaparece automáticamente cuando dejamos entrar el pensamiento de que no va a durar tanto tiempo, o de que algo malo va a suceder porque no podemos ser tan bendecidos de sentirnos bien. Y, justo entonces, incluso antes de manifestar con claridad ese tipo de pensamiento en nuestra mente, la felicidad se disuelve instantáneamente como por arte de magia. Nadie poder ser responsable de tu propia felicidad, solo tú puedes manifestarla y sentirla brillar en tu interior si te entregas de corazón a convertirte en un instrumento de amor.

Los seres humanos no somos conscientes todavía de que, al fijar nuestra atención en un pensamiento en particular, automáticamente nos separamos de nosotros mismos, para empezar a vivir una ilusión que nos hace sufrir. Si fuéramos capaces de entender profundamente el significado de estas palabras, nuestra vida empezaría a cambiar. No digo que no es bueno pensar, pues el pensamiento nos puede enseñar el camino para conquistar nuestros sueños y crear la vida que deseamos, pero debemos tener mucho cuidado de no dejarnos atrapar por una «ilusión de realidad», desconectándonos de nuestra «verdadera realidad».

En el fondo, todos añoramos algo que no recordamos, sabemos que hay un lugar donde nos sentimos seguros y protegidos, pero nos hemos olvidado de cómo llegar a este lugar. Muchos de nuestros pensamientos no nos permiten ver el camino con claridad, pero tu despertar de consciencia, tu respiración, y tu intención de crecer y mejorar te permitirán regresar a tu hogar en el momento que menos te lo esperes, para de nuevo sentir ese maravilloso y mágico sentimiento de pertenecer y de estar donde tienes que estar.

EL CONTENIDO DEL VASO

Todos los grandes maestros espirituales, desde Buda a Jesucristo, desde Moisés a Mahoma, encontraron a través del sufrimiento de su propio cuerpo y del de su pueblo el camino para la trascendencia y la iluminación hacia la paz y el amor. Las cinco grandes religiones del mundo —el budismo, el cristianismo, el judaísmo, el islam y el hinduismo— comparten en su esencia la misma visión de ayudar a las personas a regresar a la casa de Dios, al amor. La gran mayoría de las religiones a lo largo de la historia han coincidido en que la única solución para la paz en el mundo se encuentra en el corazón de cada ser humano, en la transformación personal y en amar a los demás como te amas a ti mismo.

Si fuéramos capaces de ver todo lo que nos une, en lugar de enfocarnos solo en lo que nos hace diferentes, y dejáramos de proteger nuestras creencias por encima de las de los demás, creyéndonos que solo nosotros entendemos el sentido de la vida y el resto del mundo está equivocado, nuestra vida sería completamente diferente. ¿Qué nos ha llevado a creer que solo un grupo de personas tienen el poder de saber lo que es mejor o peor para todos? Solo la existencia de este pensamiento que crea dos grupos —el grupo con la verdad y el grupo sin la verdad— produce una separación que causa sufrimiento para ambos grupos. La única manera posible de entendernos y encontrar la paz en el mundo es tratando de ponernos en la piel de los demás, reconociéndonos en los ojos de las personas a las que tememos, respetando a nuestros enemigos como desearíamos que nos respetasen a nosotros mismos, y atreviéndonos a traer paz a nuestro propio corazón admitiendo que nosotros mismos somos la causa de ese sufrimiento.

Si estás pasando por un momento difícil en tu vida, ante ti tienes una gran oportunidad para poner a prueba tu fe, tu potencial, y transformar tu sufrimiento en un estado de paz. En lugar de verlo como algo negativo que te está pasando, cambia tu chip mental, y aprovecha para verlo como tu oportunidad de transformarte. Si no puedes hacerlo, simplemente utiliza tu imaginación y creatividad y visualiza cómo plantas esta semilla en tu interior. Esta posibilidad, cuando la sientas, puede hacerte sentir mejor al instante. Aunque es difícil vivir un divorcio, una grave enfermedad, un despido laboral o el fallecimiento de un ser querido, todos tenemos que experimentar en algún momento de nuestras vidas un vacío que nos hace dudar de nosotros mismos, que nos da miedo, que nos confunde, pero que al mismo tiempo nos ofrece una oportunidad para iniciar una nueva etapa en la vida con una renovada intención. Ese vacío del que estoy hablando, y que posiblemente hayas experimentado alguna vez en tu vida, es como un vaso vacío. Este vaso lo puedes llenar con sufrimientos o lo puedes llenar con paz, pero, como ocurre con el aceite y con el agua, ambos no se pueden mezclar. Para poder llenar tu vida de paz tienes que cambiar la forma de interpretar tus pensamientos y elevar tu nivel de consciencia para ir más allá de la razón y sentir con tu corazón. Asume la responsabilidad y elige, aquí y ahora, con qué ingrediente quieres llenar tu vaso.

Cierra los ojos por unos instantes y hagamos juntos este ejercicio. Visualiza tu mente como si fuera un vaso de agua de cristal. Siente la paz entrar y salir de acuerdo a donde están tus propios pensamientos en cada instante. ¿Cómo está tu vaso, lleno o vacío? ¿Cuál es su contenido? ¿Con qué regularidad cambia? No pretendo que te sientas todo el tiempo en un estado de paz, sino que entiendas que tienes el poder de regresar tú mismo a la paz, siempre y cuando quieras ir en su búsqueda. Por lo tanto, si adquieres el hábito de observar cómo te sientes en tu interior todos los días, podrás usar esta herramienta para tomar mejores decisiones y establecer prioridades en tu vida que te ayuden a tener el vaso cada vez más lleno de amor. Pero tienes que ser extremadamente sincero contigo mismo y observar constantemente tus pensamientos para saber en qué lugar te encuentras en cada momento especialmente cuando sientes tus emociones cambiar. Si sientes paz, sigue conectado con la actividad que estás haciendo. Pero si sientes algún tipo de ansiedad, estrés, rabia, ira, sufrimiento o dolor, no pasa nada, observa tus emociones y tómalas como señal de que te estás separando de tu verdadera identidad, y luego trata de tomar las decisiones que te permitan regresar a tu estado natural de paz y de amor con actividades alineadas con tu propia naturaleza. Quizás tengas que dejar lo que estás haciendo para reciclar y renovar energías físicas o distraerte mentalmente con actividades que proporcionen emociones más positivas, y luego cuando te sientas mejor, recuperar con una nueva actitud la actividad que estabas haciendo.

En estos últimos años en los que he podido experimentar en mi propia piel lo que San Juan de la Cruz llamó «la noche oscura del alma», años en los que pones en duda tu fe en Dios y en ti mismo, y en los que no sabes cómo vas a aguantar un día más sufriendo, me di cuenta de esta nueva realidad. Algo dentro de mí me impulsó a tomar consciencia de mi dolor y de mi sufrimiento para estar a su lado como si se tratara de una persona amada que estuviera enferma. El sufrimiento se convirtió en mi paciente y yo, en su doctor.

Siempre pensé que lo que estaba ocurriendo a otras personas o fuera de mí no tenía nada que ver conmigo, sin darme cuenta de que todas esas mismas experiencias eran como un espejo de lo que estaba sucediendo en mi interior.

«¿Qué sería capaz de hacer por esa persona que amo y está sufriendo tanto?» no era una pregunta solo para la persona que estaba sufriendo a mi lado, sino una pregunta dirigida hacia mí y que me ayudó a entender el poder del amor en acción, y cómo al quererme minuto a minuto un poquito más, y a tener más paciencia y compasión conmigo mismo podía sostener el espacio por el tiempo que fuera necesario para poder sanar. En mi vida, jamás estuve más pendiente de mí. Mis circunstancias externas, por muy dolorosas que fueran, me llevaron de la mano a examinar mi mundo interior. Todo el dolor, la frustración, el sufrimiento que veía fuera de mí estaba al mismo tiempo en mi interior. Esta experiencia personal se convirtió en un maravilloso propósito para descubrir el poder del amor, sabiendo en lo más profundo de mi ser que, al hacerlo, iba a convertirme en instrumento de servicio para a través de mi ejemplo compartir algunas de las herramientas con los demás para inspirar a aquellas personas que estuvieran listas de ir a su encuentro. Y aquí es donde estás posiblemente tú, para iniciar esta profunda, difícil pero maravillosa experiencia que te ayudará a conocerte mejor y a quererte mucho más.

LA HORA MÁS OSCURA

Ahora soy consciente de que al tocar fondo pude enfrentarme a mis grandes miedos e inseguridades, aquellos que jamás me atreví a decir en voz alta o admitir en silencio. Pude también tomar de la mano mi dolor, con mucho amor, para poner a prueba el significado de la empatía, del perdón, de la fe, del agradecimiento y del amor incondicional no solo hacia mí, sino también hacia los demás. Dicen que la hora más oscura de la noche es la hora justo antes del alba, y quizás sea así este momento que estás viviendo. Pero aguanta un poquito más, pues estás muy cerca del despertar. Descansa y date mañana una nueva oportunidad. Tu mundo va a cambiar para mejor tan pronto puedas reconocer todo lo que ya eres y todo lo que siempre fuiste.

Es muy difícil expresar en palabras la magnitud de lo que significa el amor, pues el amor no entiende de un antes o un después, de lo que es mejor o peor, más grande o pequeño. El amor verdadero no condiciona, no piensa, no tiene expectativas. Simplemente cumple su función de amar. Es como el aire, cuya función es darnos la vida. Aunque tus pensamientos, tus palabras o tus actos te traicionen, no dejas de ser amor. Quizás te preguntes: ¿y cuál es la función de la violencia, el odio, las guerras o el sufrimiento en esta vida, si ya somos amor? Quizás la respuesta sea ayudarnos a recordar y regresar a nuestra verdadera esencia, en lugar de seguir alimentando una idea del mundo que no somos, una idea del mundo fabricada por la «ilusión» de muchos Egos. No hay nada que tengas que mejorar, pues tú ya eres aquello que buscas, eres perfecto en tus imperfecciones.

Detrás de toda esa oscuridad que parece haber secuestrado el mundo estos últimos años, existe una gran belleza que todavía nos resulta muy difícil de admirar, pues elegimos observar todo aquello que afecta o va en contra de nuestro sistema de creencias, en lugar de verlo desde otro punto de vida, desde la luz de nuestra propia consciencia para poder reconocer el papel que cada uno de nosotros tenemos dentro del gran organismo vivo que representa la humanidad. Eres mucho más que tu cuerpo físico y tu mente. Somos mucho más que un país, una cultura y una religión. Todos, tú y yo, estamos empezando a sentir cada vez más fuerte una llamada que viene de un lugar que desconocíamos, una voz que parece venir desde lo más profundo de tu Ser, una señal que sientes que te conecta más que nunca con la Madre Tierra y con el Universo, y como un imán nos sentimos atraídos a escucharla, pues la luz que llevamos en nuestro interior tiene como destino regresar a su hogar y conectarse con la luz que existe en todas partes.

Hacen falta mucho esfuerzo, valor y disciplina para ver las cosas desde este otro punto de vista y abrirte a la verdad, si tienes en cuenta las apariencias y las ilusiones que hemos creado a lo largo de toda nuestra vida. Cuando seas capaz de cambiar tu forma de ver las cosas a través de los ojos de tu corazón, y no de los ojos que hasta ahora interpretaban tu realidad con el mundo, la paz invadirá todo tu Ser y te convertirás en instrumento del amor para transformar tu vida y la de los demás.

QUINTA SEMILLA
Revolución energética

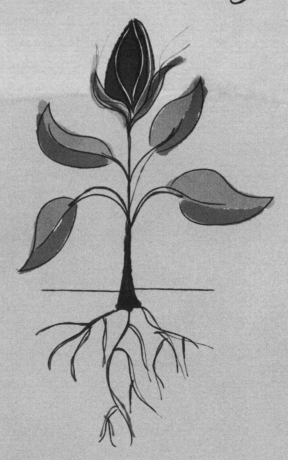

CAPÍTULO 17

ALIMENTANDO EL FUEGO

La era digital en la que nos encontramos ha transformado completamente nuestras vidas y ha hecho que nos sintamos en un continuo maratón que nunca se termina, obligados a estar siempre a la cabecera. Celebramos todo aquello que nos proporciona una gratificación al instante, en vez de profundizar en aquello que realmente es importante para nosotros o de ocuparnos de nuestras verdaderas prioridades. Tendemos a reaccionar al instante, en lugar de reflexionar cómo podríamos actuar mejor, y apenas somos consciente de lo que está sucediendo en nuestras vidas, pues nuestra mirada está siempre enfocada en el futuro. Esta situación ha provocado que, en lugar de querer descubrir nuestra verdadera identidad y darnos el permiso de disfrutar del momento, invirtamos la mayor parte del tiempo en buscar la manera de tener más, para poder seguir en la delantera de una carrera que no sabemos a dónde nos va a llevar.

Aunque tratamos por todos los medios de seguir el ritmo que la sociedad está marcando, mucha gente está llegando al límite, y poco a poco empezamos a darnos cuenta de que no tenemos ni el tiempo ni las energías para alcanzar todo lo que se espera de nosotros. Y así, día a día, sentimos cómo el agotamiento, el cansancio, la frustración y el pesimismo empiezan a invadir nuestras vidas. Consciente o inconscientemente, empezamos a sacrificar nuestra propia salud física, emocional y espiritual para poder estar a la altura de las expectativas que creemos que los demás tienen de nosotros, y no nos damos cuenta de que en el proceso nos estamos apagando, como cuando se consume una vela, de poquito a poquito.

Justificamos comer rápido, dormir pocas horas, fumar, beber, tomar café, medicarnos, no hacer deporte, consumir drogas y mantenernos informados todo el tiempo con las noticias que más nos convienen para estar a la altura de un ideal que nosotros mismos hemos creado y para aprovechar al máximo el tiempo que tenemos disponible. Y lo mejor de todo es que además nos hemos creído que lo tenemos todo bajo control por poseer el último teléfono móvil, por manejar el auto de moda, por tener una casa más grande y ganar más dinero. ¿No se trata de eso la vida? ¿De casarte, tener hijos, trabajar y comprarte todo lo que quieras?

Tú mismo puedes responder rápidamente sin procesar la pregunta o puedes tratar de escuchar el susurro de esa voz que lleva tiempo tratando de hacerse sentir en tu interior para evitar un peligro mayor. Que te parezca que lo tienes todo controlado no significa que estés bien, que te sientas bien, que seas feliz, o que tengas todo realmente bajo control. El problema no está en todas las cosas que puedas hacer con el tiempo que tienes, sino en la energía que poco a poco vas consumiendo en todas tus actividades sin darte cuenta, y del desgaste físico, mental y emocional que estás creando sin tomar el tiempo necesario para reponer tus energías vitales.

EL CONTROL DE TU ENERGÍA

Hay muchas cosas en el mundo que no podrás controlar, como la temperatura o el clima que haga hoy al salir de casa, el estado de la bolsa de valores, o una guerra civil en tu país, pero, si de algo sí tienes todo el control del mundo, es de tu propia energía, de cómo te cuidas, cómo descansas, cómo te recuperas. Trata de tomar un momento para darte cuenta de que, sin tu energía, tú no vas a poder sobrevivir. Al igual que un auto necesita de gasolina para poder manejarlo e ir a todas partes cuando quieras, tu cuerpo necesita de energía para estar vivo.

Mucha gente asume que cuando se habla de energía se trata de actividad física para moverte, para caminar, para ir de un lado a otro, cuando, en realidad, la energía es mucho más que lo que permite mover tu cuerpo. Tus propios pensamientos, tus emociones, tu actitud, tu comportamiento, tus acciones están relacionadas con la calidad de la energía que tengas en cada momento. No se trata de ver cuántos años tiempo puedes vivir en este mundo, sino de lo que hiciste con tu vida en cada etapa y en dónde enfocaste la mayor parte de tus energías.

Al inicio de mi libro *Vive la vida de tus sueños: tu guía al éxito y la felicidad*, escribí que la prioridad principal que todos los seres humanos debemos conquistar para poder transformar un sueño en realidad es entender el compromiso y responsabilidad que tenemos cada uno de nosotros con respecto a nuestra salud física, que es la fuente principal de la energía que consumimos todos los días.

Muy pocas personas son conscientes del importante papel que la salud tiene en el destino de sus vidas, hasta que surge un estado que no es natural del ser humano, que no es otro que la enfermedad. Cuando nos sentimos enfermos, pagaríamos todo el dinero del mundo para volver a estar sanos y recuperar nuestra salud de antes. Solo entonces, en nuestra fragilidad de la enfermedad, podremos tomar consciencia de lo que realmente significa nuestra salud, aunque tendemos a olvidar muy rápidamente este momento de lucidez con el fin de regresar lo antes posible a la delantera del maratón.

De acuerdo al tipo de enfermedad que tengamos, se puede convertir en un aviso o en un posible maestro. Cuanto más complicada y difícil sea la enfermedad, más oportunidades tenemos de hacer un alto en nuestro camino para reenfocar nuestras vidas. Si tenemos un simple catarro, casi seguro que apenas le prestamos atención. Tomamos unas pastillas casi en piloto automático, y seguimos con nuestras actividades para no perder un minuto. Hasta que el cuerpo llega a un límite donde el catarro se convierte en un resfriado *más importante*, luego se transforma en una pulmonía, y esta puede llevar a crear una neumonía. El Universo es tan sabio que, tarde o temprano, después de enviarte cientos de señales para que cambies tu manera de actuar y te preocupes por tu salud física, te puede hacer parar en tus dos pies, e incluso ponerte de rodillas para que te hagas responsable de tu estilo de vida.

La prevención siempre será tu mejor remedio contra la enfermedad y una elección que solo tú puedes hacer y convertir en prioridad diariamente.

Sin embargo, en el caso de estar o caer enfermo, tienes ante ti la posibilidad de usar esta etapa en tu vida como tu oportunidad de cambio.

Si realmente quieres ser un líder exitoso y deseas marcar la diferencia en la vida de los demás, tienes que asegurarte primero de tener la energía física necesaria para dar lo mejor de ti, para poder motivar, para poder estar cuando los demás no tienen fuerzas y para dar el ejemplo. Tú eres el único responsable de tu propia energía a través de la oxigenación de tu cuerpo, de la calidad de los alimentos que consumes y del estado físico de tu cuerpo. Conocer mejor cómo tu cuerpo funciona en particular, entender tu metabolismo individual, conectarte con tu forma de ser y entender mejor qué acciones consumen más o menos energías a lo largo del *día* son elementos clave para tomar el control de tu salud y tu bienestar y conquistar el éxito.

Fíjate y observa cómo algo tan natural para nuestro cuerpo como es nuestra propia respiración, no lo hemos llegado a valorar como se merece, y la malgastamos continuamente todos los días sin darnos cuenta. Si prestáramos un poco más de atención a nuestra respiración, nuestra vida se transformaría al instante. Meditar, hacer deporte, tocar un instrumento, cantar y bailar, son algunas de las actividades que puedes poner en práctica para aprender a respirar mejor, y automáticamente sentirte mejor.

La respiración no solo es necesaria para mantener todo tu cuerpo y tu cerebro funcionando correctamente, sino que es el instrumento a través del cual se regulan tus emociones, tu actitud, tus pensamientos, e incluso tu capacidad de tener una autoestima alta y fe en tu potencial. Haz tú mismo el ejercicio y trata de recordar algún momento en el que te sentías enfadado, frustrado, con mal humor o paralizado de miedo, y te darás cuenta de que tu respiración era *más rápida, entrecortada, y sentías que el aire no llegaba a tu pecho,* causándote una sensación de ahogo, pánico y ansiedad. Sin embargo, si en ese momento, a pesar de las circunstancias que estuvieras viviendo, hubieras cambiado tu atención y te hubieras enfocado más en una respiración más profunda, entonces te habrías sentido, poco a poco, en cuestión de unos simples minutos, mucho mejor. La respiración voluntaria y consciente es un verdadero acto de amor para dar, no solo a tu cuerpo sino también a tu vida, una nueva oportunidad.

Lo mismo sucede al mismo tiempo con los alimentos y las bebidas que consumimos diariamente. Si nos saltamos las comidas por falta de tiempo o conveniencia, si elegimos alimentarnos con comida basura, beber poca agua y consumir productos que nos mantengan lo más atentos posible para aprovechar el tiempo al máximo, tarde o temprano sentiremos los efectos negativos de nuestras acciones no solo *físicamente*, sino también emocionalmente, afectando no solo la calidad de las actividades que estamos realizando, sino cambiando nuestro estado anímico y afectando seriamente nuestra salud física. Tanto si no comes por alguna excusa en particular que tú mismo te has creído como si comes en exceso para hacerte sentir mejor, tú, y nadie más que tú, eres el único responsable y pagas las consecuencias. No estoy tratando de convencerte de nada, ni de hacer que cambies tu estilo de vida, simplemente estoy tratando de traer más luz a tu consciencia para que cuando sientas que estés listo para hacer un cambio te enfrentes a tu realidad.

No digo que sea fácil encontrar la fuerza de voluntad para cambiar tu estilo de vida actual y recuperar completamente tu salud, pero cada minuto que inviertas transformará tu vida.

LA SABIDURÍA DEL CUERPO

Aunque hayas nacido con una incapacidad de algún tipo, o durante el transcurso de tu vida hayas sufrido algún tipo de accidente o enfermedad que haya provocado un cambio irreversible en tu vida, tu cuerpo tiene la inteligencia natural de compensarte automáticamente desarrollando otro tipo de habilidades. Simplemente tienes que observar a tu alrededor y ver el poder auditivo que las personas ciegas han desarrollado para compensar su incapacidad de ver, o la fuerza en los brazos que tienen las personas que perdieron sus piernas, o la capacidad infinita de amor de las personas con síndrome de Down. Pero no tienes que ir muy lejos para observar toda la belleza, la perfección y el poder del cuerpo humano, simplemente basta con prestarle un poco más de atención a tu propio cuerpo en lugar de a los pensamientos que tienes tú mismo sobre *él*.

¿Nunca te has parado a pensar en cómo tu cuerpo sabe exactamente cuándo debe agacharse para recoger algo del suelo cuando sientes un impulso de hacerlo sin apenas darte cuenta del proceso, o cómo te levantas por las mañanas de la cama automáticamente sabiendo lo que tienes que hacer

durante los primeros minutos, aunque casi no puedas abrir los ojos? Todavía me sorprendo de cómo muchas veces puedo llegar a casa algunas tardes después del trabajo sin apenas ser consciente de que estaba manejando el coche. Tu mente puede estar ocupada en una conversación por teléfono, escuchando música o distraída en pensamientos, pero tu cuerpo sabe cómo operar por su propia cuenta para seguir con las actividades que deseas hacer.

Por instinto natural tu cuerpo respira, tu corazón late, la sangre se mueve por el complejo canal de autopistas de tus venas, digieres la comida para transformarla en energía, abres tus ojos para poder ver, pones un pie delante del otro para moverte, puedes llorar y puedes reír.

¿Te has parado a pensar alguna vez en qué serías *tú sin tu* propio cuerpo? Es casi imposible imaginar la respuesta sin despertar el fantasma del miedo a la muerte. Aunque es una muy buena pregunta que puedes hacerte para tratar de descubrir qué existe detrás de este cuerpo y de la vida misma. Pero, por ahora, mi intención con estas palabras es que puedas reconocer que, a pesar de los problemas que tengas en estos momentos, en tus manos está todo el poder de transformar tu vida si empiezas a ocuparte de la prioridad más importante de todas, tu salud.

Sé honesto contigo mismo y ten el valor de sacar tus propias conclusiones de los pensamientos y de las emociones que puedas tener y sentir en estos momentos. Quizás ya hayas intentando muchas veces conocerte mejor en el pasado, y observar por qué actúas como lo haces, pero no te des por vencido todavía, pues quizás ahora ha llegado tu gran oportunidad al tomar consciencia de una nueva realidad que antes no podías ver. Quizás necesitabas llegar hasta este preciso momento en tu vida para comprometerte de verdad a cambiar tu estilo de vida.

ESCUCHA A TU CUERPO

Cuando eliges prestar atención a tu cuerpo y escuchar cómo realmente se siente, puedes empezar a despertar la compasión por ti mismo. En mi caso personal, cuando todo mi mundo parecía que se venía abajo, tuve que recurrir a lo único que tenía bajo mi control, mi salud, para conectarme de nuevo con mis raíces y encontrar mi lugar. Y entonces, en momentos así, tu cuerpo te empieza a hablar como si tuvieras un buen amigo diciéndote exactamente lo que necesitas hacer. Descansa. Toma aire. Vete a pasear. Come mejor. Dúchate. Date la oportunidad de escuchar por primera vez lo que sientes, y de actuar, aunque tu mente te diga lo contrario.

Escribe lo primero que te venga a la mente. Siéntelo. No juzgues ni interpretes tus pensamientos, ni te sientas culpable por no haber hecho nada o por haber fracasado en el pasado. Todos tus pasos te han llevado hasta aquí y ahora. Simplemente observa lo que sientes en tu interior, y fíjate si has descubierto algo que antes no sabías. Muchas personas detectan enfermedad o tienen premoniciones de cosas que van a ocurrir con mucho tiempo de antelación simplemente prestando atención a su cuerpo. Escucha y déjate llevar por lo que sientes. Aunque creas que es algo muy complicado, es mucho más fácil de lo que parece, si realmente te atreves a hacerlo y te dejas llevar por la experiencia. El problema es que no estamos acostumbrados a escuchar nuestra intuición y sentir la energía de nuestro Ser. Tu cuerpo te dice en todo momento lo que necesita de ti, ya sea levantarte de la silla para estirarte y dar un paseo, ir al baño, meterte en la cama para descansar o incluso comer un buen plato de lentejas cuando necesita hierro para tu organismo.

LA SALUD NO ES GRATIS

Uno de los regalos más preciados y maravillosos que la gran mayoría de las personas reconocen en sus vidas son sus propios hijos. ¿Quién no daría su vida por la felicidad y bienestar de sus hijos? Todos deseamos que nuestros hijos crezcan sanos y fuertes, seguros de sí mismos, y sean felices. ¿Cómo estás enseñando a tu hijo a lograr su máximo potencial? ¿Con la palabra o con el ejemplo? La mejor manera que tienes a tu alcance para motivar, inspirar y crear un cambio positivo en un ser humano, ya sea tu hijo, tus padres, tus hermanos o familiares, tus vecinos o amigos, tus compañeros de trabajo o la sociedad donde vives, es siempre a través de tu propio ejemplo.

Puedes tener la mente más privilegiada del mundo para encontrar soluciones a cualquier problema, puedes tener una fe inquebrantable en Dios, pero el vehículo del que dispones para conquistar todos y cada uno de tus retos, vivir tus sueños, y expresar el amor que sientes, es a través de tu cuerpo físico y de tu salud. Una de las frases que más me ayudó a entender la importancia de mi salud en la búsqueda del propósito de mi vida fue la siguiente: «Somos seres espirituales viviendo una experiencia terrenal». Y de esta frase saqué la siguiente conclusión: «Como Dios me dio un cuerpo perfecto para llevar a cabo mi misión, soy yo, y no Dios, quien tiene la única responsabilidad de tomar las mejores decisiones para cuidarlo lo mejor que pueda».

Pero ocuparse de la salud física no resulta tan fácil como parece, pues, de ser así, todo el mundo se encontraría en excelentes condiciones. Esta dificultad se debe en parte a que la salud no es gratis, y no me refiero solo al coste económico, sino también de tiempo y esfuerzo. Para sentir la mejor energía física posible necesitas de una importante inversión económica para elegir los mejores alimentos de acuerdo a tus posibilidades, de mucha fuerza de voluntad para superar las excusas y las tentaciones que tu mente pueda crear para convencerte de no hacerlo; e invertir tu valioso tiempo que en estos momentos se encuentra ocupado en otro tipo de actividades. Y, por lo tanto, tenemos que aprender a dejar ir algo, para ocuparnos en su lugar de nuestra propia salud.

Por ejemplo, si nos enfocamos en la tan deseada búsqueda de cómo perder peso, lo que no podemos hacer es esperar encontrar una solución rápida al problema del sobrepeso en muchas personas simplemente a través de la creación de dietas extremas y productos químicos con efectos secundarios que afectarán negativamente la salud, consumiendo medicamentos o pastillas que prometen milagros pero afectan negativamente nuestra salud, o recurriendo a cirugías para alterar nuestro propio organismo sin comprometernos primero a cambiar los hábitos alimenticios y el estilo de vida que nos llevaron a dicha situación. Tendemos a ocuparnos de los efectos de las enfermedades en lugar de ir al encuentro de su raíz, la cual posiblemente es emocional.

Seguro que no te estoy contando nada nuevo pues lo habrás leído y escuchado en miles de lugares, pero espero que mis palabras en este contexto de bienestar, salud y felicidad personal te ayuden a sentir una renovada energía en tu interior, impulsándote finalmente a salir de tu área de confort para atreverte a romper con tus hábitos negativos y crear un nuevo espacio para adoptar nuevos y más positivos hábitos que te permitan hacerte sentir mejor y brillar con más intensidad en todos los aspectos de tu vida. Ha llegado la hora de demostrarte a ti mismo cuánto realmente te quieres a través de tus acciones y transformar tu estilo de vida para tener la máxima salud posible. No hay nada que haya obtenido hasta el día de hoy, ni profesional ni personalmente, que se pueda comparar con los beneficios físicos, mentales y emocionales que mi salud me ha regalado a cambio de mi compromiso personal de ponerlo en las primeras posiciones de mi lista de prioridades.

Todos los días, en los últimos años, cuando abro los ojos por las mañanas, lo primero que hago después de dar gracias y visualizar el día que tengo ante mí para aprovecharlo al máximo, reviso qué voy a comer, qué ejercicio físico voy a hacer y cuándo voy a tener tiempo para tomarme unos minutos para estar en silencio y meditar. La única decisión que tienes que tomar es ir a tu encuentro, y después de manifestar en tu mente y tu corazón tus intenciones, demostrarte que puedes pasar a la acción. Te aseguro que al final de día, si eres capaz de conquistar con éxito todo aquello a lo que te habías comprometido, te vas a sentir realizado y feliz. Y así, día a día, sin apenas darte cuenta, tu vida cobra un nuevo sentido.

MÁS VALE PREVENIR

La única medicina que tenemos a nuestro alcance para combatir las enfermedades físicas, mentales o emocionales se llama prevención. Ya conoces el famoso refrán «más vale prevenir que lamentar». Si tu abuelita estuviera a tu lado en estos momentos, seguro que me daría toda la razón. Me la imagino hermosa, con un bastón en la mano, golpeándonos en la cabeza para que despertemos de un hechizo que nos ha hecho creer las revistas, el cine y la televisión que podemos seguir con el ritmo de vida desenfrenado que tenemos sin ocuparnos para nada de nuestra salud como si fuéramos invencibles. Ya es hora de que tomemos responsabilidad de nuestras vidas a través de nuestras acciones. Ni las modernas máquinas que tenemos hoy a nuestro alrededor con los últimos avances tecnológicos pueden funcionar en buen estado si no las mantienes, o como te darás cuenta por las veces que has cambiado de teléfono móvil en los últimos años, terminas con uno nuevo cada vez que se estropea o aparecen nuevos adelantos. Eso, de momento, no pasa con nuestro maravilloso cuerpo. Quizás en el futuro podamos ir a tiendas de cuerpos y transportar nuestra energía a un nuevo cuerpo con una mente equipada con los últimos avances, pero de momento, creo que está en nuestras manos ocuparnos de lo que tenemos.

Tarde o temprano, la vida sedentaria, las drogas, las medicinas, la falta de ejercicio y la mala alimentación tendrán un efecto devastador en tu energía interna, y en ese desbalance se produce la enfermedad, que no es más que un estado antinatural de tu cuerpo físico, que afectará a su vez tu autoestima, tu claridad mental y tu esperanza por alcanzar tus sueños. Prevenir significa prepararse con antelación y tener la mejor disposición para evitar un riesgo mayor mediante decisiones inteligentes.

Cuanto mejor sea tu salud física, mental o emocional en estos momentos, mayor será tu energía física, mental, emocional y espiritual para ayudarte a convertirte en la persona que deseas ser. Entiendo que hayas cometido muchos errores en el pasado, pero no importa. Lo que estás haciendo ahora mismo es el único camino en el que puedes generar un cambio, para bien, o para mal. Todo depende de tus decisiones, las cuales a su vez tienen unas consecuencias directas en tu vida personal. Tú eres el maestro y capitán que, consciente o inconscientemente, eliges si las consecuencias van a ser positivas o negativas. Es verdad que, aunque desees cambiar ahora, primero tendrás que asumir la responsabilidad de las acciones que emprendiste en el pasado, pues cada causa tiene su efecto, pero eso no quiere decir que no puedas transformar dicho efecto y retomar el control perdido de tu salud, para empezar hoy un futuro más saludable, fuerte y energético que te permita en su momento presente hacer todo lo que deseas conquistando con éxito tus miedos e inseguridades y con las energías suficientes para pasar a la acción.

El valor de tu energía física es incalculable, en especial cuando añades el impacto que tiene sobre tu propia mente y tu despertar de consciencia. La salud aviva tu luz, la enfermedad atrae el mundo de las sombras. Cuando tienes salud puedes pensar con más claridad y encontrar más fácilmente la solución a tus problemas, mientras que, cuando estás enfermo, todas las cosas terminan por complicarse, nuestros pensamientos son más confusos, y nos asaltan las dudas y los miedos todo el tiempo, de modo que terminamos creyéndonos que todo lo malo nos va a pasar, e incluso que solo nos pasa a nosotros. Cuando tu salud es fuerte, tu actitud es invencible; y, cuando tu salud falla, tu energía desaparece.

Estamos acostumbrados a seguir ciegamente lo que los demás esperan de nosotros sin tomarnos el tiempo necesario para ver si en realidad deseamos las mismas cosas; o tratamos de hacer todo lo posible para encajar en ciertos moldes con el fin de sentirnos aceptados, sin observar primero si esos moldes o aceptaciones esperadas nos convienen o no. Toda la energía que se nos escapa en tratar de llegar a ser alguien para otra persona, o en tratar de encajar en un molde preestablecido, es energía desperdiciada que nos va consumiendo y desgastando poco a poco. Pero, por otro lado, tú tienes la opción de distribuir tu tiempo y reenfocar la poca energía que te quede en cuidar lo mejor que puedas tu salud física con el fin de reciclarla y renovarla.

Todo esto te lo estoy contando no solo porque lo experimenté a lo largo de mi vida para conquistar mis sueños, sino porque en los momentos de mayor vulnerabilidad, cuando me encontraba completamente perdido entre miedos e inseguridades, y cuando mi corazón sufría sin saber si las cosas iban a cambiar o no, pude retomar el control de mi vida a través de un cambio radical en mi alimentación eligiendo una dieta rica en productos frescos derivados de las plantas, y a través de una constante actividad física. De este modo, dejando a un lado las excusas, tomé el compromiso personal de pasar a la acción y hacer todo lo posible para recuperar el control de aquellas actividades en las cuales yo sí tenía la última palabra, como era decidir los productos con los que me alimentaba o si salía o no de casa a hacer deporte. Así, poco a poco, día tras día, conquistando mis excusas, pude ir recuperando mi energía vital y mi energía mental y alcanzando pequeñas metas que me demostraban que podía seguir hacia delante si me daba una nueva oportunidad.

TU CUERPO SE LO MERECE

No sé si eres consciente o no de lo que un cuerpo sano puede hacer por ti, por tu bienestar, tu rendimiento y tu compromiso personal para conquistar tus propios sueños. Quizás tengas un pensamiento interno que te atormente diciendo que tu salud es la causa de todos tus problemas actuales, y tú la sigas usando como tu excusa para no dar ese gran salto hacia tu propia transformación. Si es así, tienes que hacer justo todo lo contrario: la búsqueda de una mejor salud se puede convertir en la primera gran etapa de tu verdadero cambio. Pero para lograrlo vas a tener que comprometerte de corazón y tener muy claro cuáles son tus verdaderas motivaciones para dar lo mejor de ti cuando tu mente te dice lo contrario; vas a tener que estar dispuesto a salir de tu área de confort y atreverte a realizar actividades en las que te sientes muy inseguro; y deberás demostrar tus intenciones con acciones concretas y consistentes. En definitiva, vas a tener que cambiar todo tu estilo de vida.

Es probable que estés pasando por momentos muy complicados y difíciles en tu vida, pero, si estás aquí y ahora respirando, tienes la oportunidad de reconocer algo positivo en tu vida, tienes un cuerpo que, si lo cuidas un poquito, te puede llevar donde quieras. Tu cuerpo se merece toda tu atención y admiración. Abre tus ojos de verdad y mírate al espejo con amor. Deja a un lado esos pensamientos que solo te quieren atacar y decir cosas feas de ti mismo todo el tiempo, y, por una vez, toma consciencia de tu piel, de tus huesos, de tus brazos, de tus piernas, de tu torso con admiración, pues, sin ellos, estoy seguro de que estarías mucho peor. Deja de ver todo lo negativo en ti, y empieza a reconocer todo lo positivo. Es cuestión de elegir con qué actitud quieres empezar a mirarte a ti mismo. Siente los latidos de tu corazón. Siente la sangre recorrer tu cuerpo. Todo lo que puedes percibir a través de tus sentidos no es más que la manifestación física del amor incondicional hacia tu propio ser. Deja que tu cuerpo se convierta en tu instrumento de amor para conocer el amor.

Ha llegado la hora de plantar una nueva pequeña semilla de amor incondicional a tu cuerpo físico en el maravilloso y sagrado huerto que hemos creado juntos en nuestro interior, para que se desarrolle, crezca y te mantenga motivado a siempre tomar las mejores decisiones para ocuparte de tu salud.

VISUALIZA LAS CONEXIONES

Cada célula de tu cuerpo encierra el misterio, la belleza y la magnitud de todo el Universo. Imagina la fuerza, la divinidad, la sabiduría, la inteligencia y la belleza que existiría si cada parte de tu cuerpo brillara con su máximo potencial. La vida es conexión, interrelación, trabajo en equipo. Imagínate que pudieras ver todo tu cuerpo como si se tratara de una radiografía gigante con todos tus órganos, huesos, músculos, nervios y venas, donde todas las partes están conectadas por un complejo sistema de cables de corriente eléctrica cuya energía te da la vida. Esa energía, que pone todo tu cuerpo en funcionamiento, es imposible de definir con palabras, pues se trata del amor, sin el cual, el corazón deja de latir y los pulmones, de respirar. Tu única obligación es mantener todo tu maravilloso cuerpo en las mejores condiciones posibles para que el amor fluya con facilidad y así brillar con intensidad descubriendo y compartiendo con el mundo tu máximo potencial.

¿Eres capaz de visualizar toda esa energía recorriendo cada rincón de tu cuerpo, poniéndolo en funcionamiento y conectando tu mente y tu corazón con el único propósito de existir?

Ahora imagínate que todas las personas estamos conectadas de las manos y todos formamos parte de un mismo organismo vivo, llamado humanidad, que vive en el planeta Tierra. Déjate llevar por este ejercicio y no pienses. Cierra tus ojos y visualiza cómo estás conectado con tu familia, con tus amigos, con tus compañeros de trabajo, para después extenderse a tus vecinos en cada ciudad, toda la población de tu país, y así hasta dar la vuelta al mundo. Pon tu mejor esfuerzo para crear esta visión y para que puedas ser testigo de qué pasaría si todos estuviéramos conectados y entonces una persona brillase en la gran oscuridad, y luego dos, y luego diez, para luego ser mil, y después un millón, y así hasta que todo el planeta empezase a brillar unidos como si se tratase de un gran faro de luz, como un gran sol en la oscuridad. Quizás no creas que tu vida importe o pueda tener una relevancia significativa, pero sin ti, al igual que sin otras muchas personas, la luz no brillaría con la misma intensidad. Tú eres parte del Todo, igual que todos tus órganos funcionan en conjunto para darte la vida.

CAPÍTULO 18:

INTELIGENCIA EMOCIONAL

Para asegurarte de que estás tomando las mejores decisiones en tu vida y sentir que estás dando lo mejor de ti en cualquiera de las actividades que estés haciendo, es importante que te apoyes siempre en una actitud positiva y optimista con el fin de poder transformar cada instante en una experiencia única y maravillosa.

Todas las emociones que puedas sentir a lo largo del día, desde la tristeza a la alegría, desde la rabia a la esperanza, desde el miedo a la confianza, tienen un importante componente energético que va a impactar, positiva o negativamente, tu salud física, tu actitud ante la vida, y tu compromiso personal con tus deseos.

La inteligencia emocional te permite entender el papel y el efecto que tus propias emociones tienen todo el tiempo a la hora de tomar decisiones, especialmente cuando vas a pasar a la acción. Por ejemplo, si no te sientes bien por algún motivo, tendrás menos energías para salir a caminar o hacer ejercicio físico como tenías planeado, y en su lugar, decidir tomarte unos dulces o un helado en el sofá viendo la tele. Una persona que desarrolle su inteligencia emocional puede observar, entender y cambiar de actitud para que sus emociones no afecten negativamente su propio bienestar físico, emocional, mental o espiritual. Al igual que sucede con los músculos en nuestro cuerpo físico, las emociones también las tenemos que ejercitar, para promover las emociones positivas que nos permitan tener una importante fuente energética para estar más motivados, comprometidos e ilusionados con nuestras metas y nuestros deseos de mejorar.

Como te habrás dado cuenta, en la primera parte de este libro hemos plantado las semillas de entender mejor dónde te encuentras en estos momentos, hacia dónde nos encaminamos, y por qué estás aquí. Ahora ya ha llegado el momento de armarte con las herramientas necesarias de un buen guerrero antes de ir a la batalla contra tus miedos, tus excusas y tus inseguridades para prepararte lo mejor que puedas y pasar a la acción. Y al igual que tu salud física es vital para lograr con éxito tus propósitos, tienes que poner tu mejor intención en también desarrollar tu energía emocional para conquistar todos aquellos pensamientos que te están limitando.

Por lo tanto, para poder tener un mejor control de tu actitud emocional primero tienes que convertirte en un buen espectador, y observar con honestidad tus propias emociones sin caer en la tentación de juzgarlas, criticarlas o dejarte llevar por ellas, aunque resulte muy tentador. A pesar del sufrimiento que puedas sentir, tienes que ser capaz de abrazar tus propias emociones con el fin de comprenderlas mejor y poder tener compasión de ellas para darles todo tu amor. Ignorar una emoción simplemente porque no te gusta sentirla no significa que la estás eliminando de tu vida, sino que la estás haciendo más fuerte en tu interior. Tarde o temprano la tienes que atender y canalizar si no quieres que esa emoción tenga un impacto directo en tu salud física.

LA FUNCIÓN DE LAS EMOCIONES

Aunque a todos nos gustaría sentirnos la mayor parte del tiempo bien, tú y yo sabemos que es muy difícil mantenernos en ese estado todo el tiempo, y que muchas veces nos sentimos tristes, infelices y negativos. Es muy normal. Pero, en lugar de verlo como algo negativo, ¿por qué no empiezas a sentir estas emociones como tu oportunidad de reconocer la bendición que significa estar alegres, felices y positivos? Al igual que la enfermedad nos puede ayudar a recordar la importancia de estar saludables, las emociones negativas también se pueden convertir en instrumentos para motivarnos a realizar las actividades que nos permitan sentir emociones positivas.

No es malo estar triste, tener miedo o sentirte inseguro, siempre y cuando reconozcas tus propias emociones como señales para poder regresar al estado que realmente deseas sentir la mayor parte del tiempo. Por experiencia propia, me he dado cuenta de que cuesta lo mismo sentirme una víctima que sentirme un ganador, todo depende de dónde quieras poner tu atención y hacia dónde dirigir tus energías. Esas emociones que menos te gustan sentir son precisamente las que te permitirán conocerte mucho mejor y poner a prueba la persona que, según dices, deseas ser. En los momentos buenos es muy fácil ser positivo. Tu verdadero test está en mantener esa misma actitud positiva cuando las cosas van completamente en tu contra.

Cada emoción que tienes a lo largo del día genera en tu interior una energía que tiene un efecto directo en tu vida para bien o para mal de acuerdo a tu interpretación y tu manera de reaccionar ante ellas. Es importante que empieces a tomar en cuenta la estrecha relación que existe entre la energía física y la energía emocional. Esto quiere decir que, cuanto mejor te encuentres físicamente, mejor te sentirás emocionalmente, y cuanta menos salud tengas, peor te sentirás. Imagínate que tu cuerpo físico es un auto. Si vas de un lado para otro todo el día, semana tras semana, y no te tomas el tiempo para reponer el combustible necesario, o no visitas el mecánico para hacer tu mantenimiento, tarde o temprano, tu auto empieza a fallar, y aparecerán las primeras señales de peligro en los símbolos iluminados en rojo del panel de mandos. En el cuerpo humano pasa exactamente lo mismo. Si dejas de comer bien, adoptas una vida muy sedentaria, estás estresado la mayor parte del tiempo y no descansas por la noche, muy pronto aparecerán las primeras señales a través de tus propias emociones para alertarte, como señales en el mando de tu vehículo, que ha llegado la hora de tomar control de tu salud.

Al igual que en el capítulo anterior hemos tenido que entender el papel de los pensamientos negativos en nuestra mente como instrumento para retarnos a ponerlos en duda y hacer justo lo contrario, ahora tenemos que entender el papel de las emociones negativas que sentimos para ponernos en acción. Por otro lado, es importante que entiendas que muchas de las emociones negativas han sido creadas por justo esos pensamientos negativos que han estado alimentando tu mente. Por ello, al ocuparte al mismo tiempo de tus pensamientos y de tus emociones, podrás atacar por ambos lados esa energía negativa para transformarla en positiva.

Examina tu propia vida y reconoce algún momento en el que puedas observar cómo una decisión en particular tuvo un impacto directo en tu estado emocional. Por ejemplo, si alguna vez te saltaste una de tus comidas principales en el día, podrás haber sido testigo de cómo no solo tu rendimiento cambió casi al instante, sino también tu actitud. El mejor remedio para ser más productivo y positivo en tu vida es siendo consciente de la importancia que tu salud tiene en tu propio bienestar físico y emocional.

Desde un punto de vista energético, al igual que sucede cuando ignoras las señales del panel de mandos en tu auto, las emociones negativas pueden ser muy peligrosas, no solo por los efectos que pueden causar sobre tu salud, sino porque empiezan a alimentarse también de tu energía mental introduciéndote, sin que te des cuenta, en un laberinto del que después es muy difícil y complicado salir. Al principio, cuando tu actitud empieza a alimentarse de las emociones negativas, aparecen las primeras excusas para no hacer lo que se supone que deberías hacer, pues ya no tienes la misma energía que antes para combatirlas. Esto, a su vez, provoca que las emociones negativas sigan creciendo cada vez más. Entonces tu mente, cansada de poner tantas excusas, necesita apoyo externo para justificar su forma de pensar, empezando a alimentarse de la energía negativa de otras personas que están pasando a su vez por una etapa similar de crisis, lo que provoca que justifiques tu actitud pesimista, limitante y fatalista como la única manera posible de vivir y para justificar cómo te sientes. Esta manera de actuar se convierte en un círculo vicioso que puede tener consecuencias muy negativas en tu vida si no tomas consciencia de la responsabilidad que tienes de transformar tu energía emocional negativa en positiva.

EL PODER DE UN ABRAZO

Ahora que eres mucho más consciente de la función de tus propias emociones en tu vida, puedes utilizarlas como un canal o un método para reponer tus propias energías y ayudar conscientemente a transformar tu actitud. Pero, antes de empezar, te invito a que te hagas la promesa personal de tener el valor necesario para acercarte a cada emoción que sientas, sea cual sea y cueste lo que cueste, para observarla con sinceridad y con mucha compasión y amor. Date el permiso de estar presente ante tus emociones, sin juzgarlas ni participar de su juego, para que ellas mismas te enseñen el camino que debes seguir para sentirte mejor.

Si observas tus emociones negativas como si abrazaras a un niño asustado, estas terminarán rindiéndose ante la fuerza de tu amor, y entonces todo regresará a la calma, a un estado natural de ausencia de sufrimiento, y empezarás a sentirte mucho mejor. Desde ese espacio te será mucho más fácil tomar decisiones que desde un estado de ira, frustración, miedo o dolor. Quizás te sientas subir y bajar todo el tiempo de una emoción extrema a otra, pero poco a poco, a través de tu perseverancia en el intento de descubrir en qué emoción encuentras paz, lograrás encontrar descansos que te ayuden a recuperar la esperanza y la ilusión. Los cambios pueden suceder en un instante o con un poco de tiempo, pero, a medida que vayas aprendiendo como traer luz a tus sombras, tu vida dará un giro significativo hacia el lugar donde desees estar. El sentido de tu vida cambia automáticamente dependiendo de la emoción que tengas en ese momento, y tú tienes todo el poder para transformar cada momento en una oportunidad de crecimiento.

Una de las experiencias que más me ha sorprendido estos últimos años ha sido la de ser testigo en mi propia piel de cómo hasta la emoción más negativa que pudiera sentir tenía la capacidad de abrirse para transformarse en una emoción positiva, y sentir cómo podía pasar al instante del sufrimiento a la paz. Pero hoy soy consciente de que, para vivir este verdadero milagro de sentir, aunque sea solo por unos instantes, un espacio libre de dolor, primero tienes que tener la intención y el permiso sincero de estar presente con amor ante esa situación como si fueras a darle un fuerte y cariñoso abrazo a tu ser más querido. Este descubrimiento personal fue una gran revelación que me permitió despertar de la ilusión que mi mente me hacía crear para abrirme a la consciencia de mi Ser, y fue esta experiencia la razón principal por la que decidí escribir este libro que en estos momentos tienes en tus manos.

Sé que las cosas no pueden cambiar de la mañana a la noche, y que, por mucho que la gente quiera apoyarte o tratar de entender la difícil situación en la que te encuentras, nadie más que tú sabes lo que estás pasando y el profundo dolor que estás sintiendo. Sin embargo, a pesar de la difícil experiencia que estés viviendo, puedes darte una oportunidad y tratar de encontrar un descanso en tu camino; la única condición es que quieras hacerlo eligiendo abrazar ese dolor con amor y que tengas el valor de estar presente en el lugar donde te encuentras con tu sufrimiento. Ábrete a sentir la compañía de tu propio Ser acompañándote a tu lado en este proceso de difícil transformación y déjate llevar por todo el amor que tienes en tu interior.

DUALIDADES CON SENTIDO

Tenemos que empezar a dejar de clasificar todo en la vida automáticamente como si fuera «bueno» o «malo» sentirnos de determinada manera, y a permitirnos crear un espacio en nuestro interior que nos permita observar el verdadero papel que desempeña aquello que no queremos ver. Lo que consideramos tan fácilmente como «malo», en realidad se puede convertir en nuestra oportunidad para reconocer una cualidad que pensábamos que no teníamos en nuestras vidas. Por ejemplo, «el miedo» te puede ayudar a despertar tu verdadero valor, tu fuerte determinación, y cualidades que tenías escondidas esperando ponerlas en acción; «el egoísmo» te puede ayudar a retarte a poner los intereses de los demás por encima de los tuyos mismos y descubrir tu capacidad de amor; «la ira» se puede convertir en la emoción que te invite a transformar tu vida para tomar consciencia del control de tu mente sobre tu Ser y descubrir los beneficios de sentirte en paz.

AMARSE VERSUS EGOÍSMO

Hagamos un ejercicio juntos para ver cuándo fue la última vez que te sentiste realmente bien, cómodo y a gusto en tu propia piel. Cierra los ojos y trata de recordar el preciso momento, ese instante en el que te sentiste plenamente realizado. Tal vez fuera hace unos días, hace unos meses, unos años o incluso en tu infancia. Trata de fijar una imagen en tu mente que te haya hecho sentir bien. ¿Dónde estabas y qué estabas haciendo? Y no me digas que nunca te has sentido bien, pues si pones tu esfuerzo estoy seguro de que podrás reconocer algún instante en tu vida en que te sentiste realizado y amado.

Ahora, trata de observar cuántas horas a la semana dedicas a realizar actividades que te dan placer, que te hagan sentir bien y que te ayuden a renovar tus energías. No contestes muy rápido. Trata de visualizar qué hiciste la semana pasada que te hiciera sentir bien contigo mismo. No me interesa que me cuentes las actividades pasajeras que te hicieron sentir bien por unos minutos, sino las actividades que marcaron una gran diferencia ese día, y por las cuales quizás te sentiste agradecido esa misma noche. Si te resulta difícil encontrar actividades que llenen tu corazón, simplemente pregúntate qué porcentaje del día te sientes completamente relajado. ¿Mucho? ¿Poco? ¿Nada?

Quizás consideres que al ocuparte de ti te conviertes en una persona egoísta. Reta tu forma de pensar y conéctate con el sentido común y el verdadero significado del amor. Una cosa es alimentar tu Ego, a lo cual conocemos como «Egoísmo», y otra es ocuparte de tu Ser, a lo cual conocemos como «Amor».

Este ejercicio de revisar qué actividades estás haciendo que cumplen una función positiva para tu bienestar es un ejemplo de cómo puedes empezar a tomar más consciencia del estilo de vida que tienes en estos momentos con el fin de reconocer más fácilmente qué tipo de actividades suman o restan energías en tu vida, sobre todo desde el lado emocional. Todas las actividades que te hacen sentir bien —bailar, cantar, hacer deporte, leer un libro, estar en silencio, escuchar música o pintar—, son las que tienes que priorizar para sentirte mejor, especialmente si tienes un día complicado en el que vas a gastar muchas energías. Aunque sea por unos minutos al día, al reconocer el tipo de actividades que te hacen sentir mejor y al llevarlas a cabo, aunque para tu propia mente o para los demás sea una pérdida de tiempo, en realidad estás renovando tus energías para tener una mejor concentración y rendimiento en otro tipo de actividades. Una vez que reconozcas qué es lo que te hace sentir bien, tu obligación es hacer un poquito más de esas actividades, con el fin de contrarrestar todas las energías que a lo largo del día se van en tus otras actividades.

Si me permites, hagamos el ejercicio a la inversa. Observa cuáles son las actividades que te hacen sentir mal o peor durante el día, y anótalas en un papel. Por ejemplo, ¿pasaste muchas horas frente al televisor, comiste algo que te hizo sentirte pesado, estuviste en compañía de alguien que te hizo sentir mal, o tomaste algún tipo de droga para calmar tus emociones? Trata de ser lo más sincero y positivo contigo mismo para reconocer las consecuencias negativas que ciertas actividades tienen sobre tu salud física, mental y emocional. Aunque no seamos conscientes de ello la mayor parte del tiempo, este tipo de actividades consume también mucha energía de nosotros mismos que después tardamos más en recuperar.

Al tomar consciencia de la energía que consume cada tipo de actividad en tu vida, puedes empezar a sustituir las que te restan energías por otras que te ayuden a sentirte mejor. Así es como tú eliges retomar el control de tu vida, siendo testigo de lo que está pasando y comprometiéndote a tomar decisiones que te permitan nivelar un poco más tu balanza emocional. La única manera de que puedas sentir el cambio en tu vida será siempre a través de tu propia experiencia. Al principio puede parecerte que el proceso es muy difícil y lento, pero, con determinación y consistencia, paso a paso, y enfocándote en realizar actividades que te llenen de energía, tu vida puede dar un giro significativo en cuestión de varias semanas.

Y, ya que estamos haciendo este tipo de ejercicios personales, qué me dices de observar las relaciones personales que mantienes en tu vida y las emociones que estas producen la mayor parte del tiempo en tu propia actitud. Muchas veces nos dejamos llevar por las emociones de los demás y atraemos consecuencias negativas a nuestro propio bienestar. «Dime con quién andas y te diré quién eres». Estoy seguro de que puedes enumerar muchas personas que restan energía a tu vida, pero también puedes enumerar muchas personas que tienen el efecto contrario, cuya sola presencia te hace sentir mejor. Reconoce la diferencia entre unas y otras para poder acercarte más o alejarte en lo posible de las personas que suman o restan en tu vida.

EXPECTATIVAS FALSAS

Desde pequeños siempre nos han vendido las historias con final feliz, y eso ha causado que nuestra mente tome partido diciendo de antemano qué metas son las que tenemos que cumplir para ser felices. Un trabajo exitoso, una pareja ideal, la casa de mis sueños, una familia perfecta, son ejemplos de metas que deseamos alcanzar, con la esperanza de que al conseguirlas nos sintamos automáticamente realizados y felices. Sin embargo, como bien sabes, «la felicidad no se encuentra en el destino, sino en el camino». Cuando dejas de enfocar tus emociones en la conquista de una meta en particular, y te abres a sentir la magia del presente en cada una de tus acciones, es cuando puedes dejar entrar en tu vida esa emoción que deseamos sentir.

Si pudiéramos dejar a un lado todas nuestras expectativas sobre la vida y sobre nosotros mismos y, por un segundo, nos atreviéramos a abrazar con todo nuestro amor, con la misma intensidad con que abrazamos aquello que más queremos, cada instante de la vida, nos abriríamos a la posibilidad de sentirnos plenos y realizados en ese preciso momento. Si sientes que tu vida no tiene sentido y el dolor te está consumiendo por dentro, trata de olvidarte por unos segundos de las causas que te llevaron hasta aquí, y toma la decisión de abrazar tu niño interior como abrazarías a tu propio hijo si estuviera sufriendo para que se calmara. Y así, a través de tu amor, podrás darte el mismo consuelo que darías a la persona que más quieres para darle consuelo y prometerle que todo va estar bien y todo se va a solucionar. Si lo podemos hacer por los demás, también podemos hacerlo por nosotros mismos.

Sé por experiencia que no es fácil desnudarte interiormente para reconocer la persona que crees ser y descubrir la persona en que te has convertido, pero eso no quiere decir que tengas que seguir donde estás. A través de lo que sentí, puedo sentir tu dolor y puedo ir en tu encuentro para estar en el mismo espacio y motivarte a que des ese gran paso que solo tú puedes dar.

TU GRAN OPORTUNIDAD

Si te encuentras disfrutando una época hermosa en tu vida, celebro todo lo que estás recibiendo porque te lo has ganado y porque te lo mereces. Deseo que sientas tus emociones y vivas tus experiencias al máximo disfrutando de cada instante con plena consciencia, que reconozcas lo bendecido que eres y agradezcas cada momento, y que tu energía sirva de inspiración a otras personas para buscar también su plenitud. Durante esta merecida época en la que sientes que estás en la cresta de la ola, por favor, asegúrate de no abandonar tus responsabilidades y compromisos con respecto a tu salud física, mental y espiritual para seguir llenándote de energía positiva todo el tiempo.

Pero si, por el contrario, estás pasando por una etapa difícil y complicada en tu vida en estos momentos, ahora tienes una oportunidad única que no puedes desaprovechar. Aunque emocionalmente te sientas triste, inseguro y con la autoestima baja, aunque físicamente no tengas las fuerzas para moverte de la cama, y mentalmente sientas que no vas a poder salir de la situación en la que te encuentras, espiritualmente tienes el poder de despertar tu consciencia para observar y empezar a elegir qué camino tomar para transformar tu vida. Aunque no puedas entender mis palabras, confía un poco más en ti y date una oportunidad.

El tiempo de Dios es perfecto, y no es casualidad que te encuentres aquí y ahora leyendo estas palabras. Las emociones están aquí para expresar aquello que tus pensamientos no pueden contar a través de tus palabras. Siente en tu interior las vibraciones que las palabras de este libro provocan en tu Ser. Las emociones más difíciles que tenemos que vivir son como las espinas en el tallo de una rosa. Si las tocas, duelen, pero, sin embargo, son necesarias para poder ser testigos de toda tu belleza y potencial.

CAPÍTULO 19:

ATENCIÓN POSITIVA

Ya hemos visto cómo la energía física no solo es necesaria para el correcto funcionamiento de tu organismo, sino para tener emociones positivas y lograr más claridad mental. Y también hemos podido observar lo importante que es sentir la energía emocional para conocernos mejor con el fin de medir y mejorar nuestro grado de bienestar. Pero no hay nada que impacte directamente más tu rendimiento y tu compromiso personal con tus metas que la falta de claridad, enfoque, concentración y atención, la cual proviene de tu energía mental.

MÚSCULOS MENTALES

Como las anteriores, la energía mental está íntimamente ligada a tu energía física y a tu energía emocional, pues gozar de una buena salud y tener una actitud positiva en la vida te permiten siempre buscar más fácilmente soluciones a los problemas o a los obstáculos que puedas encontrar en tu camino. En este caso, los músculos mentales que vas a tener que ejercitar regularmente son la visualización, la creatividad, la planificación, los pensamientos positivos y la racionalización constructiva. Mucha gente puede pensar que son más fuertes en un área mental que en otra, pero, en realidad, igual que puedes trabajar con los músculos de tu cuerpo, también puedes desarrollar todas estas cualidades para poder sacar el máximo potencial. Pero para poder hacerlo, como mencioné, es muy importante que reconozcas el papel importante que tu salud física y tus emociones tienen a la hora de aprovechar mejor tu energía mental. Por ejemplo, si estás cansado por falta de sueño, llevas un estilo de vida muy sedentario, estás enfermo regularmente y tu actitud casi con seguridad será más pesimista, conformista y negativa, provocando probablemente que tu capacidad de atención sea mínima, que tus pensamientos resulten muy confusos y que tengas una visión limitada de tu verdadero potencial.

Por lo tanto, para poder desarrollar la concentración, la atención y el optimismo con el fin de emprender un nuevo proyecto o llevar a cabo un cambio significativo en tu vida, el primer paso que tienes que dar es buscar el tiempo necesario para ocuparte de tu salud física y emocional, como hemos visto anteriormente, con el fin de crear renovadas energías que a su vez alimentarán tu forma de pensar. ¿Puedes ser consciente de cómo una decisión a la hora de cuidar tu salud física puede afectar directamente tu actitud ante la vida y las soluciones que puedes encontrar en los problemas? Es fundamental que entiendas esta parte, pues tu salud física y emocional tienen un impacto directo en tu energía mental, la cual es necesaria para vencer las excusas y los pensamientos negativos que tu propia mente está creando para justificar cierto tipo de acciones que te separan de tu identidad, y despertar al mismo tiempo, cuando todo parece ir en tu contra, tu «fuerza de voluntad» con el fin de recuperar el control de tu vida a través de tus acciones.

Cuando tus pensamientos son positivos se genera una energía mental que te impulsa a no solo creer en tus sueños, sino también a encontrar el mejor camino para hacerlos realidad. Esta actitud optimista es una cualidad de las personas más exitosas que admiras, y una característica que todo buen líder debe poseer para motivar a su equipo y mantenerlo entusiasmado. Pero, así como las emociones que considerabas «negativas» tienen su propia función en tu crecimiento personal, también los pensamientos negativos pueden ser una buena herramienta a tu alcance para hacer examen diario de tu día y observar hacia dónde se inclina la balanza. Tener pensamientos negativos no es malo, siempre que no te los termines creyendo, ni se conviertan en las justificaciones de tus acciones. Al reconocer y escuchar los pensamientos negativos en tu mente, puedes ponerlos en duda o reenfocar tu atención a otro tipo de actividades que generen pensamientos más positivos.

MI MEJOR ALIADO

Para darte un ejemplo personal, no creo que pudiera estar escribiendo este libro sin escuchar todas las emociones y los pensamientos «negativos» que siento durante todo este proceso. Aunque no tiene mucha lógica, son este tipo de pensamientos, incluso más que los «positivos», los que me permiten conocerme mejor y retarme a encontrar las palabras para conectarme con mi «esencia» y mi «verdad». Con la práctica, me he dado cuenta de que mi mejor aliado para conquistar mis metas soy yo mismo, escuchando lo que pasa en mi interior, me guste o no me guste. Si me siento mal, tengo la opción de parar lo que esté haciendo y observar mi realidad, pues, si no lo hago, no estoy dando lo mejor de mí y termino creando una nueva «ilusión» alejada de mi «realidad». Si no puedo concentrarme en lo que estoy haciendo y no estoy aportando lo mejor de mí, entonces tengo la oportunidad de observar por qué mis pensamientos se han bloqueado. Quizás necesite tomarme un descanso para recuperar energías, o comer algo para sentirme mejor, o tomar aire fresco para despejar mi mente.

Ahora que estoy escribiendo estas palabras, me doy cuenta de que desde pequeño tuve esta cualidad de parar lo que estaba haciendo cuando sentía que no estaba dando lo mejor, para después continuar con mucha más fuerza y energía lo que estaba haciendo. Lo que pasa es que a medida que nos hacemos adultos empezamos a creernos invencibles y que podemos hacer todo sin parar un minuto a descansar, creyéndonos que al tener más nos sentiremos mejor, sin darnos cuenta que nos desconectamos de nosotros mismos y del propósito de vivir.

Atrévete a escuchar no solo tu intuición, sino también el tipo de pensamientos que tienes en cada momento, esa voz callada y tan poderosa del Ego que muchas veces te lleva a hacer cosas que van en contra de ti, y empieza a aceptar si estás o no enfocado en tu actividad presente sin necesidad de sentirte culpable todo el tiempo. Eres un ser humano y no una máquina, y, al igual que todos, necesitas de descanso y de actividades que te permitan renovarte y recuperar tu energía. El mundo no se va a caer, ni vas a perder el trabajo, ni tu familia te va a dejar, ni eres un fracasado, simplemente por tomarte cinco minutos, o una hora, de descanso. Te aseguro que no sólo te sentirás mejor por hacer lo que sabes que tienes que hacer, sino que rendirás muchísimo mejor cuando recuperes las actividades que estabas realizando. Es cuestión de reconocer tus prioridades y responsabilizarte primero de aquello que te ayudará a lograr lo que quieres y no a la inversa.

UN RITMO DESENFRENADO

Una vez empiezas a tomar una mayor consciencia de la calidad de tus pensamientos y aprendes a no dejarte llevar tan fácilmente por ellos, puedes evaluar con más claridad todo lo que está pasando a tu alrededor para evitar participar libremente en actividades que con toda probabilidad tengan un efecto negativo en tu propio bienestar. Esta evaluación personal te permitirá aprovechar mejor aquellas actividades cuyos resultados van a generar un efecto positivo y constructivo en tu vida. Con ello no quiero decir que no tengas que enfrentarte a actividades que no te gustan tanto, sino que vas a tener que prepararte para aportar una dosis extra de optimismo en esas actividades para vencer las tentaciones o los efectos que dichas actividades tienen en tu vida, y sacar las fuerzas de voluntad, el tiempo y el espacio para realizar las otras actividades que van a compensarte por la pérdida de tu energía.

Para poder sacar el máximo rendimiento a tu energía mental tienes que descansar. Me has oído bien. Sin descanso, tu cuerpo y tu mente van a terminar desgastándose hasta el punto de colapsar sin permitirte hacer nada de lo que deseas. El ritmo de actividades al que nos hemos acostumbrado hoy en día, desde que abrimos los ojos por la mañana hasta que los cerramos por la noche, es antinatural y va en contra de nuestra salud y bienestar. Como podrás observar en tu vida, o en la gente que te rodea, poco a poco surgen indicios de que no podremos mantener este ritmo por mucho tiempo.

La gran mayoría de las personas piensa que, cuantas más horas estemos trabajando o estemos ocupados, más productivos seremos. Pero eso no es necesariamente así. Aunque no sea tan obvio para ti el desgaste que tu cuerpo siente durante todas las horas de un día, cada uno de tus pensamientos también consume mucha de tu energía vital, y ya vimos anteriormente la cantidad de pensamientos que tenemos por minuto. Tu cerebro, aunque tiene un tamaño y un peso muy pequeñito comparado con otros órganos de tu cuerpo, consume hasta un veinticinco por ciento del oxígeno que respiras. ¿Te imaginas? «Repito: tus pensamientos consumen un 25% de las energías de tu cuerpo». Pensamos que estamos cansados físicamente y no somos conscientes de que podemos estar cansados mentalmente. ¿Entiendes ahora por qué es tan importante respirar, descansar, alimentarte correctamente? Imagínate lo que un minuto de respiración consciente y profunda, siete horas de descanso por la noche y una sana y rica alimentación puede hacer por tu propio rendimiento personal. Ahora bien, hablando de la respiración en concreto, no solo tu cuerpo necesita del aire que respira para que tus órganos puedan estar en funcionamiento, sino que una cuarta parte de ese sagrado oxígeno se va directamente a tu cerebro para que puedas pensar, organizar, clasificar, interpretar, solucionar, y tomar decisiones.

Creo que poco a poco vas tomando consciencia de la energía que necesita no sólo tu cuerpo físico, sino en especial nuestro cerebro para operar con la mejor eficacia posible. A estas alturas, no tenemos que ser científicos, matemáticos, ni expertos en medicina para sacar nuestros propios cálculos y darnos cuenta de la relación tan importante que existe entre nuestra salud física y nuestro rendimiento mental. La falta de oxígeno hace que no te puedas concentrar, que no razones correctamente, que saques conclusiones anticipadas, que juzgues innecesariamente, que no seas creativo para encontrar soluciones a tus problemas, y, lo que es peor, te convence para hacer actividades que van en contra de tu propio bienestar y felicidad.

Por lo tanto, la solución para despertar todas tus cualidades y tu potencial mental es regalándote intervalos cortos de descanso para poder respirar, alimentarte, moverte y distraerte con el fin de renovar tu energía interna. Haz tú mismo la prueba a través de diferentes tipos de actividades relacionadas con tu bienestar personal y verás cómo tu rendimiento y la calidad de tus acciones se duplica al instante.

Para poder desarrollar mejor tu capacidad creativa puedes empezar a observar dónde estabas o qué hacías justo cuando venían a tu mente tus mejores ideas. Trata de ver si puedes identificar en qué hora o en qué lugar surgieron dichas ideas o eras más productivo, con el fin de planificar mejor tus actividades y buscar el espacio y el tiempo que necesites para que las puedas manifestar en tu vida y ayudarte a tomar mejores decisiones.

HEMISFERIOS CEREBRALES

Seguro que en algún momento habrás escuchado hablar de las dos partes famosas del cerebro, el hemisferio derecho y el hemisferio izquierdo. Por si no lo sabías, científicamente se ha comprobado que el lado izquierdo del cerebro es el que está más relacionado con el lenguaje, la deducción lógica y la toma de decisiones en el tiempo de presente, pasado y futuro; mientras que el hemisferio derecho tiene otro tipo de cualidades, relacionadas con la imaginación, la creatividad, la visión y la capacidad de contemplar las cosas desde otro nivel que no es secuencial como el lado izquierdo, sino integral. Por eso, mientras que el lado izquierdo opera según el resultado obtenido por la deducción y la razón, la toma de decisiones en el lado derecho se guía más por la intuición y por los impulsos.

Tener en cuenta este tipo de información es muy importante para que puedas entender por qué muchas veces nuestras mejores ideas no vienen cuando estamos poniendo toda nuestra atención en un problema, sino cuando estamos desconectados del mismo haciendo una actividad completamente diferente. Al mismo tiempo, esta reflexión también nos invita a observar cómo tendemos a desarrollar normalmente solo uno de los dos lados.

Muchas veces la «gran idea» viene cuando menos te lo esperas, pero es verdad que, para que «se te prenda la bombilla», primero hayas tenido que darte el permiso de escucharla y posiblemente ir a su encuentro a través de diferentes acciones. Normalmente no somos conscientes de los resultados de las actividades que hacemos la mayor parte del tiempo, pero, tarde o temprano, todo el esfuerzo que haces para estar en tus mejores condiciones físicas y mentales, y todo tu esfuerzo para mantenerte enfocado en tu propósito de transformarte en tu mejor versión, tiene su recompensa cuando menos te lo esperas, y en ese instante te llega la tan deseada «iluminación» que trae sentido a todo lo que estabas buscando.

Permíteme que te explique cómo funciona nuestro cerebro a la hora de encontrar una solución a una situación en particular. Para que una actividad se lleve a cabo, primero tiene que venir un impulso interno que debe mandar a tu cerebro una orden de hacer algo, pero este impulso no es creado por un pensamiento, sino que existe antes del pensamiento y se origina en tu Ser. Después, ese impulso puede generar una acción inconsciente inspirada por el instinto natural, o puede generar una acción consciente a través de un pensamiento que se transformará en una acción concreta de acuerdo a la descodificación del significado de ese pensamiento en particular. Dependiendo de cuán entrenada tengas tu mente, esta puede sacar sus propias conclusiones influenciada por los miedos e inseguridades, puede sacar conclusiones de acuerdo a experiencias pasadas, o puede tratar de seguir buscando más información para efectuar un mejor análisis antes de tomar una decisión. Todo esto pasa en décimas de segundo sin que puedas ser consciente del proceso, pues al instante el cerebro digiere toda la información recibida en el hemisferio derecho para, en el momento oportuno, crear una idea, que después tiene que pasar de nuevo por el hemisferio izquierdo para ser procesada y transformada en palabras y acciones concretas. Por lo tanto, una parte de tu cerebro no puede funcionar sin la otra, y tú eres responsable de crear el mejor espacio para que ambas obtengan su máximo rendimiento.

Tu cerebro es en realidad un músculo más de tu cuerpo, un músculo que puedes conocer mejor para entrenarlo mejor y transformarlo en un aliado para conquistar tus metas en lugar de convertirte en un esclavo de él. Si no lo utilizas correctamente ni lo ejercitas con propósito, termina perdiendo su efectividad y te lleva a tener una vida más sedentaria, conformista y limitante que afectará directamente tu salud física y emocional. Por lo tanto, tienes que poner la mejor intención de tu parte para buscar actividades que estimulen la curiosidad, la creatividad, la imaginación y la pasión con el fin de ejercitar el hemisferio derecho de tu cerebro.

Si quieres cambiar tu vida para mejor, puedes «resetear» tu propia mente de manera consciente para enfocarla a trabajar por tu propósito, vigilando tus pensamientos y la atención que les prestas a los mismos. Tu pensamiento es energía, y tanto los pensamientos positivos como los negativos tienen un efecto directo en tu carácter, tu personalidad, tus emociones y la salud que tengas. Un solo pensamiento tiene la energía suficiente para dejarte enfermo físicamente, si das mucho poder a un pensamiento que dice que estás enfermo. Por el contrario, esto a su vez quiere decir que, si albergas pensamientos regulares y consistentes sobre tener una buena salud, reconocer la belleza de tu cuerpo y de tu alma, y te enfocas a ver más el lado positivo de la vida, tu cuerpo automáticamente se transformará y vibrará con esa misma energía. El secreto de belleza más importante que he descubierto a lo largo de más de veinte años de carrera es tener una buena relación contigo mismo, lo cual se traduce en una autoestima positiva, sentirse seguro de uno mismo, tener una buena salud, ser una persona íntegra en pensamiento, palabra y acción, y cultivar todos los días la belleza interna. Cambia tu manera de pensar para adoptar un nuevo estilo de vida, y tu existencia cobrará un nuevo sentido que hará brillar todos los días.

CAPÍTULO 20:

DESCUBRIENDO TU MAGIA

Ya estamos a punto de terminar esta hermosa sección sobre cómo reciclar y renovar nuestra energía personal para despertar nuestro máximo potencial hablando de la energía más importante de todas, la energía espiritual o energía del Ser, cuya fuerza misteriosa del «amor» está en todas partes, y en especial en tu interior. Sin este tipo de energía no podrías levantarte por las mañanas, no serías capaz de reconocer cuándo estás enamorado, ni podrías sanarte cuando estás enfermo, o reconocer cuando estás alegre y feliz.

LA ENERGÍA ESPIRITUAL

La energía espiritual es la fuente de la que nace la motivación para encontrar un propósito en tu vida. A lo largo del libro hemos compartido en muchas ocasiones la importante función del amor, pero ahora me gustaría que relacionáramos el papel de la energía espiritual también dentro del contexto la energía física, emocional y mental. Como habrás visto, estos cuatro tipos de energía están íntimamente relacionados entre ellos, y cada uno requiere de la existencia de los otros para lograr armonía, bienestar, rendimiento y felicidad en tu vida.

Cada percepción y cada instante pueden convertirse en una maravillosa oportunidad para conectarte contigo mismo, descubrir tu verdadera esencia, y entender la energía que nos une a todos y que está en todas partes. Aunque no siempre todo sea tan bonito como desearías, tienes la libertad de elegir y apreciar la existencia y la belleza del amor, incluso en los lugares más oscuros que puedas experimentar. El mundo de hoy ha cambiado tan rápido en los últimos años que hemos perdido nuestro enfoque y nos hemos desconectado de todos y de nosotros mismos. Hemos sustituido el reconocimiento de las cosas simples y hermosas que existen a nuestro alrededor todo el tiempo para el despertar de nuestros sentidos y para conectarnos con la magia de la vida, por una ilusión creada por el Ego de tener y acumular más de todo para protegernos y demostrar al mundo todo lo que somos capaces de conquistar, aunque sea por encima de los demás y de nuestro propio bienestar.

Hasta la felicidad la tratamos de controlar computarizándola y creando mecanismos fuera de nosotros para conquistarla y medir los niveles de efectividad, asociada con los beneficios de ciertos «productos» y «servicios», sin darnos cuenta de que la felicidad está mucho más cerca y más fácil de conseguir de lo que imaginamos. Atrévete a ver qué cosas realmente te hacen feliz y cuánto dura esa felicidad. Ante ti tienes la oportunidad de retomar el pulso de la vida para vibrar en la misma sintonía y brillar con toda tu luz sin necesidad de tener todo aquello que crees necesitar. A través de la energía espiritual vas a poder volver a conectarte con tu verdadera esencia y sentir la energía de la vida en cada instante sin desconectarte de tu propósito ni destruir el mundo a través de tus acciones. Pero, para poder sentirla de verdad, vas a tener que darte el permiso de regresar voluntariamente a tu estado original atravesando primero las fronteras de la mente, justo antes de creerte la historia que tus pensamientos están empezando a generar, e incluso antes de empezar a tomar consciencia de la ilusión del pasado y del futuro.

Este estado natural de donde realmente vienes, el cual solo puedes experimentar en el momento presente, que es el mismo lugar de donde solo se puede originar la paz y el amor, no está condicionado por nada, ni por nadie, ni es una reacción contra nada. Simplemente es un espacio vacío lleno de luz donde puedes experimentar la ausencia del sufrimiento y del miedo. Y ahí, ante la consciencia de algo que va más allá de tu cuerpo físico y de tu razón, en tu conexión con una energía que puedes sentir, pero no explicar, es donde nace, surge, crece y se desarrolla la energía del amor.

Cuando te relajas respirando profundamente, cuando entras en meditación o contemplación, cuando te dejas llevar por este tipo de energía sin condicionamientos, cuando te sientes conectado a Dios en comunión, puedes empezar a sentir la simplicidad y la magnitud de ese estado en el que lo único que importa es el sentir de tu existencia.

UN SIMPLE COPO DE NIEVE

La energía espiritual no depende tanto de tu fe religiosa como pudieras esperar, sino de tu conexión y comunión sincera contigo mismo, de tu percepción de la realidad, y de poder ver más allá de tus propios intereses personales. Cuando te abres a la posibilidad de encontrarte a ti mismo en todas y cada una de las cosas y experiencias que tienes a tu alrededor, tu energía se transforma al instante para cobrar una nueva vida. Un simple copo de nieve, una gota de agua, la llama de una vela, la caricia de alguien, pueden convertirse en experiencias mágicas y reveladoras que te permiten reconocer la belleza y la magnitud de la creación de la vida, donde tú eres parte esencial de todo. El mayor regalo que el ser humano tiene es esta percepción de las cosas a través de todos sus sentidos para conectar y entrar en comunión con la esencia de la vida misma.

Abriéndote a experimentar cada instante como mágico, podrás escuchar sonidos que nunca captaste, oler nuevos aromas que te transportarán a nuevos lugares, y ver más allá de las limitaciones que tu mente te hace creer, para empezar a sentir la delicadeza y la belleza de todo tu Ser.

Este tipo de energía es la fuente principal de la cual se alimenta diariamente tu espíritu guerrero para tener determinación, pasión y valor para conquistar tus metas personales y profesionales. De ella nacen tus poderes innatos para amar, para perdonar, para tener compasión, para sanar. El músculo de la energía espiritual es la integridad sincera entre lo que deseas, lo que piensas, lo que dices y lo que haces en cada instante de tu vida, y tu conexión con todo tu entorno a través de tus sentidos y contigo mismo. Y esta misma energía necesita de tu energía física, emocional y mental, para poder manifestarse libremente.

EXPERIENCIAS ESPIRITUALES

Cada experiencia —desde comer una ensalada a ponerte las zapatillas, desde limpiarte la cara a escribir una carta, desde jugar con tus hijos a tumbarte sobre el césped— se puede transformar en un momento mágico en el que puedes reciclar y renovar tu energía para sentirte mejor si te das el permiso de hacerlo. Entonces, podrás experimentar cómo al desconectarte de tu realidad puedes entregarte de nuevo a la vida, y cómo un simple instante adquiere todo el sentido del mundo.

Siempre has tenido y tienes el poder de elegir cerrarte a esta maravillosa y profunda experiencia o puedes dejar que el Universo y tu Ser interior te lleven de la mano para ser parte de esta nuevo despertar que te permite conectarte con una sabiduría que no es sobrenatural, sino que ya es parte de tu verdadera naturaleza. Esta sabiduría va más allá de la dualidad de nuestra mente, de la tendencia que tenemos de separarlo todo, de entrar en conflicto y de agredir a los demás para proteger nuestros intereses. Aquí no estamos despertando nuestra capacidad intelectual, sino reconectándonos a través de la experiencia de vivir el momento presente con nuestra verdadera esencia.

Para poder sentir tu energía espiritual en acción con mayor claridad tienes primero que ocuparte de renovar al mismo tiempo tu energía física, mental y emocional, pues estas energías tienen que elevarse para estar en su máximo potencial y permitirte conectarte con la vibración de la energía espiritual. La salud versus la enfermedad, la actitud positiva versus la actitud negativa, la paz mental versus la confrontación, son cualidades que te ayudarán a abrirte finalmente a esta maravillosa experiencia donde te conectarás con la luz y el amor que existen en tu interior.

MI EXPERIENCIA PERSONAL

Hace más o menos diez años, no recuerdo si fue a través de la lectura de un libro, de un taller o de un comentario de alguien, tomé consciencia de que a pesar de que me sentía bien física, mental y emocionalmente, y había logrado conquistar muchos de mis sueños que tenía de niño, si me atrevía a ser sincero conmigo mismo podía sentir que me faltaba algo importante por descubrir. A pesar de todos los logros obtenidos profesional y personalmente, y de sentirme una persona con una actitud positiva, sentía un vacío en mi interior, difícil de describir, al que tenía que prestarle atención.

Aparentemente tenía todo lo que siempre quise tener, pero algo, una voz, una sensación, una intuición me estaba diciendo que me faltaba ocuparme de una tarea personal importante. Me sentía como si me hubiera ido de viaje y hubiera dejado algo en casa que sabía que iba a necesitar, pero no recordaba qué era. En un principio no lo entendía, pues el sentido común me decía que si tenía una buena salud y había alcanzado con éxito muchas de mis metas, pero, no sé si fue por la edad, por las experiencias que viví en ese preciso momento, o por este impulso que venía desde lo más profundo de mi Ser deseando recordar algo, que sentí la necesidad de buscar y encontrar un mayor sentido a mi existencia, no a mi vida personal y profesional en el mundo de las apariencias, sino en el sentido más profundo de por qué yo estaba aquí, de dónde venía y hacia dónde realmente estaba destinado a llegar. Llámalo crisis existencial, de la mediana edad, o un simple golpe de suerte, recuerdo que necesitaba encontrar un sentido más profundo a mi vida, y que tenía la opción de ignorar lo que sentía por parecer completamente absurdo en la racha de buena suerte que estaba viviendo, y en la que se suponía que tenía todo lo que necesita, o atreverme a conocer de dónde venía esa voz y a tratar de escucharla con más claridad para descubrir algo que desconocía. Como te explicaba al principio de este libro, me sentía como que dos imanes me atraían hacia polos opuestos, uno hacia afuera, y el otro hacia dentro.

Guiado por este impulso o llamada interna, empecé a leer muchos libros filosóficos y de autoayuda, asistir a talleres de metafísica y crecimiento personal, y a realizar cursos de motivación, inspiración, y liderazgo, para tratar de entenderme y conocerme mejor, a pesar de que implicaba mucho esfuerzo conquistar mis pensamientos y emociones, y entender lo que significaba desaprender para poder aprender de nuevo a vivir. Hoy en día me siento orgulloso y feliz de haber prestado atención a esa llamada, pues me ayudó a poder vivir una profunda etapa de cambios en mi vida y a escribir estas palabras.

Por aquel entonces, me propuse escuchar a mi corazón y mi intuición para ver hacia dónde dirigía mis pasos, y, aunque mi mente tratara de interpretar o anular la experiencia misma, pues muchas veces la catalogaba de «absurda» por falta de comprensión racional, me propuse darme el permiso de aceptarlo como parte del proceso que tenía que emprender para llegar donde esa voz me decía que tenía que ir. Estamos pretendiendo la mayor parte del tiempo que lo sabemos todo, cuando en realidad no sabemos casi nada. Mi sentido común me decía que, si supiera quién realmente soy, no me sentiría en la necesidad de buscar nada, y, por lo tanto, sin apenas pensarlo dos veces, accedí desde el principio a dejarme llevar por el corazón sin usar mis pensamientos o creencias como guías, pues algo difícil de explicar me decía que solo entregándome sin expectativas podía reconocer las respuestas que sentía en mi interior.

Sonrío en estos momentos sintiendo el recuerdo de aquella época, pues sin saber, ya sabía, aunque sigo sintiendo que me falta mucho camino todavía por recorrer. Cuando me preguntaban en las charlas, los cursos o los talleres espirituales qué estaba buscando, yo mismo usaba la analogía de que me sentía como un cable de un aparato electrónico buscando una conexión en la pared para recibir más energía de algo, sin saber de dónde venía, pero consciente de que la necesitaba para seguir viviendo. Y ahora me encuentro aquí, casi diez años más tarde, justo hablando de la importancia de esta misma energía para completar tu vida, en una sección de este nuevo libro dedicado al reencuentro y la renovación de tu energía espiritual para descubrir el verdadero sentido y propósito de tu existencia. Como ves, nada pasa por casualidad.

Si no sientes que tienes un verdadero propósito que traiga significado a tu vida, con el paso de los años terminas poco a poco perdiendo tu pasión y dejando de disfrutar las cosas bellas que siempre tienes a tu alrededor para tu propio beneficio. Ahí es donde se encuentra el amor y la felicidad, en cada instante de tu vida. Por mucho dinero y cosas materiales que puedas acumular, o por todo el éxito o la fama del mundo que puedas ganar, sin un sentir profundo de agradecimiento por todo lo que tienes y un entendimiento sincero de por qué tu vida importa, es muy difícil que puedas sentirte pleno y realizado.

Mucha gente actúa en piloto automático la mayor parte del tiempo, sobreviviendo como pueden, y haciendo justo lo necesario para poder sobrevivir un día más, reaccionando a medida que las situaciones vayan surgiendo. Es verdad que muchas personas no tienen otra opción que sobrevivir momento a momento encarando lo mejor que pueden sus adversidades y demostrando al mundo el poder de resiliencia y amor del ser humano, pero existen otras muchas personas que a pesar de tener una vida más acomodada se sienten víctimas la mayor parte del tiempo y no quieren hacerse responsables de las consecuencias de sus propias decisiones, culpando a los demás por sus desgracias.

Estoy seguro de que más de una persona viene a tu mente al leer estas palabras. Pero no te juzgues a ti mismo y a los demás tan rápidamente, ni te sientas culpable si quizás reconoces una parte de ti que desconocías, pues yo era también una de ellas y me entregué a reconocer mejor mi realidad para tomar responsabilidad de mi vida. Cuanta más consciencia atraigas a tu mente y a tu corazón sobre tu forma de ser y de interpretar la vida en la actualidad, más posibilidad tendrás de reconectarte a tu esencia, dejando la ilusión de lo que fue o será, para vivir la experiencia del Ser en cada instante.

ESENCIA DE AMOR

Cuando no tenemos una visión clara de a dónde queremos llegar, es muy normal sentirnos desmotivados y desorientados. Puede ser que este sea el momento oportuno para tomar consciencia de un nuevo rumbo en tu vida que te permita conocerte mejor, o puede ser que tengas que vivir una experiencia personal difícil que te lleve a plantearte esta importante búsqueda. Con el tiempo y la experiencia podrás descubrir que te puedes encontrar en los ojos de otras personas, sentir libre como el mismo viento que acaricia las hojas, y ver tu belleza reflejada en todas partes. El caos y la armonía siempre están unidas de la mano, al igual que los pensamientos negativos y los positivos, la luz y las sombras, pero en esa misma tensión es donde se produce tu oportunidad de cobrar un nuevo sentido a la vida y elegir el nuevo rumbo que desees tomar. No te puedes sentir solo ante tus desgracias y miserias, siéntelas como parte del proceso para descubrir tu verdadera «gracia» y todas tus «bendiciones».

Nacemos con amor, pero aprendemos lo que es miedo con el paso de los años, para poder reconocer de nuevo dónde se encuentra el amor. El significado de tu existencia cobra pleno sentido cuando tomas consciencia del amor que habita en tu interior, de la experiencia del amor con los demás, y de todo el amor que existe a tu alrededor. Solo a través del corazón podrás descubrir aquello que es invisible para el ojo. Fíjate en el símbolo que significa una simple vela en cualquier parte del mundo: más allá de la luz, puedes sentir esperanza si te abres a la oportunidad de sentirla. Todo lo que tienes a tu alrededor, tus palabras, tus acciones, pueden cobrar un nuevo significado si te abres a la energía del amor, y al hecho de que todo, lo entendamos o no, es perfecto simplemente como es, en estos momentos.

La energía del amor, que es la esencia misma de la energía espiritual de que te estoy hablando, es como el sol: si la buscas la puedes encontrar, pero no por buscarla significa que no está ahí iluminándote. Que estés en un frío y tenebroso invierno, o que estés pasando una difícil noche, no significa que la primavera o un nuevo día no van a llegar. Tanto si deseas entregarte a su poder como si no, la fuerza mágica y poderosa del amor siempre estará ahí esperándote para venir hacia ti cuando vayas a su encuentro.

Uno de los ejercicios que puedes empezar a hacer para renovar tu energía espiritual y encontrar el camino hacia tu Ser es el de comprometerte con sinceridad a colaborar con una causa o una organización filantrópica, o a ayudar desinteresadamente a personas que están pasando por una situación más difícil que la tuya. Cuando entregas voluntariamente tu tiempo y tu energía para ayudar a los demás, especialmente en los momentos en que tu vida es más complicada y confusa, recibes a cambio una energía renovada que te permitirá reenfocar tu vida.

Cuando sientas que empiezas a dudar de ti mismo o que la tristeza te invade, tienes la mejor oportunidad para retroalimentar tu energía y sentirte más conectado con tu Ser. Escuchar música, leer un libro de autoayuda, orar o meditar en silencio, caminar por la naturaleza o darte un baño relajante son algunas de las actividades que no te quitan mucho tiempo y cuyos beneficios podrás sentir casi al instante. Quizás no encuentres la solución a tus problemas, pero podrás encontrar un respiro y un descanso que te haga sentir mejor y recuperar un poco la ilusión.

Casi siempre me sorprendo de la fuerza energética que recibo cuando elijo quitarme los zapatos y los calcetines para sentir la tierra firme bajo mis pies, cuando respiro por unos minutos profundamente frente al sol, o cuando me voy a dar un baño en el agua del mar. La madre naturaleza tiene el gran poder de abrazar y sanar como una madre hace con sus hijos si nos abrimos a experimentarlo. Entrégate a descubrirlo tú mismo y sorpréndete de todo lo que hará por ti, pero primero debes tener la intención de ir a su encuentro y luego emprender las acciones que te llevarán a sentir la conexión.

CONTROL DE ENFOQUE

¿Qué esperas tú de la vida? ¿Qué espera la vida de ti? Tu instinto natural de supervivencia defenderá primero tus intereses personales, justificando cualquier medio posible para proteger aquello que tienes, pues nadie lo puede hacer por ti. Sin embargo, cuando te alejas de esta forma de pensar y eliges dedicar tu atención al servicio de los demás, tu vida cobra un significado más profundo.

Si observas en tu propia experiencia, es interesante ver cómo perdemos mucha más energía y tiempo cuando estamos enfocados en nosotros mismos, que cuando nuestro enfoque cambia hacia los demás. Cuanto más obsesionado estés con tus propias preocupaciones, tu papel de víctima, tus miedos y tus inseguridades, menos efectivo serás en aquello que estés haciendo, y menos energía tendrás para realizar aquellas actividades que pueden hacerte sentir mejor. Quizás te resulte un poco difícil al principio poner los intereses de los demás en el mismo nivel que los tuyos, pero, si haces la prueba, la vida te puede sorprender.

Ha llegado la hora de cambiar nuestra manera de pensar y de pasar de esperar cosas de la vida a considerar qué puede esperar ella de nosotros en cada instante. Este sencillo, pero profundo cambio en tu forma de ver las cosas, solo lo puedes hacer tú individualmente. Cuando, en lugar de esperar a recibir lo que crees que te mereces, empiezas a poner la atención en qué espera la vida de ti, puedes enfocar tus energías hacia una nueva dirección que llena de sentido tu vida. Al final te darás cuenta de que en realidad la vida no espera nada de ti, sino simplemente que valores tu existencia, tu esencia, tu magia, y tu función maravillosa dentro del universo.

Posiblemente muchas veces tengamos que enfrentarnos a situaciones y experiencias dolorosas que nos hacen sentir incómodos, pero es justo en esa tensión interna que sentimos donde tenemos la oportunidad y el poder de descubrir todo nuestro potencial y conectarnos de nuevo con nuestra esencia. Aunque es muy difícil vivir los cambios bruscos en la vida, también es verdad que descubres algo que no sabías antes de ti, y justo ahí encuentras una oportunidad de crecimiento personal que antes no tenías. Quizás preferirías no pasar por esa difícil experiencia que estás viviendo en estos momentos, pero reconoce que no puedes regresar al pasado, ni anticipar lo que puede pasar en el futuro, por lo tanto, pon todo tu amor, aunque te duela, en aceptar tu realidad para renacer y darte una oportunidad en ese instante. Eso espera la vida de ti, que simplemente vayas a su encuentro con los brazos abiertos.

Ignorar lo que te está pasando, faltarle al respeto a los demás para proteger tus miedos, o decir una cosa para luego hacer otra opuesta, solo te resta energía y no te lleva a ningún lado. Aceptar la situación que estás viviendo, respetar a los demás como te gustaría que te respetaran, ser una persona íntegra con tus acciones, y ser fiel al amor son cuatro claves necesarias para transformar tu vida.

UNA PREGUNTA DELICADA

A todos nos llega el momento en el que debemos tener el valor y la fuerza para mirarnos fijamente a los ojos de nuestra alma y plantearnos una pregunta muy sencilla. Es simple, pero a la vez complicada de hacer, pues automáticamente, en cuanto surge el concepto de lo que quieres saber, ya te asaltan las dudas, los miedos y otras muchas interrogantes. La pregunta es: ¿soy feliz con la persona que soy en estos momentos? No contestes enseguida. Trata de sentir la respuesta. Si lo deseas, puedes hacerte esta otra: ¿soy realmente feliz con la persona que digo ser?

Si la respuesta es positiva, sentirás cómo se dibuja una sonrisa en tu corazón y te invadirá una hermosa sensación de paz. Serás capaz de encontrar el sentido a tu vida en cada instante, en cada ocasión, en cada oportunidad. Si, por el contrario, tu primera impresión te hacer sentirte incómodo o molesto, no hagas nada, observa tus emociones. No te preocupes. No estamos comparando unos con otros para ver quién está más o menos conectado, ni qué significado encontramos en la felicidad. El motivo de este ejercicio es simplemente ayudarte a reconocer el lugar donde te encuentras contigo mismo en este preciso momento. Si no te sientes cómodo con la pregunta, plantéate por qué no.

Desde pequeños, a todos nos enseñaron cómo empezar a caminar, a subir a la bicicleta, a nadar, a hablar y a escribir correctamente, y se supone que nuestros padres y profesores nos enseñaron también a ser personas íntegras, positivas, trabajadoras, leales y buenas. Pero, con el paso de los años, a medida que nos enfocamos en conquistar nuestras metas personales y profesionales, y fracasamos en otras, nos damos cuenta de que no estamos seguros de quién somos, ni de si estamos bien o mal, o hemos dejado de tener fe en lograr nuestros sueños.

El ser humano, en su madurez, tiene que enfrentarse tarde o temprano a la difícil pregunta y experiencia de encontrar sentido a su vida. De pequeños recibimos el sentido que nuestros padres y profesores tienen de la vida por sus propios aprendizajes y experiencias personales, pero con el paso de los años, ese sentido tiene que ser revisado por nosotros mismos para encontrar nuestro sentido. Las cosas que en un principio creías que te iban a hacer sentir mejor, poco a poco se transforman en motivo de preocupación por miedo a perderlas, o en motivo de ansiedad por querer tener más. Cada experiencia que vivimos se convierte en una amenaza y nos encontramos cada día dudando más de nosotros mismos.

La vida llama a la puerta de cada persona en diferentes etapas para que empiece a buscar un sentido más profundo. Puede ser que, desde muy joven, una difícil experiencia personal haya sido el catalizador para transformar tu vida, o puede ser que, como con la mayoría de las personas, surja poco a poco a medida que transcurren los años a través de las diferentes experiencias personales o profesionales que tengas que vivir. Quizás, primero empiezas a sentir que algo no va bien en tu vida personal con algún miembro de tu familia, después reconoces que tu relación de pareja ya no tiene la misma chispa que tenía antes, puede ser que aparezcan problemas cada vez más grandes en el trabajo, que tengas que pasar por una enfermedad inesperada o vivir una tragedia personal, y poco a poco sientes que las cosas que tienes a tu alrededor y que antes te daban seguridad comienzan a tambalearse como si un terremoto estuviera sacudiendo los pilares de tu vida. Las señales, que primero son imperceptibles, cada vez se van haciendo más fuertes, hasta que sientes que todo el mundo ha conspirado para ir en tu contra, incluyendo a Dios mismo, y pierdes la fe en volver a ser la persona que fuiste una vez. Por más que tratas de enfrentarte a esa fuerza que viene de frente hacia ti intentando doblegarte, parece que nunca va a tener un fin, ni que encontrarás la paz.

Los cambios, aunque no nos gusten recibirlos, son necesarios e imprescindibles en la vida para seguir creciendo y evolucionando. Un divorcio, una crisis de media edad, un hogar vacío de hijos, una enfermedad, la pérdida de un ser querido, un cambio de ciudad, un despido o simplemente el paso de los años son algunas de las razones fundamentales para hacer esta necesaria parada en tu camino con el fin de realizar una verdadera y profunda transformación en tu vida. Yo tuve que vivir muchas tormentas al mismo tiempo para darme cuenta de esta realidad. Lo que parecía imposible que me fuera a pasar, mis peores pesadillas, cobraron vida para que pudiera tocar fondo y entonces tomar una decisión.

SOLTAR PARA RECIBIR

Como habrás comprobado por tu propia experiencia, la felicidad no está en manos de los demás, ni en las de Dios, sino en las tuyas propias. Ni tus hijos, ni tu pareja, ni nadie de tu entorno tiene el poder de hacerte feliz si no te abres a sentir la felicidad. Esta energía solo puede nacer cuando tu intención de ir a su encuentro está alineada con tus pensamientos, con tus palabras y con tus acciones, y cuando te entregas a descubrir la magia de la vida en cada instante. El secreto está en entregarnos incondicionalmente a la experiencia del Ser, y para recibir todo lo que somos tenemos que conquistar primero en cada instante las fronteras de nuestro cuerpo físico, mental y emocional.

Sería maravilloso que pudiéramos tener el poder de hacer feliz a nuestros seres queridos, pero, si así fuera, tú no estarías en la situación en la que te encuentras ahora mismo y serías capaz de transformar la vida de tus seres queridos que están sufriendo. El mayor reto al que te tienes que enfrentar ahora mismo es el de convertirte en tu mejor maestro y estudiante al mismo tiempo. La única persona con la cual tienes que comprometerte y ser responsable es contigo mismo, frente al espejo de tu propia consciencia. Esta será quizás una de las pruebas más difíciles a las que vas a tener que enfrentarte en tu vida: conocer quién realmente eres, aceptar tus puntos fuertes y débiles, reconocer tus cualidades y tus vulnerabilidades, responsabilizarte de cada una de tus palabras y acciones, y convertirte en una persona íntegra, auténtica y conectada con tu esencia y con tu entorno.

La búsqueda de tu felicidad, de sentirte en paz y realizado, es un derecho que tienes por el simple hecho de nacer, pero antes de descubrirla tienes que elegir libremente buscarla. Si estás aquí es porque ya has tomado esta decisión tan importante y que implica tanto valor de tu parte. No te confundas y dediques toda tu vida a hacer completamente lo contrario, a buscar tu infelicidad, pues estarás sucumbiendo a una «ilusión» que tu propia mente ha creado. Deja que tu energía espiritual llene tu vida de ilusión, de pasión, de compromiso y de amor. Quizás no seas consciente de todo el poder que realmente tienes en tu interior en estos momentos, pero hoy puede ser tu gran día para empezar a descubrirlo.

SEXTA SEMILLA

Compromiso personal

CAPÍTULO 21

LA RELACIÓN DE TU VIDA

Dependiendo del tipo y calidad de relación que tengas contigo mismo, así será tu relación con las personas que encuentres en tu camino. Tu relación con el mundo exterior será un reflejo de la calidad de relación personal que tengas con tu niño interior, con tus pensamientos, con tus emociones, con tu imagen y con el Dios que habita en tu corazón.

La primera vez que aprendemos a relacionarnos con los demás es a través de la comunicación verbal y no verbal que tenemos con nuestros padres cuando somos pequeños. Después, con el paso de los años, vamos descubriendo el poder de la palabra, descubrimos el aspecto externo de nuestra imagen, y, con nuestra actitud, empezamos a relacionarnos y comunicarnos con los amigos en la escuela, con los compañeros de trabajo, con nuestra pareja y con nuestros hijos. Algunas relaciones serán más buenas que otras, habrá algunas que sean temporales y otras que duren toda la vida. Pero todas ellas, consciente o inconscientemente, incluyendo la relación que tengas contigo mismo, causarán un impacto en la interpretación que tengas de tu vida. Pero no podemos olvidar que, además de las relaciones humanas que tenemos a lo largo de nuestra vida, vivimos otro tipo de relaciones, quizás más importantes que las anteriores, que definen nuestra personalidad y nuestra actitud frente a todas nuestras experiencias. Estas relaciones son aquellas que establecemos en nuestra mente con respecto al dinero, el éxito, la fama, la imagen, la fe e incluso la política, por mencionar algunos ejemplos de relaciones que tenemos sin ser conscientes de ello.

EJERCICIO: NUESTRAS RELACIONES

Con el fin de conocer tus relaciones un poco mejor, te invito a que dibujes en un papel cuatro columnas. En la primera columna escribe el nombre de todas las personas que admiras y que quieres, cuya presencia te hace sentir bien, que te apoyan y que desean lo mejor de ti. En la segunda columna tienes que ser muy honesto contigo mismo y reconocer de tu puño y letra aquellas personas que te hacen sentir inferior, de las cuales no te fías completamente, que están cerradas siempre a tus ideas o que crees que están contigo por interés. Da igual si es o no la realidad, lo importante ahora es conocer aquello que crees. Escribe el nombre de la primera persona que te venga a la mente y no trates de juzgarte o juzgarla. Buena suerte con esta columna. Como dijimos, todo el mundo tiene una función y un propósito, y estas personas que consideras que pueden ser las causantes de tus sufrimientos, o las que crees que no te convienen para lograr tus sueños, se pueden convertir en verdaderos maestros en el camino hacia la conquista de tus metas. En la tercera columna vas a escribir todas las relaciones que consideras positivas en tu vida, como pueden ser tu relación con la naturaleza, tu relación con la música y, por qué no, incluso con el dinero si te va bien y no controla tu vida. Finalmente, en la cuarta columna, sé honesto y escribe las relaciones que no te gustan tanto de ti, como tal vez tu relación con la bebida, con la comida, con los malos vicios o con el trabajo. Si te sientes culpable después de hacer alguna actividad en concreto, posiblemente esa actividad aparezca en esta última columna.

Tanto en la primera columna como en la tercera encontrarás personas y actividades en las cuales tienes que seguir invirtiendo tu tiempo y tu energía, y quizás profundizando más para contrarrestar los efectos negativos de otras actividades que no te hagan sentir lo mismo. En el caso de la segunda y la cuarta columna, tómate tu tiempo para repasarla de nuevo sin interpretar, con el fin de tomar consciencia de aquellas cosas que tu Ser te ha hecho notar y de las que quizás no te habías dado cuenta hasta estos momentos en que has realizado el ejercicio. Sé que es muy difícil separarse de una persona que te está haciendo daño, o dejar un hábito negativo del que nos hemos vuelto adictos sin darnos cuenta, pero, al reconocerlos y prestarles una mayor atención, podrás observarlos con más claridad para tomar mejores decisiones que te permitan minimizar los efectos negativos, ya sea alejándote de ellos o encontrando otras personas o actividades que puedan ofrecerte lo que deseas, pero sin crear a su vez consecuencias negativas en tu bienestar personal o el de los demás.

Una manera efectiva de romper el hechizo de las relaciones negativas es cuestionar si realmente las necesitas para vivir en estos momentos. Quizás lo primero que venga a tu mente sea una justificación para defender este tipo de relaciones como algo necesario o que no puedes evitar en tu vida, pero tú insiste un poco más, e intenta observar sin interpretar ni juzgar las razones que tú mismo te das, para que puedas contemplar si cabe la posibilidad de vivir sin ellas. ¿Qué es lo peor que podría pasar si esa persona o actividad no existiera en tu vida? ¿Cómo sería tu vida?

Al cuestionar tus pensamientos, trata al mismo tiempo de escribir cuáles son tus emociones, y, poco a poco, empieza a notar cuáles son las mejores personas y actividades que contribuyen a tu bienestar y felicidad, y cuáles son las que te hacen sentir más incómodo y menos seguro. No tienes que tomar decisiones inmediatas, sino simplemente ir despertando tu curiosidad y alimentando poco a poco tu consciencia con información más sincera de la que tus pensamientos están acostumbrados a darte la mayor parte del tiempo.

IMPACTO Y FUNCIÓN DE LAS RELACIONES

Todo este complejo entramado de relaciones no solo tiene un impacto en nuestras emociones y autoestima personal, haciéndonos sentir más alegres o tristes, más felices o miserables, sino también sobre nuestros pensamientos, y consecuentemente sobre nuestras decisiones y acciones. Ya hemos observado el poder de los pensamientos y de nuestras interpretaciones de los mismos, y cómo detectar si vienen de la «Mente de Dios» o de la «Mente del Ego». Por lo tanto, si examinas las relaciones que tienes en tu vida y observas cómo te sientes con respecto a ellas, podrás darte cuenta fácilmente de si son relaciones positivas o negativas en tu camino a convertirte en la persona que deseas ser. No por tener un tipo u otro de relaciones en tu vida eres mejor o peor persona, pero ante ti tienes un ejercicio que te permite tomar consciencia del apego a tus relaciones y de las consecuencias del mismo. Quizás por mucho tiempo no nos dimos cuenta del efecto que nuestras relaciones tienen en nuestra vida, pero, cuando eliges atraer luz sobre ellas, te resulta más difícil ignorar la raíz del problema o evadir tu responsabilidad de tomar cartas en el asunto, para asegurarte de que tus relaciones aporten, y no dividan.

La función de nuestras relaciones externas es establecer un puente de conexión y de unión con el mundo físico, para a través de ellas obtener la información necesaria con el fin de tomar las mejores decisiones, compartir nuestras cualidades y, juntos, tener un mayor impacto en nuestro entorno y en la sociedad por el bien de todos. Por lo tanto, podemos resumir que, si la relación te hace sentir bien cuando piensas en ella, no sientes que tienes nada que proteger, no estás condicionado a mentir para defenderte, ni te transforma en una persona que realmente no eres, entonces no tiene efectos negativos para ti o los demás, y es una relación que nace del Amor. Sin embargo, si al pensar en algún tipo de relación en particular, en tus primeras impresiones te sientes incómodo, inseguro o con emociones negativas, entonces probablemente sea una relación en la que deberás mostrar especial interés para ver cuál es el propósito que cumple en tu vida en estos momentos, pues si no cumpliera ninguno, no la tendrías y ante ti tienes la oportunidad de iniciar una profunda transformación en tu vida que te ayudará a conocerte mejor.

LA VERDADERA RELACIÓN

Para poder sanar y mejorar las relaciones que tengas con los demás, tienes que empezar primero por analizar cuáles son tus propios pensamientos dominantes la mayor parte del tiempo, y aquí es donde entra en juego la verdadera relación de tu vida, la relación contigo mismo.

Como ya bien sabes y hemos mencionado en repetidas ocasiones en este libro, tú no eres tus pensamientos, pero sí eres responsable del poder que das a dichos pensamientos a través de tu interpretación de los mismos. También eres responsable de la vibración de tus pensamientos, del tiempo y energía que les dedicas, pues estos tienen un efecto directo sobre tus emociones, tu salud, tus palabras, tus acciones y tu proyección al mundo. No puedes ignorar el diálogo interno que sucede todo el tiempo en el interior de tu cabeza, o el tipo de palabras que salen de tu boca, así como no puedes ignorar las emociones que sientes o la voz de tu intuición.

Para tener una buena relación contigo mismo, lo primero que necesitas hacer es darte el permiso de realizar un autoexamen sincero y honesto de tu forma de pensar y sentir. Con el fin de conocerte mejor, trata de observar qué pensamientos y emociones tienes justo en el momento en que abres tus ojos por la mañana, o cuando te estás duchando, o conduciendo hacia el trabajo, o cuando estás haciendo deporte, o en la cola del supermercado. ¿No te has sorprendido nunca hablando solo? No pasa nada. Sorpréndete a ti mismo escuchando tus pensamientos y descubriendo tu diálogo interno u observando por qué te sientes de la manera como te sientes y en lugar de evitar esa emoción deja que se exprese libremente para conocerla mejor.

Una de las mejores maneras de comunicarse y conocer a cualquier persona es siempre a través de un diálogo honesto y directo, respetuoso, en el que puedas ser tú mismo, en el que puedas hablar con sinceridad sin temor a ser juzgado, y en el que se diga la verdad sin condiciones ni expectativas. Si no es así, me temo que esa relación está destinada al fracaso. Bueno, estas son algunas de las reglas que tú puedes aplicarte también en tu relación con tus propios pensamientos y emociones. Obsérvalas sin juzgar, sin criticar, sin sentirte mal, para que estas se conviertan en tus maestros y tú en un buen estudiante. Toda la inversión que hagas de tiempo y esfuerzo se verá recompensada cuando te toque a ti ser el maestro frente a una situación personal o ayudando a alguien.

Si te sientes una víctima y te quejas siempre de la mala suerte que has tenido en la vida, no solo no desconfiarás en tus relaciones externas, sino que te habrás convertido en esclavo de tus propios pensamientos, pues te estarás creyendo todo lo que sientes. ¿Eres realmente una víctima de las circunstancias? ¿Has hecho todo lo posible para dejar de sentir que todo el mundo está en tu contra? ¿De verdad tienes tanta mala suerte? ¿No hay nada que puedas hacer para cambiar la situación en la que te encuentras o nada que puedas descubrir en estos momentos en tu vida por lo que te puedas sentir agradecido? Poniendo en duda tus pensamientos dominantes y abriendo nuevas posibilidades podrás profundizar en tu forma de pensar y sentir para reconocer una realidad creada por tu propia mente que, casi con toda seguridad, es ilusoria y ficticia.

Si tienes miedo a perder todo lo que tienes y estás obsesionado con proteger, cueste lo que cueste, todo lo que crees haber conseguido hasta ahora y que consideras «tuyo», no solo no tendrás muchas relaciones personales importantes en tu vida, sino que te sentirás solo, pues tus pensamientos habrán logrado su objetivo de alejarte lo más posible de tu verdadera esencia y de los demás. Si no te sientes en paz, es porque te has alejado del amor. Sin embargo, la causa de ese sufrimiento puede convertirse a su vez en tu salvación, al enseñarte el camino para regresar de nuevo a tu hogar, a tu verdadera esencia, donde descubres que tú eres una parte esencial de la relación con el «Todo», con el universo.

RECONOCIMIENTO PERSONAL

Aceptar que tienes que cambiar tu forma de pensar, y que tus pensamientos no son tan buenos y positivos como creías, es crucial para tu gran transformación. Casi nadie nace siendo un gran maestro o un genio. Todos tenemos que pasar por el mismo proceso que estás atravesando tú en estos momentos para descubrir tu potencial. Muchas veces usamos a nuestros amigos, la pareja, la familia, el país, la economía, la política, la edad, e incluso a Dios, como nuestras excusas principales para ser infelices y justificar no hacer nada para tratar de convertirnos en las personas que un día tuvimos la visión de ser. Ha llegado la hora de revisar la relación que tenemos con cada aspecto de nuestra vida, incluyendo la relación que tenemos incluso con respecto a la muerte, con el fin de conocer mejor nuestros verdaderos miedos e inseguridades. Las relaciones existen con el fin de apoyarte para ser mejor persona, para motivarte a superarte, para hacerte ver aquello que tú mismo no quieres o puedes ver. Ya sea tu pareja o tu propio hijo, ya sea un pensamiento o una emoción, esa relación, tanto fuera como dentro de ti, no está ahí más que para acompañarte en el camino de tu propio despertar.

«Tratar a los demás como deseas que te traten a ti» es una de las frases más populares que comparten la mayoría de las culturas y religiones del mundo entero. Sin embargo, nunca hemos estado más alejados de este gran deseo que en la actualidad. ¿Te imaginas cómo sería el mundo si todos tratáramos a los demás con respeto, amor, cariño, deseando lo mejor y ayudándonos a mejorar, fomentando los derechos de libertad e igualdad entre todos sin importar el color de la piel, la religión, el sexo o el estatus económico? Parece una utopía, ¿no? ¿No es justo eso mismo lo que deseas para ti y tus seres queridos? ¿Por qué nos cuesta tanto entender que nuestros enemigos están deseando o buscando también ser felices y vivir en paz? ¿Qué nos hace creer que nosotros estamos en el camino correcto y los demás no, y que, por lo tanto, nosotros nos merecemos el cielo, y los demás, el infierno? Esta forma de pensar solo crea más separación y más sufrimiento en el mundo.

Tenemos que ser muy honestos con nosotros mismos y darnos cuenta de que una cosa es lo que decimos querer y otra muy diferente son nuestras acciones, nuestras creencias, nuestros pensamientos y nuestros intereses. Responsabilizarnos de tener un mundo mejor implica primero responsabilizarnos de las creencias, pensamientos e intereses que tenemos en nuestro mundo interior. Cómo pretendemos aportar algo que, dentro de nosotros, no creemos que sea posible obtener. Rétate todos los días a encontrar en tu interior la paz que deseas ver en el mundo. El origen de la sinceridad de tus palabras viene primero a través de la sinceridad de tu corazón, de tus intenciones y de tus acciones.

Si sientes furia, odio, ansiedad o estrés, es muy probable que, consciente o inconscientemente, tus palabras y tus acciones reflejen al mismo tiempo esa furia, ese odio, esa ansiedad y ese estrés. ¿Desde dónde crees tú que el diálogo es mejor, desde la paz o desde el odio? Para comunicar constructivamente primero tenemos que asumir el compromiso personal de mejorar las comunicaciones entre nuestro ser, nuestros pensamientos y nuestras emociones, y de hacerlo desde un espacio de paz y de luz.

¿Amor condicional?

«Ojo por ojo, diente por diente» es otro pensamiento muy popular entre muchas personas, aunque no lo quieran aceptar en público, ni incluso admitir en su corazón. Sin embargo, tarde o temprano, nuestro propio comportamiento, nuestra actitud y nuestras acciones delatan nuestra verdadera forma de pensar. «Si tú me haces esto, yo te voy a hacer lo mismo o peor». Condiciones y expectativas son la base de la mayoría de las relaciones que tenemos hoy en día, hasta con nuestras propias parejas, e incluso con las personas a las que más queremos y por las que daríamos nuestra vida: los hijos. Sin darnos cuenta, hemos llegado a condicionar nuestro propio amor hacia los demás y hacia nosotros mismos —«te quiero, siempre que…»—, cuando el amor solo puede existir si es completamente libre; y vivimos creyendo que estamos amando de verdad, cuando en realidad hay un interés disfrazado de amor.

Es muy probable que, en algún momento de tu vida, debido a una experiencia difícil que te ha causado dolor, hayas sentido pensamientos y emociones muy oscuros y negativos, pero eso no significa que seas mala persona, ni que tengas que alimentar esos pensamientos para que se hagan más fuertes en tu interior, ni que los tengas que expresar en palabras negativas y destructivas para fomentar más dolor —ignorando el efecto de tus palabras en los demás y en ti mismo—, ni que tengas que reaccionar al instante con más dolor, furia y odio. La relación que tengas con Dios, con tu cuerpo, con tu intuición o con tus pensamientos te permitirá hacer un alto en el camino para no reaccionar automáticamente, para darte un respiro y asimilar el *shock* tan fuerte que has sufrido, para distraerte con otras actividades que te permitan liberar un poco la tensión que sientes y para pensar con mayor claridad antes de tomar una decisión.

En los momentos más difíciles es cuando realmente tenemos la gran oportunidad de poner a prueba la naturaleza de nuestra relación con nosotros mismos y con los demás, nuestra relación con Dios y con la Madre Tierra. ¿Cómo podemos amar y sentirnos agradecidos cuando somos atacados y hemos perdido lo que más queríamos? ¿Cómo justificar el sufrimiento ante tanto dolor? Ahí está tu verdadero test y la maestría de tu vida que solo tú, y nadie más que tú, puedes entender y superar. Nadie tiene el poder de introducirse dentro de tu propia piel para vivir la batalla que sientes en tu interior entre tu pasado y tu futuro, entre tus creencias y tus expectativas, entre tus pensamientos y tus emociones. Solo tú conoces la profundidad de tu dolor, tus verdaderos deseos, tus intenciones y las conclusiones a las que has llegado. Puedes aparentar que las cosas van bien con todo el mundo, y puedes dar la impresión de que estás por encima de todo, pero en el fondo sabes cuál es tu verdad. El único obstáculo que tienes entre el sufrimiento y la paz eres en realidad tú mismo.

CUESTIÓN DE COHERENCIA

Si realmente crees en el amor, no puedes fomentar el odio. Si realmente crees en la paz, no puedes fomentar la violencia. Si crees en tu potencial, pero tus palabras y acciones demuestran lo contrario, tenemos un problema de comunicación entre tu Ser y tus pensamientos. No puedes decir que eres alguien, y ser al mismo tiempo otro tipo de persona.

Ten en cuenta que cuando eliges seguir el camino del despertar espiritual estás aceptando libremente el reto de tener la mejor relación posible contigo mismo y con los demás. Tú lo has elegido así, y por eso estás aquí. Tienes que ir más allá de todas tus creencias que has dado por sentadas tanto tiempo y que te dicen que tendrías que actuar de una determinada manera, o que las cosas tendrían que ser diferentes de como son, y debes traer consciencia a tu realidad, a tus pensamientos, a tus emociones, para no dejarte llevar por ellos, sino para ver a través de ellos. Este impulso de ir más allá de tu primera reacción te permite conocerte mejor y responsabilizarte más de tus decisiones para sentir paz donde ahora estás sufriendo.

Mucha gente puede llegar a pensar que con este pensamiento podemos llegar a justificar los actos destructivos de otras personas, sin darse cuenta de que, al reaccionar de la misma manera, están fomentando la destrucción y el sufrimiento. Solo desde el amor y la paz, puede surgir amor y paz. A través de tu transformación personal podrás no sólo alcanzar un nuevo nivel de claridad y propósito en tu vida, sino podrás inspirar con el ejemplo a otras personas de tu entorno para que se atrevan a realizar su propia transformación. Y así es como tú marcas la diferencia y contribuyes a un mundo mejor para todos.

Para poder comprometerte de verdad ante una situación de crisis tendrás que morderte primero muchas veces la lengua para no decir cosas que puedas lamentar después, tendrás que respirar profundamente para calmar tus emociones, tendrás que rezar y meditar para conectarte con la verdad, y tendrás que buscar actividades que te permitan eliminar la ansiedad que sientes en esos difíciles momentos, como hacer deporte, estar en contacto con la naturaleza o rodearte de gente positiva. Necesitas encontrar un poco de tiempo para procesar todo lo que te está pasando, con el fin de aceptarlo y adaptarte a tu nueva situación. Así, desde un estado más calmado, sin las emociones a flor de piel, podrás crear un plan constructivo para salir adelante. Tarde o temprano, las cosas van a cambiar y podrás entrar en una nueva etapa, pero, al mismo tiempo, también serás responsable de la manera como hayas actuado, aprendiendo poco a poco y tomando mejores decisiones día tras día.

EN LA PIEL DEL OTRO

Te invito a que hagas el ejercicio de imaginarte cómo te sentirías y actuarías si estuvieras realmente en la piel de otras personas, ya sean amigas o enemigas. Este ejercicio te puede dar la oportunidad de entender las cosas desde otro punto de vista, de cambiar tu forma de pensar, de conocerte mejor y sentir más compasión. Si te pudieras meter en la piel de la persona que pide limosna en la calle, de la persona que tiene una enfermedad terminal en el hospital, de la persona que da su vida porque no ve otra salida, de la persona que actúa con violencia, quizás descubras algo que antes no sabías o no querías ver. Trata de imaginarte cómo actuarían Jesucristo, la Virgen, Buda o la persona a la que más admiras, si estuvieran en el lugar donde te encuentras en estos momentos; este experimento quizás te ayude a poner en práctica las cualidades que veneras en ellos a través de tus palabras y de tus decisiones.

El problema principal al que nos enfrentamos estos últimos años es que nos hemos creído una ilusión, la cual, en estos momentos, se está desplomando y saliendo a la luz como un castillo de naipes cuando le quitas una de las cartas de la base. Nos hemos dedicado a buscar tanto la felicidad fuera de nosotros que nos hemos olvidado de quiénes somos en realidad. Pero quizás esta etapa histórica en la evolución de la humanidad, en la que tú y yo estamos viviendo, no podía ser de otra manera. Quizás —y por plantar una de esas semillas de nuevas posibilidades en el interior de nuestra consciencia—, teníamos que buscar la manera de tener más dinero, más riquezas, más productos, más de todo, para tocar verdaderamente fondo y empezar de cero, pero ahora con un nuevo estado de consciencia, hacia un nuevo nivel energético que nos permita entrar en nuestra próxima etapa evolutiva. Quizás la crisis sea necesaria para generar una nueva oportunidad que de otro modo no surgiría. Quizás el sufrimiento sea necesario para reconocer lo bendecido que eres. Quizás el fracaso sea necesario para conocer el éxito. Quizás tengas que pasar por lo que estás pasando para despertar tu potencial.

Como te he dicho en otras ocasiones, la práctica es tu mayor aliado. Ábrete a la posibilidad de experimentar cómo es estar dentro de otro corazón. Pruébalo con tu familia, con alguien en el autobús, en un restaurante, y crea el espacio para que la luz del amor haga su magia y te llene de paz. Todos somos hijos de Dios. Hemos venido a este mundo a tener relaciones. Solos, no podemos sobrevivir. Así como una célula en nuestro cuerpo necesita de otras células para crecer, tú necesitas de las relaciones con los demás, y contigo mismo, para despertar a tu potencial.

Cada persona con la que entras en contacto, cercana o desconocida, se puede convertir en tu maestro para descubrir algo nuevo sobre ti que antes no sabías, es un espejo donde nuestras emociones y pensamientos se pueden ver reflejados para conocernos mejor. Cuanto más fuerte sea una emoción con una persona, más grande será tu oportunidad de crecimiento. Por eso las relaciones, ya sean personales, profesionales o de pareja, no son siempre fáciles. Creemos que se aprovechan de nosotros y nos hacen sufrir a propósito, cuando en realidad no son ellos los que causan ese dolor, sino que tú mismo creas ese sufrimiento ante la realización de algo que ves en ellos que está justo dentro de ti. Esta es la parte más difícil de aceptar. Sé que quizás sea complicado de entender, pero en mi experiencia personal pude reconocer que era yo, y no las personas ni las circunstancias, la causa de mi propio sufrimiento. Esta es una verdad que duele mucho al principio porque te hubiera gustado haber actuado de otra manera en el pasado, pero es una verdad que te libera y te permite responsabilizarte de tus acciones en el presente para crear una nueva oportunidad.

Tu mente y tu Ego van a tratar todo el tiempo de convencerte de que estás siendo atacado y de que tienes que defenderte al instante, pero, si te permites verlo a través de la mente de Dios y de tu corazón, quizás puedas elegir otro camino. Si te juzgo por tus errores y equivocaciones, estoy contribuyendo a fortalecer tales pensamientos no solo en ti, sino también dentro de mí. Si perdono con sinceridad tus palabras y acciones, creo el espacio para que los dos podamos sanar, pues entiendo que tanto tú como yo venimos del mismo lugar, aunque la vida nos haya dado experiencias diferentes. Deja de esperar lo que crees que es mejor para los demás, de tratar de dirigir mejor sus vidas y de condicionar tus respuestas de acuerdo a sus acciones, y trata de encontrar la mejor solución sin tener que sacrificar tu paz interior.

UNA RELACIÓN DIFERENTE

Imagínate una relación en la que puedas escuchar y reconocer que has sido controlador o posesivo, y puedes perdonar a esa persona, y perdonarte a ti mismo por tu actitud. Imagínate que eres capaz incluso de entender mejor qué te llevó a actuar de esa manera, para evitar que se repita en el futuro cuando se presenten condiciones similares. Imagínate qué pasaría si la otra persona tomara consciencia de que nunca tuvo en cuenta tu punto de vista ni se puso en tu lugar, pues solo pensaba proteger sus propios intereses, y se diera cuenta de que podía haber actuado de otra manera. Así es como tú puedes marcar la diferencia: retando a tu propia mente a pensar de otra manera. Déjate llevar por tus emociones y tus descubrimientos, pues, si son del amor, sabrán cómo encontrar un camino a tu corazón.

Esta es la posibilidad que deseo ofrecerte. Un mundo donde seamos capaces de entendernos mejor, donde deseemos crecer juntos honrando quiénes somos en realidad, y donde podamos vivir la paz, sintiéndolo en especial en lo más profundo de nuestro corazón, pues de lo contrario no sería paz. Cuál es el propósito que tienes contigo mismo, con Dios y con los demás es una pregunta que solo tú puedes responder. Quizás sientas que Dios y los demás tienen que servir a tus propias necesidades, pero en realidad tú no estás aquí para que te sirvan, sino como instrumento para servir.

La diferencia es abismal: la primera es el origen del sufrimiento, y la segunda es el origen del amor.

Cuántas veces estamos pidiendo a los demás que nos demuestren algo en particular, antes de comprometernos, para ver si nos conviene hacer algo a cambio. Cuántas veces esperamos que nos amen, pero limitamos nuestro amor para protegernos. Qué fácil es suponer lo que los demás tendrían que hacer, en lugar de observar lo que en realidad estamos haciendo. Creemos saber lo que es mejor para los demás, sin aplicarlo primero en nuestras propias vidas. Casi nunca estamos satisfechos, siempre queremos y necesitamos más, estamos en la búsqueda de algo, pero no lo encontramos, y entonces damos por fracasada esa relación y buscamos otra, sin darnos cuenta de que nunca encontraremos lo que buscamos, porque no hemos logrado encontrar la paz en nosotros mismos.

NUEVAS COORDENADAS

Quizás tenemos todas nuestras coordenadas equivocadas y por eso ha llegado la hora de dejar de buscar fuera lo que tenemos que buscar dentro de nosotros. En realidad, no necesitas de nada ni de nadie para sentirte realizado, pues, como creación de Dios, ya eres amor. Si lo deseas y te das el permiso para ello, puedes sentir ese amor sin necesidad de tener nada ni nadie en tu vida. Tú tienes todo lo que necesitas para ser feliz. Tu felicidad no depende de nada, ni de nadie, pues, al igual que el amor, no espera nada ni tiene condiciones. Solo cuando te abras a la posibilidad de descubrir quién realmente eres, te convertirás en un instrumento de amor que te hará sentir feliz. Todo lo que nos separa, el amor lo volverá a unir, pues el amor no se venga, no se limita, no se condiciona, no juzga, no supone, no espera.

Las relaciones que llegan a nuestras vidas vienen para enseñarnos el camino hacia nuestro despertar. Algunas relaciones estarán a tu lado por mucho tiempo, y otras se marcharán cuando su misión haya terminado. Nadie es perfecto y todos nos equivocamos al juzgar nuestras relaciones. Solo cuando eres capaz de ver la oscuridad de otra persona es cuando puedes llegar a conocerla de verdad, y solo cuando eres capaz de perdonar esa oscuridad, a pesar del mal que pueda provocarte, es cuando descubres el verdadero poder del amor en acción en tu vida.

Normalmente, cuando miramos a una persona no la vemos como es en realidad —como un ser humano exactamente igual que nosotros—, sino que la vemos a través de los pensamientos y las interpretaciones que tenemos acerca de esa persona. Por dicho motivo, aunque creamos que estamos teniendo una relación con alguien, en realidad estamos relacionándonos con nuestros propios pensamientos y con las ideas que hemos creado de los demás. Abriéndonos a la posibilidad de mirar más allá de la interpretación de nuestros propios pensamientos, podemos desenmascarar la ilusión sobre la que hemos creado muchas de nuestras relaciones y tenemos la oportunidad de descubrirnos a nosotros mismos. Como ves, tu sufrimiento o tu paz dependen de la relación que creas contigo mismo, y en especial con tus propios pensamientos. A través de ellos, tienes el poder de encontrarte.

Cuando puedas reconocerte a ti mismo en los ojos de otra persona, descubrirás la conexión que existe entre todos y cada uno de nosotros. No existimos como seres separados y autónomos, sino como miembros de un gran organismo llamado humanidad. Aprovecha cada relación especial que llega a tu vida como una oportunidad para generar un encuentro sagrado contigo mismo, y para, en ese espacio, descubrir el propósito de tu vida y tu función dentro de tu relación con los demás.

CAPÍTULO 22:

LIDERAZGO CON PROPÓSITO

Una de las mayores bendiciones que he recibido en mi vida ha sido la oportunidad de trabajar y vivir en Estados Unidos. Hoy ya celebro más de veintidós años en este hermoso país que me ha acogido con los brazos abiertos y que me ha permitido ser testigo de que el sueño americano realmente sí existe cuando trabajas con pasión, determinación y dando lo mejor de ti. Estoy muy agradecido por todas las maravillosas personas, mentores, empresas, y organizaciones que, a través de sus palabras, su ejemplo y su apoyo, me ayudaron a descubrir mis propias cualidades para desarrollar todo mi potencial.

Ahora ha llegado mi turno para, a través de mis palabras, inspirarte a ti para que tú también transformes tus sueños en realidad y te conviertas en un buen líder mediante tu ejemplo para los demás.

¿Quién es el jefe?

Al igual que existe un CEO o presidente ejecutivo para dirigir el futuro de una empresa, tienes que reconocer que solo existe un CEO en tu vida, y esa persona, mi queridísimo presidente, eres tú. Como jefe principal de tu empresa, lo primero que tienes que hacer es reconocer, aceptar y asumir tu función principal, y no delegar tus responsabilidades a terceras personas, a circunstancias exteriores fuera de tu control, ni siquiera a tus propios pensamientos o emociones.

¿Te imaginas una empresa en la cual el jefe principal nunca va al trabajo, gasta todo el dinero que tiene sin invertir un centavo en la compañía, se olvida de cuidar y limpiar sus oficinas y se desentiende completamente de todas sus funciones? Creo que sí puedes llegar a imaginarte qué tipo de compañía sería bajo el mando de este presidente desinteresado en su propia empresa.

Ahora bien, si tratamos de ser lo más honestos posibles, podemos ver cómo muchas personas actúan de esta manera con respecto a sus cuerpos y sus vidas. En especial, quiero hacer una mención, con mucho respeto, a mis queridísimas mujeres, pues ellas —con todo el amor que las caracteriza al anteponer primero sus hijos, su hogar y su marido— se olvidan de sí mismas dejando para el último lugar en su lista de prioridades su propia salud y su bienestar sin ser consciente de que al hacerlo están poniendo en peligro aquello que tanto desean proteger: sus familias y sus hijos.

Después de recorrer medio mundo y de trabajar estrechamente con miles de mujeres en su cambio de *look* y transformación de vida, puedo decir que, independientemente del país donde vivan, del tipo de cuerpo que tengan, de su edad, de si están casadas o solteras, o de la cantidad de dinero que tengan, la gran mayoría desean sentirse más jóvenes, más delgadas, más realizadas y más seguras, pero se encuentran siempre con los mismos problemas. Espero que este libro, que está dedicado a todo el mundo, pero en especial a mis queridísimas amigas, pueda ser el punto de partida para transformar tu vida y colocarte entre las primeras posiciones en tu lista de prioridades diarias.

Casi todos, aunque va en contra de nuestra intención, ignoramos nuestra salud, esperando que el cuerpo aguante por mucho tiempo creyéndonos nuestras maravillosas excusas y justificaciones racionales. Como si se tratase de un producto más, por alguna razón, creemos que nuestro cuerpo tiene garantía y que si nos falla en algún momento podemos arreglarlo rápidamente con los medicamentos de la farmacia, o cambiar algunas piezas de lugar acudiendo a un hospital. Pero tú y yo sabemos que no es tan fácil como parece, y que no somos conscientes del efecto emocional, mental y espiritual que las enfermedades pueden tener a largo plazo en nuestras vidas. Para evitar sufrir y enfrentarnos a nuestras excusas, preferimos ocupar el poco tiempo que tenemos en todo tipo de actividades menos en nosotros mismos y tratamos de aparentar a través de nuestra imagen externa y de decir que tenemos todo bajo control, aunque no corresponda con la realidad que estamos viviendo en secreto.

Un buen líder, un buen CEO, un buen jefe de una empresa, hace justo lo contrario, pues entiende que sin ocuparse primero de su salud física, emocional, mental y espiritual no puede tener la energía para dar lo mejor de sí mismo, ni puede ser el ejemplo de transformación para motivar e inspirar a los demás. El líder no enseña con las palabras, sino a través de su ejemplo. Creo que ha llegado la hora de que conozcas algunos elementos clave de cómo transformarte en el mejor jefe de tu vida para poner un poco de orden en el caos interno que solo tú sabes que estás sufriendo.

DEFINICIÓN DE LÍDER

Empecemos primero por definir qué significa ser un buen líder, para que poco a poco te vayas metiendo en el papel que te corresponde como CEO de tu propia vida. Durante mis talleres de marca personal, utilizo la siguiente descripción para compartir cuáles son las más importantes cualidades que un buen líder necesita hoy para ser efectivo, productivo y exitoso.

«Un líder es aquella persona que tiene unas habilidades especiales para influir positivamente en la forma de ser o actuar de otras personas, haciendo que todos trabajen en equipo con entusiasmo y pasión para conquistar un propósito común».

Aquí tienes una definición —o, mejor dicho, una visión— de lo que tienes que aspirar a convertirte en tu propia vida a nivel interno con tu cuerpo, y a nivel externo con tus relaciones. Entre las cualidades más importantes de un líder destacan la iniciativa para empezar a trabajar con un propósito y la «visión» para llevarlo a cabo. Con el fin de mantenerse comprometido con su visión e inspirar a su equipo, el líder debe ser carismático, sentir pasión por lo que hace y tener una buena dosis de aptitudes comunicativas para compartir con claridad sus deseos, sus metas y el camino a seguir. Otra de las cualidades necesarias de todo buen líder es saber gestionar el proyecto o trabajo de principio a fin para planificar mejor el camino, teniendo siempre en cuenta con sinceridad el lugar donde se encuentra y el lugar a donde desea llegar. Consistencia, perseverancia, esfuerzo, disciplina, adaptación al cambio, capacidad de buscar soluciones y valor son otras de las características esenciales para ese gran salto de pasar del dicho al hecho con el fin de transformar un sueño en una realidad. Pero, además de actuar con el ejemplo, un buen líder debe tener siempre una actitud positiva para encontrar soluciones, debe caracterizarse por su integridad y valores éticos, y ser una persona humilde, honesta, respetuosa, humana y correcta.

EJERCICIO DE VISUALIZACIÓN: EL CEO

Hagamos juntos un pequeño ejercicio de visualización para que puedas ser un verdadero líder, no solo en tu entorno con tus familiares, amigos, compañeros de trabajo y en tu sociedad, sino en especial con tu cuerpo, con tus pensamientos y con tus emociones.

Empecemos por reconocer que el verdadero CEO de tu vida es tu Ser, no tus pensamientos, aunque a menudo el Ego trate de convencerte de lo contrario y quiera disfrazarse de CEO para confundirte y robarte el papel como un dictador. Para que puedas protegerte de la revolución del Ego y retomar el control de tu vida, visualiza que el CEO tiene tu nombre y apellidos, y que tu producto y servicio estrella es poder marcar una diferencia positiva en la vida de los demás con el fin de promover el éxito, la salud y el bienestar en cuantas más personas mejor.

Cierra los ojos y haz el esfuerzo por hacer este ejercicio de visualización creativa para sentir en tu interior el significado de mis palabras.

La oficina central de tu empresa personal es, por supuesto, tu cuerpo físico, el único lugar desde donde tu Ser puede proyectarse y comunicarse con los demás. Te puede gustar más o menos tu cuerpo, tu color de piel, tu estatura o tus facciones, pero, tarde o temprano, tienes que respetar y amar tus oficinas centrales para sacarles el máximo potencial pues es tu sede principal. Por ejemplo, puedes empezar por promover tus mejores cualidades para que salgan más a la luz, retirar hábitos negativos que ensucian interna y externamente tu sede, y empezar a trabajar en la mejora de tus aspectos más vulnerables para reforzar los cimientos de tu vida y sentirte más seguro de ti mismo. Por lo tanto, tu primer deber como buen CEO es asegurarte de que tu empresa tenga cubierta todas las necesidades básicas para su correcto funcionamiento, y como imaginarás, me estoy refiriendo, entre otras muchas, a la buena alimentación, el ejercicio físico, el descanso, la higiene y la imagen personal.

¿Ya tienes esta visión en tu mente? Bien. Ahora, sigamos soñando despiertos a ver si estas imágenes nos ayudan a traer un nuevo nivel de consciencia a nuestras vidas que nos ayuden a tomar mejores decisiones. Cierra tus ojos de nuevo.

Pasemos ahora a observar la oficina ejecutiva, donde se toman todas las decisiones más importantes en colaboración con una junta directiva muy estricta. Esa oficina es tu propia mente, y la junta la conforman tu Ser, con su secretaria ejecutiva, «la intuición»; todos tus pensamientos, tanto los positivos como los negativos; y tus emociones, también positivas y negativas. En función de la etapa de tu vida que estés viviendo, o de las experiencias que tengas que enfrentar, puede ser que exista en las juntas mucho orden o mucho caos, dependiendo del papel que le hayas otorgado, consciente o inconscientemente, a cada uno de sus miembros.

Cada una de las áreas más importantes de tu cuerpo tiene como portavoz a un jefe, como si se tratara del presidente de un partido político, para tomar decisiones cuando el presidente, el Ser, se haya ausente. Estos cargos son el «Instinto» para representar el cuerpo, el «Intelecto» para representar la inteligencia, el «Ego» para representar los pensamientos, y la «Intuición» para representar los deseos del jefe. El primero, el «Instinto», te ayuda a tomar las decisiones con respecto a tus funciones básicas para poner todo tu organismo en funcionamiento; también te ayuda con muchas de las actividades básicas que ya has convertido en hábitos y, por lo tanto, son acciones automáticas. El segundo, el «Intelecto», tiene la función de ser un buen investigador para obtener toda la información posible, con el fin de procesarla para tomar las mejores decisiones y encontrar soluciones a los problemas. En cuanto al tercer cargo, el «Ego», creo que ya lo conoces muy bien, pues trata de proteger por todos los medios tus intereses personales por encima de los demás en un espíritu de sobrevivencia. El cuarto cargo, el de la «Intuición», es como la sombra del Jefe tratando de hacerse oír con timidez cada vez que entra el caos en esas juntas, para recordar a todos la visión del jefe, pero casi nunca tiene el poder de hacerse escuchar, a no ser que los otros se queden sin energías o tú le prestes una atención especial.

Observa tú mismo quién tiene el control la mayor parte de las veces en esta «Junta Directiva» que existe en tu propia mente. Un buen líder debe saber delegar y entender el papel de cada cargo, pero al final tiene también que establecer prioridades y una dirección consistente y justa para no perder el control de la empresa. Quien tendrá la última palabra y será el único responsable siempre será el CEO.

Y, por último, como buen jefe y líder de tu cuerpo, tienes a tu disposición unos buenos consejeros para tomar importantes decisiones: tus «Emociones», que te mantendrán alerta todo el tiempo sobre la realidad que está pasando en el interior de tu empresa. Unas veces, estos consejeros pueden llegar a tiempo para salvar una revolución del Ego y, otras, se convierten en propagandistas de los intereses que más les convengan. Así que atento a sentir el estado de tus emociones pues serán tus primeras señales de si estás operando correctamente o si algo va mal.

Sé que estoy usando un poco de humor en esta descripción de tu propia empresa, pero espero que te ayude a descubrir y separar lo que está pasando dentro de ti con el fin de que puedas ser más consciente de tus obligaciones y responsabilidades. Sigamos con el ejercicio de visualización, para que ahora puedas ver con más claridad cómo promover mejor los servicios de tu compañía.

Como toda empresa importante, vas a necesitar una misión clara en tu vida que te sirva de guía para mantenerte comprometido y enfocado. Tus productos y servicios se reflejarán a través de tus acciones, las cuales, a su vez, reflejarán los principios y valores de la empresa, con el fin de proyectar integridad, credibilidad y autenticidad, cualidades necesarias para crecer como empresa. Si hablamos de promoción, podemos aceptar que tu imagen externa es siempre una buena tarjeta de presentación; tu estilo, junto a tu personalidad, se convierten en tu mejor campaña de publicidad y mercadeo; y tus palabras siempre serán tu mejor eslogan. En cuanto a tu público objetivo, al cual debes comunicar, tienes dos áreas muy importantes que liderar.

La primera es tu público interno, donde están no solo los representantes de tu Junta Directiva, sino todos tus pensamientos y emociones, tus excusas, tus miedos y tus inseguridades. Y el segundo público importante son todas aquellas personas con las que vas a relacionarte externamente para promover tus servicios, empezando por tu familia, tus amigos personales, tus amigos digitales, tus compañeros de trabajo, tus vecinos, la comunidad donde vives, etc.

Me gustaría que hicieras un alto en la lectura y tratases de cerrar los ojos por unos minutos para crear un espacio en tu interior donde puedes imaginar esta maravillosa empresa que acabo de describir. Aunque te resulte difícil, haz el esfuerzo y lee este ejercicio cuantas veces sea necesario y toma nota sobre el papel. ¿Te das cuenta de que ya eres todo un empresario desde que vienes a este mundo a liderar? Si tenías alguna duda de tu potencial, espero que poco a poco descubras que ya eres una gran empresa que lleva funcionando, más o menos bien, mucho tiempo sin apenas tomar el control de la posición de CEO como realmente te mereces, y eso, mi amigo y amiga, tiene mucho mérito. Imagínate a dónde podrías llegar si tomaras el control de tu vida. Este ejercicio de visualización creativa puede servirte para despertar no solo la consciencia de todo lo que haces sin darte cuenta cada día de tu vida, sino también de cómo transformarte en un verdadero líder para despertar tu máximo potencial e inspirar a los demás.

LA PRUEBA DE FUEGO

Uno de los papeles más difíciles que un buen CEO tiene que asumir es la responsabilidad final de las decisiones y acciones que se han tomado dentro de la empresa cuando las cosas no han salido como uno desearía. Aquí es donde realmente se demuestra el liderazgo de alguien, pues muchas personas se lavan las manos de sus errores, responsabilizando a los demás y a las circunstancias externas, en lugar de hacer frente con integridad a la crisis y asumir la responsabilidad, como cabeza de la organización, de todos los problemas causados.

Los verdaderos líderes no demuestran su valía solo cuando todo va bien, sino especialmente en las decisiones y acciones que se toman durante los momentos difíciles para superar la crisis. Como líder de tu vida, tienes que aceptar que cada causa tiene un efecto; que cada palabra, cada decisión y cada acción tienen una consecuencia; y que solo tú, y nadie más que tú, puede responsabilizarse de las mismas. Muchos pueden sentirse abrumados y agotados ante la magnitud de esta responsabilidad todos los días de su vida, pero es mucho más fácil de lo que parece si tienes tus prioridades claras, eres fiel a tus valores y principios, te has preparado para tener hábitos fuertes y positivos, y actúas siempre con integridad y coherencia entre lo que piensas, dices y haces.

Como buen líder, puedes escuchar todas las opiniones que desees, ya sea las de otras personas o las que tu propia mente te da en forma de excusas, razonamientos o expectativas, o incluso puedes escuchar a tu propia intuición. Pero al final, tú, como jefe principal, tienes que decidir a quién escuchar y tomar una decisión.

ENTRENAMIENTO ESPIRITUAL

Para poder liderar mejor tus emociones y tus pensamientos es muy importante que entiendas la importancia de cuidar y desarrollar todos los días tu lado espiritual. Este ejercicio de entrenarte espiritualmente es tu herramienta secreta para tener la fuerza que necesitas de cara a dirigir toda tu empresa y traer claridad donde tus propios pensamientos y emociones no lo pueden ver.

Aunque muchas veces es muy difícil, diría que casi imposible, aceptar todo lo que nos pasa en la vida, las experiencias que vivimos tienen la función de sacarnos de nuestra área de confort para conocernos mejor y descubrir nuestro potencial. Quizás sientas que has perdido el rumbo de tu vida, que algunos de tus problemas ya no tienen solución, o creas que no vale la pena vivir, pero si estoy aquí contigo en este preciso momento es para darte mi testimonio personal de fe y esperanza, de que, si te das una nueva oportunidad, puedes iniciar una nueva etapa en la que entenderás el propósito de todo lo que te ha pasado, aunque en estos momentos no lo puedas entender. Con esta intención, un paso detrás de otro, haciéndolo simplemente lo mejor que puedas, aunque creas que es muy poquito, conectándote con todas las partes de tu maravilloso Ser, vas a iniciar el cambio que te permitirá de nuevo regresar a la luz. Primero te vas a ocupar de tu salud, con el fin de contar con la energía necesaria para ponerte de pie todas las mañanas, alimentar una actitud más optimista y tener más claridad a la hora de pensar. Y luego, poco a poco, motivado por la fe que tienes en Dios y en el amor que sientes en tu corazón, vas a abrirte a contemplar toda la belleza que hay en ti para sanar tus heridas, abrazar tus vulnerabilidades y descubrir tu verdadero propósito.

Cuando tienes una causa, un propósito, una misión, no solo tu cuerpo y tu mente se ponen a tu servicio para ir en su búsqueda, sino que el camino que eliges seguir se convertirá al mismo tiempo en inspiración para tu propia transformación y la de los demás. Es verdad que tratar de ser un buen líder puede vivirse a veces como una experiencia muy solitaria, pero es necesario dejar de vez en cuando a un lado tu mundo exterior para ocuparte de tu mundo interior y ese camino solo lo puedes hacer tú solo. Todos terminamos pasando por el mismo proceso. Tarde o temprano, esa soledad se irá transformando en propósito y en esa conexión encontrarás lo que siempre has estado buscando.

CAPÍTULO 23:

MISIÓN A VENUS

Como buenos líderes, nuestro primer objetivo es tener una visión clara de la persona en que nos queremos convertir, y luego comprometernos con nuestra misión de hacer que se haga realidad. La humanidad ya se encuentra explorando la posibilidad —como algo que podríamos ver en las próximas décadas— de vivir en Marte, un planeta que siempre estuvo simbólicamente relacionado con la fuerza, la razón y la energía masculina. Sigamos jugando a soñar despiertos y visualicemos una nueva misión para descubrir un gran tesoro. Hagamos un salto más grande todavía que conquistar Marte y fijémonos como misión un nuevo reto para impulsarnos y motivarnos más allá de nuestras limitaciones: llegar a vivir en Venus, que por cierto es un planeta que está ligado con la energía del amor, la creatividad y la conexión. Nuestras misiones tienen que ir más allá de donde nuestra lógica pueda llegar, con el fin de impulsarnos a ir a su encuentro, descubriendo poderes innatos que teníamos adormecidos.

¿Me acompañas?

Para formarte una visión clara de la persona en la que deseas transformarte y del cambio que quieres ver en tu vida, tienes que darte el permiso de despertar tu imaginación, de soñar y de jugar a conquistar las estrellas y llegar a Venus. Tienes que darte el permiso de creer que tienes en tus manos la lámpara maravillosa de Aladino, o la varita mágica de tu hada madrina, para hacer cualquier sueño realidad. Tienes que permitir que la fe que tienes en Dios se abra en tu interior y se llene de luz para que el milagro que deseas se pueda manifestar en tu vida.

Cierra los ojos y déjate llevar por este ejercicio lleno de magia, de colores, de posibilidades, de sueños. Pon música. Baila. Diviértete. Estás dando forma a tu nueva misión. Toma este momento como un recreo de todas tus obligaciones y responsabilidades que tienes día tras día, y créete que tienes de nuevo cinco años para volver a soñar, y que todo es posible y no existen las limitaciones. Siente todas tus emociones si te atrevieras a volar y déjate llevar por la imaginación como Peter Pan.

EJERCICIO: UNA HISTORIA QUE CONTAR

Hagamos una prueba. Imagínate que eres un escritor o un director de cine y que tienes que contar a alguien la historia más hermosa que jamás se haya escrito. En tu mente ya tienes todas las formas, los colores, la trama principal y todas las sorpresas especiales que quieres contar para inspirar y maravillar a tu público. Relájate y trata de meterte en el papel del protagonista o actor principal de esta gran historia que estás a punto de escribir. A veces es bueno salirse del presente conscientemente por un periodo de tiempo corto para visualizar metas y destinos a donde queremos llegar. Personalmente fijo un poco de tiempo todos los meses para dedicarme a esta importante misión que me ayudará, junto a mi guía interna, a decidir cómo actuar.

A la gran mayoría de las personas les resulta muy difícil describir cómo ven su propio futuro simplemente porque no se han tomado el tiempo de pensar en lo que realmente quisieran que sucediera. Ahora tienes la oportunidad de hacerlo. Visualizar tu futuro con detalle significa ir más allá de las limitaciones o las suposiciones que tu mente puede tratar de imponerte en estos momentos, salir de tu área de confort, destapar tu caja de Pandora y, por supuesto, no caer en la tentación de entrar en el juego de las dudas y de las inseguridades que tu Ego querrá imponer para impedirte que vuelvas a creer en el poder de los sueños y el amor. Ellas ya tuvieron su merecido capítulo especial en este libro para desenmascararlas y transformarlas, ahora ha llegado el turno de aprender cómo despertar tu imaginación y creatividad.

Como verás, es un buen ejercicio para ver si has tomado buena nota de las herramientas que has recibido en este libro contra tus grandes enemigos. Sigamos jugando y despertando nuestra imaginación.

Además de imaginar por unos instantes que tienes poderes sobrenaturales para predecir el futuro, o de ponerte en el papel de ser el escritor y director de la historia de tu vida, tienes que ser un buen explorador y detective, como Indiana Jones o Sherlock Holmes, para poder descubrir cuáles son las razones primordiales que te mueven a tener ese sueño, y cuáles son las principales emociones que sientes al saber que lo vas a conseguir de verdad. Los motivos por los cuales quieres ver ese sueño hecho realidad en el momento presente te van a permitir abrir incluso todavía más tu imaginación para estar más ilusionado que antes y ver el camino con más claridad. Ahora quizás no entiendas la importancia de tener este sueño tan presente, pero tus motivaciones y tus deseos tienen que ser tan fuertes que venzan cualquier obstáculo que se pueda presentar en el camino. No te puedes saltar esta etapa tan crucial, pues justo aquí descubrirás las motivaciones que realmente necesitas para ser invencible ante las fuerzas que puedan venir en tu contra. Por cierto, presta atención a todas las emociones que puedes sentir metiéndote en tu personaje principal, pues estas te ayudarán a tener la pasión y la fuerza de voluntad necesarias para no darte por vencido hasta conseguir tu objetivo final.

¿Me sigues acompañando?

Cierra los ojos de nuevo, respira profundamente y siente esa visión brillar con fuerza en tu corazón. Si no te viene nada a la mente, no pasa nada. Deja el libro o el *tablet* a un lado, vete a caminar y regresa con renovadas energías a este ejercicio más tarde u otro día. Sigue con las tareas del hogar o del trabajo. Tómate un baño y, en otro momento, lo intentas de nuevo. Posiblemente la visión te venga en un sueño o te sorprenda cuando menos te lo esperas mientras estás concentrado en otra cosa. Si la visión llega, lo vas a sentir. Tu objetivo es tomar consciencia de ella para sentirla y, después, describirla con detalle en un papel o en la computadora. Para sentir que tienes una misión en la vida, un propósito, lo debes desear, lo tienes que buscar con tu mejor actitud, y necesitas crear conscientemente el mejor espacio para que se pueda manifestar.

Te lo creas o no, la parte más complicada de este proceso no es visualizar la persona que deseas ser, sino armarte de valor y esforzarte para escribirlo o dibujarlo. Te aseguro que es más complicado de lo que parece, pues necesitas poner tu tiempo y tu energía en hacer esta tarea, cuando tu mente va a tratar por todos los medios de convencerte de que es mejor que no lo hagas. Ahora ya sabes que, si empiezas a sentir que no quieres hacer este ejercicio, estás justo en el lugar correcto para demostrar quien tiene el control sobre ti, tu Ego o tu Ser. De ti depende empezar a descifrar qué pensamientos están a tu favor y qué pensamientos vienen en tu contra, para empezar a asumir la responsabilidad de tu papel como CEO y como buen líder de tu propia vida.

DEFINIR LA MISIÓN

Después de tener una visión, el próximo paso es definir personalmente tu misión para que quede grabada en cada célula de tu cuerpo, en cada neurona de tu cerebro y en las paredes de tu corazón, con el fin de propulsar tu vida con toda la energía del amor, de tu cuerpo físico y de tu mente hasta llegar a Venus.

Todas las compañías y organizaciones que existen en el mundo, todas las grandes marcas, todas las personas que quieran realmente proyectarse para conquistar sus metas, tienen una misión empresarial con el fin de definir ante el mundo su razón de existir, tanto para inspirar a los trabajadores de la empresa para dar lo mejor de sí, como para informar a sus proveedores y clientes sobre su propósito y sus deseos. Ahora ha llegado también tu turno. La misión te va a ayudar a concretar la esencia de la visión que has sentido, para que planifiques mejor los próximos pasos que vas a tener que conquistar para empezar la transformación.

Debes entender que no es lo mismo tener una «misión» de vida que las «metas» que vas a concretar para lograr tu sueño. La principal diferencia es que la «misión» no tiene fecha de caducidad, pues será el hilo conductor de donde surjan todas las decisiones que tomarás en tu vida, mientras que las «metas» tendrán fechas específicas para llevarlas a cabo con el fin de comprometerte con ellas y no seguir postergando tus decisiones con excusas que no te llevan a ninguna parte.

Al igual que las compañías tienen su propia misión empresarial, los seres humanos deberíamos también tomarnos el tiempo necesario para hacer este ejercicio tan importante de crear y tener nuestra propia misión de vida, que, en los momentos más difíciles, nos ayudará a recordar quiénes somos y por qué estamos aquí.

No creas que es fácil escribir cuál es tu misión en la vida, pues puede llevarte meses, e incluso años, descubrirla. Pero eso no debe impedir que empieces y le vayas dando forma día a día hasta encontrar la misión que te impulsa a seguir siempre hacia delante. Es muy probable que te venga a la mente una misión y a la hora de escribirlo no la sientas, o que cambies de opinión al cabo de los meses. Puede ser que creas una cosa y al cabo de un año necesites revisarla. Pero, cuando llegue el instante de saber que has descubierto tu propia misión, no habrás vivido ninguna emoción como la que sentirás al encontrar el propósito de tu vida.

Como habrás notado, una de las grandes cualidades de un guerrero es retarse a descubrir algo que no sabía antes, y tener el valor para hacerlo. Si lo sientes en tu corazón, no dudes en empezar a ponerte tú mismo a prueba. Te sorprenderás de los resultados cuando pases de la intención a la acción.

Para tener una buena misión, al igual que ocurría con la visión, no es suficiente con pensarla, la tienes que escribir y dibujar. Puedes empezar el ejercicio tratando de contestar las siguientes preguntas. ¿Cuál crees que es el propósito de tu vida hoy? ¿Cuál crees que fue el propósito de tu vida en el pasado, o hace unos años? Y ¿cuál crees que será el propósito de tu vida en el futuro?

Quizás sea el mismo, o no, pero tienes que empezar por hacerte algunas preguntas para poder sentir y escuchar las respuestas que tu Ser ya está empezando a susurrarte al oído de tu corazón, y que probablemente originen otras muchas preguntas, y así hasta empezar a sentir que cada vez estás más cerca de tener una misión más clara.

Para asegurarte de que estás en el camino correcto, fíjate en si tu misión está alineada con la visión que tuviste hace unos momentos, cuando estábamos despertando toda tu imaginación, y examina si tu misión sirve como una declaración de tu voluntad, o sea, como algo parecido a la Declaración de los Derechos Humanos. Cuanto más clara sea tu misión, más fácil será que los demás la entiendan, y que quede grabada en tu interior para que tus pensamientos y emociones te ayuden a llevarla a cabo. Recuerda el poder que tiene la palabra a la hora de impulsarte a ti y a los demás a transformarse, y en la fuerte vibración energética que tiene para hacer que el Universo coopere a tu favor. En realidad, tu misión ya fue preestablecida cuando naciste, y tienes todas las oportunidades para llevarla a cabo, simplemente nos hemos olvidado de ella y ahora nos toca recordarla de nuevo.

Al igual que sucedió a la hora de documentar tu visión, escribir una misión es un poco más complicado de lo que crees porque tiene que estar más conectada con tu realidad que tu visión, y tienes que sentirla como auténtica, lo cual significa que tiene que ser verdadera para poder superar todos los miedos e inseguridades que tarde o temprano aparecerán en escena.

Cuando finalmente hayas escrito tu misión, tome el tiempo que tome, el próximo paso es poner en duda lo que acabas de escribir. Me has oído bien. Tienes que ponerlo en duda para poder asegurarte de que realmente esa es tu verdadera misión, y no una fantasía o una ilusión que no terminas creyéndote que sea posible, o una misión que puede pertenecer a otra persona y te conviene seguirla por algún motivo. De todos modos, no te obsesiones mucho, pues lo más importante de todo en este ejercicio es la intención y la energía que le estás dedicando a tu propia transformación. Una misión no está escrita en piedra para toda la vida y puedes revisarla siempre cuando tu consciencia así te lo dicte porque tenga una mayor claridad. Lo importante es establecer un punto de partida. Yo simplemente te quiero dar los pasos para que entiendas cómo, antes de fijar tus propias metas, estas tienen que apoyarse en una visión y una misión de vida, para que no terminen como casi siempre en una simple ilusión.

Para muchas personas que conozcan muy bien cuáles son sus mejores cualidades, y tengan la fortuna de poder desarrollarlas profesional o personalmente para compartirlas con otros, puede ser que su misión resulte más clara y fácil de concretar que para otras personas que no han podido desarrollar sus cualidades innatas, o que hayan comprometido y sacrificado sus habilidades por otras. Por ejemplo, quienes están muy comprometidos con su profesión de doctor, profesor o artista tal vez entiendan más fácilmente cuál es su misión en la vida, en comparación con quienes tienen un trabajo que no les gusta y no saben cuál es su mejor cualidad. Así que manos a la obra. Te aseguro que todo el mundo tiene una misión, unas cualidades y un servicio para marcar la diferencia en este mundo, y, si no te sale a la primera mientras haces este ejercicio, no te preocupes, pues tu simple intención ya está plantando importantes semillas en tu interior.

Si no te viene nada a la mente o al corazón al plantearte cuáles son tus mejores cualidades, puedes imaginarte que vuelves a tener diez años y en la escuela te preguntan de nuevo qué profesión o trabajo te gustaría ejercer. También puedes empezar por preguntar a las personas que más quieres y que te conocen mejor que nadie, que te cuenten sinceramente cuáles son algunas de las cualidades que más admiran en ti. Muchas veces, lo que es obvio para todos no lo es para uno mismo. Y si tu niño interno, o esas personas queridas que desean lo mejor para ti, te dan las respuestas, estas pueden proporcionarte la luz que necesitas para reencontrarte con tu misión.

Quiero hacer un pequeño paréntesis para que no llegues a la conclusión de que tu misión tiene que estar relacionada con tu mundo profesional. Es muy probable que la misión de tu vida esté relacionada con aquella actividad en la que realmente estés conectado con todo tu Ser, y puede ser que tu misión esté relacionada con tus servicios a una causa u organización, cuidando de tu familia o de un ser enfermo, o con un *hobby* en particular.

Otra manera efectiva de escribir tu misión es preguntándote cuál es el legado que te gustaría dejar en tu vida, y cómo desearías que te recordaran cuando pases a tu próxima etapa evolutiva, después de tu visita en la tierra. Si no te viene nada a la mente, lo que es muy normal, inspírate simplemente en aquellas personas a las cuales admires por su pasión, su ejemplo o su estilo de vida, y trata de ver qué cualidades tienen en común contigo. Una de mis frases favoritas para compartir con mi público es: «Si admiras a alguien por algún motivo, es porque tú ya tienes en tu interior esa misma cualidad».

Te invito a que leas este último pensamiento cuantas veces quieras, o a que lo escribas y lo pegues en tu nevera, en el espejo del baño, lo pongas en la mesita de noche y en tu auto, pues te va a ayudar mucho a recordar todos los días el gran potencial que realmente tienes si te das el permiso de desarrollar esas cualidades que puedes ver en los demás. Repito, cualquier cualidad que admires te está indicando que ya tienes la semilla de esa cualidad en tu interior, esperando a que la visites, la cuides y la ames en el jardín de tu corazón para que crezca poco a poco hasta salir a la luz.

No te imaginas cuánto me ha ayudado este simple pensamiento en mi vida. Si admiras algo de mí, es porque tú mismo ya tienes esa cualidad dentro de ti. Si admiro algo de ti, es porque tengo el potencial de verlo en mí mismo. Yo simplemente soy tu reflejo, al igual que tú eres el mío, un espejo, un eco, de algo que vive y late con fuerza en tu interior, en mi interior.

Ten un poco de paciencia. Es muy normal que te lleve semanas y meses encontrar y definir tu propia misión, pero siente la ilusión, la energía y la pasión de hacerlo. Ya verás cómo al final todo tu esfuerzo será recompensado en su debido momento, pues todas esas ganas e intención que pones en querer ser mejor persona, en transformarte, en ayudar a los demás, son poderosos mensajes directos a tu Ser, al Universo y a Dios, expresando el alto nivel de tu compromiso para convertirte en tu mejor versión. Cuando encuentres tu misión, lo sentirás en todo tu cuerpo, en cada célula, en tu piel y en tu corazón, y tu vida nunca volverá a ser la misma. Tu misión es un despertar de consciencia que va a traer luz y claridad a tus pensamientos, emociones, decisiones y acciones, y te ayudará a estar más enfocado, a asumir riesgos, a enfrentarte mejor a los problemas y a sentirte más seguro de ti mismo.

Una de las mejores maneras de saber si ya has encontrado tu propia misión en la vida es observar si estás haciendo algo en estos momentos que realmente te gusta y te llena de felicidad. Posiblemente ahora, si cierras los ojos, lo puedas sentir. Si es así, estás trabajando en tu misión y tu propósito de Ser. Si cada día abres tus ojos con ilusión, si sientes que el tiempo se te va muy rápido de las manos, si te sientes agradecido la mayor parte del tiempo por las bendiciones de la vida, todo esto son señales de que ya estás en el camino correcto.

CAPÍTULO 24:

A TODA VELA

Aunque no lo creas, en estos momentos estás conociendo algunos de los secretos de los grandes líderes y empresas exitosas en el mundo, pero aplicados a tu propia transformación. Hoy en día a este proceso lo puedes reconocer bajo el título de «Marca Personal». Si estás listo, toma de nuevo papel y lápiz para tomar notas y sigamos con nuestro ejercicio práctico para crear tu propio plan de vida.

Una vez tienes tu visión de a dónde quieres llegar y te has propuesto conseguirlo decretando cuál es tu misión, el próximo paso es levar anclas y salir del puerto en dirección al destino que te has propuesto alcanzar. Cuando ya tienes tu cuerpo en las mejores condiciones posibles y estás listo para zarpar, lo único que necesitas es tener un buen mapa a mano, con las coordenadas correctas, para mantenerte enfocado en la mejor ruta y vencer con éxito todas las tempestades y marejadas que puedan llegar en tu travesía.

Este mapa —que te voy a enseñar cómo crear— es un plan bastante detallado. En él aparecerán las etapas más importantes del viaje y los pasos que vas a seguir todos los días para mantenerte enfocado, motivado y comprometido con tu misión. Puede ser que en muchas ocasiones necesites ser flexible y cambiar de curso de acuerdo a lo que vayas descubriendo por el camino, pero no pasa nada, pues el plan te permite conocer cómo regresar a tu intención original sin tener que perderte para llegar con éxito a tu destino final.

Mientras que la visión y la misión son ejercicios más relacionados con el mundo espiritual, el mundo de los sueños y de la imaginación, esta última etapa en que estás ahora antes de pasar a la acción, en la que vas a crear y revisar el plan para lograr tus metas antes de salir del puerto, está más relacionada con el mundo de la lógica y de la razón, pero no desde un punto de vista reactivo, sino proactivo, con el fin de encontrar la mejor estrategia y acciones concretas para lograr tus objetivos en el menor tiempo posible y con mayor éxito. Aunque a lo largo de la vida cambies de parecer, lo importante es nunca perder tu esencia, y conectarte con la mejor brújula que existe, la de tu corazón, para saber en todo momento si estás o no en el camino correcto. Si te sientes en paz, navegarás a toda vela impulsado por el aire del amor. Si te sientes inseguro, desmotivado, estresado, preocupado o con mucho sufrimiento, irás más lento hacia tu destino final. Pero, aunque sientas que tu vida va en círculos, o que no estás avanzando hacia ningún lado, tu vida siempre está en continuo movimiento esperando a que vuelvas a recordarle las coordenadas de tu viaje.

EL MAPA

Para crear un buen mapa tienes que ser, primero, un buen investigador, encontrar la información real que te permita llegar a tus metas y usar los conocimientos de tu experiencia personal y profesional hasta el día de hoy. En segundo lugar, debes ser un buen organizador para clasificar la información que vas recibiendo para poder analizarla mejor. Y, por último, tienes que ser un buen planificador para dividir tu recorrido en distancias y metas más cortas, anticipando cuáles son los pasos que te llevarán a ellas, para poco a poco acercarte a las metas más difíciles. Para lograrlo simplemente necesitas saber cómo dividir algo complicado en algo más fácil de alcanzar y eliminar aquellas actividades innecesarias que te restan energías y no aportan en el camino para alcanzar tus objetivos.

Mucha gente me dice que no tiene ninguna experiencia en planificar, pero en realidad es una cualidad innata que todos poseemos al nacer. Es muy probable que algunas veces hayas fracasado en el intento de conquistar alguna meta, pero casi te puedo garantizar que también habrás sido muy exitoso en otras. En realidad, la gran mayoría de las personas tendemos a recordar más fácilmente los momentos en los que fracasamos que los momentos en los que hemos tenido éxito. Te invito a que limpies el baúl de los recuerdos para empezar a reconocer todas las veces que has logrado tus objetivos.

Montar en bicicleta, aprender a conducir, terminar los estudios universitarios, crear una familia, comprarte una casa, bajar de peso, son algunas de las grandes metas que probablemente has conseguido con mucho éxito a lo largo de tu vida. Tienes que empezar a usar productivamente tu propia memoria, no para lamentar que un tiempo pasado fue mejor o revivir el dolor que un día sufriste, sino para recordar todos los logros maravillosos que tú solito has logrado hasta el día de hoy. Pero no tenemos que irnos tan lejos en el pasado para que puedas reconocer que eres un buen planificador y que puedes lograr todo aquello que te propones. Por ejemplo, cada vez que haces la lista de la compra antes de ir al supermercado, cuando tomas la decisión de dónde te vas a ir este año de vacaciones, a la hora de organizar una fiesta de cumpleaños o tu propia boda, estás planificando, y seguro que con mucho éxito. Porque, como se suele decir, «querer es poder».

Una vez reconozcas tu don innato de poder planificar, programar y gestionar todo lo que quieras, siempre y cuando lo quieras de verdad, ya solo tienes que preguntarte por qué no estás invirtiendo tu valioso tiempo y tu energía en el proyecto más importante de todos: tu vida. No sé a qué le tiene más miedo la gente, si al fracaso o al éxito, pero personalmente estoy llegando a la conclusión que se teme al éxito, pues implica tomar consciencia de los cambios y salir de nuestra área de confort. Ya te has atrevido a salir del puerto para ir a tu encuentro, tu destino final, aunque desconoces con certeza el camino, pero de ti depende disfrutar al máximo de la travesía que estás a punto de iniciar. Los tiburones que te dan miedo, las tormentas que te impiden avanzar, las marejadas que te hacen dudar, y el aburrimiento de algunas de las actividades que tengas que realizar no son más que parte de la experiencia que te permitirá conocerte mejor. No te enfoques solo en reconocer lo que menos te gusta de tu viaje, y empieza a enfocarte en todo lo que puedes vivir realmente durante esta maravillosa aventura si te das la oportunidad.

Por lo tanto, podemos llegar a la conclusión de que, si realmente quieres, sí puedes planificar con éxito y crear el mejor mapa para alcanzar tus sueños. Tu próximo paso será identificar con claridad cada una de tus metas y examinar con detenimiento cuáles son las razones de más peso por las que deseas alcanzar cada una de ellas. Esta etapa es quizás una de las más importantes en tu camino hacia la conquista de tus metas, pues, si no estás seguro de tus verdaderas motivaciones para seguir adelante, te darás fácilmente por vencido y posiblemente tires el ancla o regreses donde estabas cuando la corriente y los vientos vengan en tu contra.

24 HORAS

El día tiene solo veinticuatro horas y, en estos momentos, estoy casi seguro de que ya lo tienes comprometido prácticamente en su totalidad con otras actividades personales y profesionales. Con el ritmo de vida que llevamos hoy en día es muy difícil encontrar un minuto para respirar. Sin embargo, tienes que usar tu sentido común para reconocer que, si deseas atraer algo nuevo a tu vida, primero tienes que decidir qué vas a dejar ir, para que en ese preciso espacio se llene con aquello que deseas conseguir. Aquí está nuestro gran problema: no queremos dejar ir nada en absoluto, queremos seguir teniéndolo todo, y sumar, sumar y sumar. Esta tendencia —presente en todos los seres humanos— de seguir acumulando nos llevará a nuestra propia destrucción, pues no tenemos ni las horas ni las energías para seguir manteniendo este ritmo por mucho tiempo. Pensamos que nuestro vaso de agua no tiene fondo, pero tú y yo sabemos que, si seguimos llenándolo de agua, muy pronto se va a empezar a derramar por todos lados, o nos ahogaremos en la misma agua.

¿Te has hecho alguna vez la pregunta de cuáles son tus verdaderas prioridades? ¿A qué actividades estás dispuesto a dedicar más tiempo y qué actividades te restan energía y no te parecen importantes? ¿Qué tendrás que dejar de hacer en estos momentos, hoy, para poder enfocarte en tu nuevo proyecto? ¿Cuánto dinero estás dispuesto a invertir? Sí, me has oído bien: el éxito, el bienestar y la salud cuestan un dinero, requieren una inversión económica. ¿O es que esperas que te lo den gratis? Observa tú mismo qué haces con aquellas cosas que te dan gratis, comparado con aquellas que te cuestan algo. ¿Qué estás dispuesto en verdad a dar para poder recibir lo que tanto deseas? ¿Cuánto esfuerzo crees que vas a poder dar?

Estas preguntas son las mismas que me hice antes de conquistar mis propios sueños, y me las sigo haciendo hoy en día para seguir conectado con mi propósito y mis nuevas metas. Si tú no te haces responsable de lo que dices y haces, ¿quién crees que lo va a hacer por ti? Espero que haciendo este ejercicio puedas despertar tu consciencia a una nueva realidad que te ayude a lanzarte a toda vela hacia tus verdaderos sueños. Muchas veces nos damos por vencidos en estas primeras etapas de planificación cuando nos damos cuenta de que lo que buscamos conseguir tiene un costo de tiempo, de dinero, de energía personal y de cambios en el hogar, la familia, el trabajo e incluso en nuestro estilo de vida. Tu compromiso personal en estos momentos para conquistar tus metas tiene que ser muy fuerte, muy claro, muy seguro y, en especial, muy realista. ¿De qué sirve decir que quieres algo si no estás dispuesto a invertir tu tiempo, tu energía y tu dinero? ¿Eres consciente de la «ilusión» con que nuestra mente, e incluso muchas personas, trata de convencernos de que, sin esfuerzo, sin gastar dinero y sin apenas hacer nada lograrás lo que tanto deseas?

Escucha tu corazón cada vez que te llegue este tipo de argumentos en la televisión, en las revistas, en la boca de tus amigos o en la voz de tus propios pensamientos, donde te prometen que conquistarás todos tus deseos sin apenas hacer nada, y siente tú mismo si ese mensaje está dirigido a tu Ego o a tu Ser.

Amarse a uno mismo es un encomendable proyecto de vida que implica un esfuerzo impresionante para poder vencer no solo los miedos e inseguridades que podamos tener sobre nosotros mismos, sino también todos nuestros pensamientos que quieren convencernos de que las obligaciones con los demás están antes que las nuestras. Es verdad que hemos venido a esta vida a servir y amar, pero para dar a los demás tenemos que experimentar lo que significa recibir ese servicio y ese amor a nosotros mismos. Fíjate que cuando subimos en el avión, la voz que suena en el altavoz nos dice cuáles son los pasos que tenemos que seguir en caso de accidente, pero en la vida no hacemos caso a estas recomendaciones: si quieres salvar la vida de la persona que tienes a tu lado, primero ponte la máscara de oxígeno. Solo tú puedes ayudar a los demás y a las personas que más amas, si te ayudas a ti primero.

PLANIFICAR CON UN PRESUPUESTO

Tú eliges cuánto tiempo, cuánto esfuerzo e incluso cuánto dinero quieres invertir en tu bienestar y felicidad. Quizás la gente, o tú mismo, entienda más fácilmente que tengas que invertir tiempo y esfuerzo, pero no estén de acuerdo en que inviertas el dinero. Comprar unas zapatillas para hacer deporte, cambiar los productos en la lista de tu compra por alimentos más sanos, limpiar y redecorar un lugar en tu casa donde puedas estar en silencio contigo mismo, comprar este mismo libro, contratar si puedes los servicios de alguien para ayudar con las tareas de la casa para tener el tiempo de estudiar, de trabajar o de hacer deporte, apuntarte a una clase para aprender algo nuevo, o regalarte un pequeño detalle que te haga ilusión para recompensarte por todo tu esfuerzo y mantenerte motivado, son algunos de los ejemplos de por qué necesitas fijarte un presupuesto para alcanzar tus metas.

Cuanto más conectado estés contigo mismo, cuanto más reconozcas tus cualidades y tus vulnerabilidades, cuanto más corazón le pongas a tus acciones, más lejos llegarás y más recompensas recibirás. En tu interior sabes exactamente lo que tienes que hacer, por muy descabellada que sea la idea. Atrévete a poner en práctica, poquito a poquito, algunos cambios para experimentar si tu vida mejora o no, y así poder ir ganando confianza para atreverte a realizar mayores retos y cambios. Al principio es verdad que cuesta un poco, pero, cuando empieces a practicar con metas pequeñas, a escribir un plan para conquistar cada una de ellas, y logres dar el gran salto de pasar a la acción, te convertirás en tu propio estudiante y maestro al mismo tiempo, y la experiencia te dará más seguridad para atreverte con metas cada vez más grandes. La pregunta que realmente tienes que hacerte es: «¿Qué estoy esperando?». O, si quieres ponértelo un poquito más difícil, te invito a que te plantees con mucha compasión la siguiente pregunta: «¿Por qué me cuesta tanto quererme?» o «¿Por qué me cuesta tanto creer que pueda ser feliz?».

Si ya tienes la determinación y la motivación para iniciar la transformación, los próximos pasos son más fáciles de ejecutar dejando tus excusas y tus emociones a un lado. Algunas actividades que alimentarán tu espíritu para iniciar tu viaje son buscar aliados, personas de confianza, que puedan convertirse en tu mejor equipo de trabajo para ayudarte a conquistar tus metas, hacer un exhaustivo estudio de investigación para conocer las mejores estrategias y tácticas para lograr dichos objetivos; encontrar los recursos necesarios para empezar a ponerte en acción; y reorganizar todas tus prioridades.

Al igual que sucede con un buen plan de *marketing* o de negocios, todo objetivo que desees alcanzar debe seguir unas reglas básicas para alcanzar el éxito: tienen que ser claras y sencillas de entender, deben ser cortas y directas, pero sobre todo tienen que ser puntuales y contar con una fecha de ejecución para llevarlas a cabo y para medir tu progreso. Es probable que al primer intento consigas conquistar esa meta, pero también es muy probable que te lleve varios intentos fallidos lograrlo, que en el camino descubras muchas sorpresas que antes no sospechabas que pudieran darse, y que ocurran situaciones que te hagan dudar de si estás o no preparado para lo que deseabas alcanzar. Es muy normal que sucedan todos estos escenarios, y aquí es donde tienes la oportunidad de poner a prueba tus dotes como CEO y líder de tu vida, para poder observar lo que está pasando, corregir lo que estás haciendo si es necesario, cambiar tu plan o tu actitud, elegir nuevas alternativas que antes no tenías previsto o decidir los próximos pasos para seguir con tu compromiso.

Aunque es verdad que los fracasos dejan un mal sabor en la boca, en realidad estos tienen más beneficios de los que te imaginas, pues te preparan mejor para enfrentar retos más grandes en el futuro. Aunque todos tenemos acceso a una sabiduría universal todos hemos venido a esta Tierra a aprender y crecer. En lugar de ver tus fracasos, errores y fallos como algo negativo, aprovecha esta oportunidad para poner a prueba tu actitud y buscar el lado positivo de lo que está pasando. Seguro que tienes mucho que aprender, que tarde o temprano lo podrás llevar a la práctica en tu próxima experiencia. Estos precisos pasos en los que sientes que vas más hacia atrás que hacia adelante son necesarios, y quizás me atrevería a decir, los más importantes, para tomar impulso y dar un gran salto en dirección de tus grandes metas y sueños.

Una de las razones principales por las que me gusta fijar metas en mi vida es por la sensación de desafío personal para llevarlas a cabo. Todos llevamos dentro un pirata que desea pasar a la acción y demostrar su valor, su fuerza y su pasión. Ya sea correr un maratón, escribir un libro o atreverte a hablar en público, cuando sabes lo que quieres conseguir, conoces tus motivaciones para alcanzar aquello que tanto deseas, y sientes la energía renacer en tu interior y llenarte de ilusión, entonces no hay nada que no puedas conquistar, pues en esta actitud y en el camino, te encontrarás.

INVESTIGACIÓN Y ESTRATEGIA

Por experiencia personal, la parte más complicada de conquistar una meta es aceptar con sinceridad dónde estás en estos momentos, pues muchas veces tenemos una idea muy diferente y alejada de nuestra realidad. Por ejemplo, imagínate que deseas ejercer de abogado sin tener en cuenta que primero necesitas cursar estudios universitarios y costear los gastos o pasar por una pasantía para adquirir experiencia antes de ejercer de abogado como siempre soñaste. O imagina que quieres correr un maratón de cuarenta y dos kilómetros sin previamente ponerte en forma, cambiar tu alimentación, ni entrenar por meses. Todo en la vida tiene un camino, y tu inteligencia, tu sentido común, tu experiencia y tu intuición pueden encontrarlo si te das el permiso de buscarlo con sinceridad.

Tómate tu tiempo e investiga todo lo que sea preciso para tener la información necesaria para ajustar tus objetivos lo máximo posible a la realidad. Luego, si ves que las cosas no son como imaginabas, no pasa nada, tendrás que cambiar tus metas por otras que estén más de acuerdo con todo lo que estás aprendiendo, pero siempre conectadas con tu visión y misión en la vida. Una vez formulados tus objetivos, tendrás que fijar el camino que vas a seguir para llevarlos a cabo. A esta fase de tu «plan de vida» se la conoce en el mundo empresarial como «estrategia». La estrategia reúne la información básica de cómo vas a lograr lo que te propones y qué cambios significativos vas a tener que hacer en tu vida con el fin de crear espacio en tu agenda para pasar a la acción. Una buena estrategia establece las reglas del juego para tomar las mejores decisiones.

El secreto para escribir una buena estrategia es tener a tu disposición la máxima información disponible sobre el proyecto que deseas realizar para ser lo más objetivo y realista posible de acuerdo a tus compromisos actuales. Solo tú eres capaz de saber qué puedes hacer, y cuánto esfuerzo puedes permitirte, sin perjudicar tu compromiso con las otras prioridades importantes en tu vida. La estrategia es como uno de esos mapas que encuentras dentro de los grandes almacenes que a veces necesitas consultar para ver dónde estás y qué tiendas deseas visitar. Pero no te asustes, al igual que en el caso de las metas, nada está escrito con fuego, y siempre puedes ser flexible si surgen imprevistos que están dentro de las prioridades que te habías marcado como importantes, No obstante, ten mucho cuidado de que tu Ego, a quien no le gusta perder el control de nada, no esté jugando contigo tratando de convencerte de hacer otras cosas para distraerte o creando excusas para alejarte de tu propósito.

Imagínate que estás en una piscina olímpica y tu meta es llegar al otro lado. La estrategia es la línea que está pintada en el suelo de la piscina para que, mientras nadas, puedas saber en todo momento hacia dónde vas y no te desvíes mucho de tu camino. Por ejemplo, si tu meta es bajar de peso seis kilos en seis meses, tu estrategia es adoptar un estilo de vida sano y positivo haciendo ejercicio físico cuatro días a la semana por una hora, y cambiar completamente tu alimentación, siendo muy preciso con qué alimentos y bebidas vas a tomar en cada comida cada día de la semana. Ahora, si con el paso de los días ves que no puedes seguir con la estrategia que te habías fijado, eso quiere decir que esta estrategia no era la correcta y que tendrás que buscar otro camino que te pueda ayudar mejor a lograr tu objetivo. Fracasar en la fórmula de tus objetivos, estrategias o acciones no es tan malo como tu mente te puede hacer creer, pues es la única opción que tienes para aprender. Quizás, en el ejemplo de la pérdida de peso, tu mejor estrategia sea una operación de cirugía plástica, y, por lo tanto, las acciones serán muy diferentes con respecto a la primera estrategia que te habías marcado, pero solo la experiencia te llevará a encontrar tu mejor camino. Eres libre de escoger una opción u otra, o de estar todo el tiempo imaginando rutas de cómo llegar a tus metas, pero tarde o temprano tienes que ser consecuente con tu realidad y tus deseos y tener el valor de pasar a la acción con actividades concretas.

DEL DICHO AL HECHO

Ahora que has definido el camino para transformar aquello que deseas cambiar, tienes que definir específicamente cuáles son las acciones específicas, conocidas en términos empresariales como «tácticas», para lograr tus objetivos. El propósito de describir cada uno de los pasos que vas a seguir para alcanzar tus objetivos, aunque no sepas por dónde empezar, demostrará si realmente estás o no comprometido con tus deseos. Esta etapa es tan importante en el presente y futuro de tu vida como lo es que un arquitecto trace un plano antes de construir un edificio. Las cosas no se transforman porque sí, automáticamente, sino que son diseñadas y planificadas primero sobre papel. Al principio cuesta mucho trabajo y energía construir este plan, pues sientes que no estás avanzando y que quizás pierdas el tiempo, pero recuerda lo que pasa si tratas de construir un edificio empezando por el tejado.

Estás leyendo estas palabras porque ya estás empezando a tomar responsabilidad de tu vida y estás comprometido a buscar las herramientas para lograr una transformación positiva. No trates de ir más deprisa de lo que debes, ni te tomes esta etapa a la ligera, ni te duermas en los laureles buscando excusas evitando pasar a la acción. Todo el tiempo, el esfuerzo, la inversión, el cariño y la ilusión que pongas en tu etapa de planificación marcarán la gran diferencia cuando tengas que ejecutar lo que has planificado. Justo aquí radica muchas veces la diferencia que existe entre las personas que han alcanzado el éxito, y las personas con muy buenas intenciones pero que no han planificado el camino.

En el proceso de creación del plan, es probable que descubras cosas nuevas o incluso que desees muchas veces cambiar de metas. No pasa nada. Lo extraño sería que no te sucediera. Al invertir el esfuerzo de sentarte para dar forma a este rompecabezas, surgen constantemente nuevas ideas y preguntas que no hubieras tenido en cuenta si no hubieras hecho antes este ejercicio de planificación, y te preguntas de nuevo si realmente deseas aquello que tan fácilmente creías querer.

Una vez tengas más claro cuáles son tus próximos pasos para ir en busca de tus metas, organízalas en orden de más a menos importante, y dales también, al igual que con tus metas, un plazo de tiempo para su ejecución; de lo contrario, te aseguro que tu mente tratará por todos los medios de convencerte de que dejes para mañana aquello que puedes hacer hoy. Como te dije, este plan lo puedes hacer para cualquier aspecto de tu vida, desde bajar de peso, a buscar un nuevo trabajo, escribir un libro o despertar una pasión que puedas convertir en hobby.

Existirán acciones que te lleven más tiempo, y otras que sean tan grandes que incluso necesites crear otro plan para llevarlas a cabo. Tranquilo. No pasa nada. Simplemente divide la nueva acción en pedacitos más pequeños, revisa de nuevo tu lista de prioridades, reenfoca tu tiempo y tu energía, y sigue tu camino. Si encuentras problemas, trata de hallar la mejor solución posible en el momento. No te escapes de tu realidad y respira para conectarte con tu Ser. Si te equivocas, corrige, pero no repitas la misma equivocación muchas veces. Recuerda que los fracasos y los errores te permiten aprender algo nuevo que antes no sabías, y que son en realidad tus mejores maestros. Analiza qué está pasando, tómate el tiempo que necesites para encontrar una solución y sigue siempre hacia delante, pero nunca dejes de atender las necesidades básicas con tu salud personal, pues vas a necesitar de la mejor energía física, mental, emocional y espiritual para conquistar con éxito todas tus metas.

Por último, una de las claves del éxito de muchas de las personas a las que más admiras en el mundo está en la calidad del equipo de personas que tienen a su lado, las cuales no solo están compartiendo su visión y su misión en la vida, sino también una travesía paralela, muy similar a la suya, y en las cuales puedes apoyarte en los momentos difíciles e inspirarte para seguir ilusionado en tu propósito. Rodearte de gente buena, positiva y productiva es una señal de fuerza personal para conquistar tus metas personales y profesionales. Ya sea en tu familia, tu círculo de amistades, con tus compañeros en el trabajo o entre gente a la que admiras, tienes que crear el mejor equipo posible bajo tu liderazgo para ayudarte en tu propia transformación y, a su vez, ayudarles en la suya.

UN CONSEJO DE AMIGO

En estos momentos tan decisivos en tu vida, hay un consejo de amigo que puedo ofrecerte antes de conquistar cualquier meta, personal o profesional, que puedas tener: prepárate mental y emocionalmente de antemano para invertir un poquito más de tiempo, más esfuerzo y más dinero del que te imaginas en estos momentos. Más vale que calcules al alza y no a la baja, para no tener que darte con la cabeza contra la pared muchas veces por no haber realizado los cálculos correctamente. No tienes que exagerar hasta el punto de desmotivarte, pero tampoco presupongas que es muy fácil de alcanzar si no has pasado por una experiencia similar. No quiero sonar alarmante, ni fatalista, ni desmotivador, sino realista y objetivo de acuerdo a mi propia experiencia personal, y aunque deseo de todo corazón que todo te salga bien a la primera, es importante que puedas estar preparado para prevenir situaciones inesperadas y tener un colchón de tiempo, e incluso económico, para afrontar sorpresas que puedas encontrar en tu camino.

Con la experiencia, te darás cuenta de que nada pasa por casualidad y todo tiene una razón de ser, aunque en el momento que las cosas estén sucediendo no te des cuentas o no lo entiendas. Aunque te sientas completamente perdido en un laberinto sin salida, o que has perdido el sentido de lo que estabas haciendo, tienes que hacer un alto en el camino para repasar tu recorrido, reponer fuerzas y sentir cuáles son los próximos pasos. Es verdad que es difícil estar en una situación en la que no sabes con certeza qué rumbo seguir, pero si te das el permiso de escuchar, puedes apoyarte en el maravilloso «plan divino y universal», que actúa siempre a tu favor, creando las circunstancias y oportunidades para seguir con tu destino.

Tarde o temprano, sé que tú también vas a sentir el significado de las palabras que te estoy diciendo, y podrás respirar un poco más tranquilo sabiendo que no estás solo, y que tú eres parte de un plan cósmico universal cumpliendo una hermosa y divina función. Y es en estos momentos, donde tienes tu mejor intención, cuando tienes que aprender a dejar ir para recibir, cuando tienes que soltar para encontrarte, cuanto tienes que saltar para volar. Con esto, lo que pretendo comunicarte es que, cuando te encuentres en una situación de impotencia y de sufrimiento extremo, mi experiencia personal me mueve a recomendarte de todo corazón que te dejes llevar, que abandones tus expectativas y que confíes en Dios y en el Universo para retomar el control de tu vida.

Todo te va a ir bien si mantienes tu compromiso personal de ser honesto contigo mismo, si te mantienes alerta a las señales que tu cuerpo te va a mandar para avisarte si estás conectado o desconectado de tu camino, y si actúas con determinación entregado a la energía del amor. La mayor recompensa que vas a recibir por todo tu esfuerzo es la satisfacción de saber que tú tienes la capacidad de lograr todo aquello que te propongas conseguir, entrar en contacto con la divina conexión con tu Ser, y ayudar a los demás a través de tu propio ejemplo. Reconocer que tuviste el poder de fijarte unas metas, el valor para actuar de acuerdo a tu intención, el esfuerzo para dar siempre lo mejor, y la responsabilidad para seguir con disciplina el camino a pesar de los obstáculos en tu contra te ayudará a sentirte más seguro de ti mismo para atreverte con retos cada vez más grandes.

Con este maravilloso mapa, ya estoy sintiendo tu barco salir a toda vela hacia el horizonte en busca de ese bienestar y felicidad que tanto deseas y que seguro vas a encontrar, pues es justo en este proceso donde tu intención se une con la acción, donde descubrirás el verdadero significado de la paz, el amor y la felicidad. No te imaginas lo feliz que me siento cuando cierro mis ojos y te veo tan comprometido contigo mismo y con tus sueños, sabiendo que durante tu viaje te conocerás y lo entenderás todo. ¡*Bon voyage!*

SÉPTIMA SEMILLA
La belleza del ser

CAPÍTULO 25:

FRENTE AL ESPEJO

«Prefiero ser de fuego y de pasión, a ser un espejo de hielo sin libertad».

Estas palabras pertenecen a la canción *Frente al espejo*, del popular cantante español Raphael, y creo que es el perfecto encabezamiento para empezar este capítulo al definir perfectamente mi sentimiento de todas las horas que he pasado frente al espejo de mi cuarto de baño, de mi mente, de mi alma en estos últimos años tratando de ser fuerte frente al dolor con el fin de encontrar el sentido de todo lo que me estaba pasando. Y frente al espejo del fuego y la pasión encontré lo que buscaba.

Quién me iba a decir que después de más de veinte años trabajando con la maravillosa herramienta de un espejo en la transformación de la imagen externa de tantas personas en el mundo terminaría usándolo también como una poderosa herramienta para ir más allá de la imagen externa y conectarse con la belleza interna y la fuente de inspiración de los seres humanos. Siempre fui consciente que un simple cambio de *look* puede convertirse en la antesala de una verdadera transformación de vida y una transformación de belleza desde adentro hacia fuera si la persona se daba el permiso de descubrir todo el potencial y trabajar al mismo tiempo con la belleza externa, la belleza interna y la belleza del Ser.

El espejo es un maravilloso instrumento que todos tenemos a nuestro alcance para ayudarnos a conocernos mejor a nosotros mismos. Sin embargo, el espejo también encierra el poder mágico de hacernos creer cosas que no son, para bien o para mal, y puede convertirse en un aliado del Ego para crear una falsa interpretación de la realidad de acuerdo a sus necesidades. Sin embargo, frente al espejo tenemos el poder de reconocer la imagen mental que tenemos de nosotros mismos, y la cual nos puede llenar de miedos, de dudas y de inseguridades, e ir un poco más allá para descubrir nuestra belleza interna.

LA EVOLUCIÓN DEL ESPEJO

Mi primera experiencia con el espejo, me imagino, fue de muy pequeñito, cuando se convirtió en un interesante objeto mágico del que salía una imagen que repetía los mismos movimientos que yo hacía. Puede que sea un recuerdo de mi infancia o de un niño que he visto jugando al ver su imagen reflejada, pero en esa primera interacción con el espejo, cuando por primera vez puedes reconocer tus ojos, tu nariz, tu pelo, tu cuerpo, ese momento se convierte en una experiencia extraordinaria y mágica. Después, con el paso de los años, nuestra inocencia se va transformando poco a poco para convertir el espejo en un juguete más con el que divertirse, y es que, cada vez que nos encontrábamos con nuestro rostro reflejado en uno, empezamos a hacer muecas y caras extrañas para tratar de distorsionar la realidad y reírnos un poco de nosotros mismos. Qué maravilla es tener la inocencia de un niño, y qué revelación significa entender hoy todo lo que sabíamos entonces y lo poco que sabemos ahora. Me resulta difícil comprender ahora de adulto cómo de niños no nos tomábamos nuestra realidad tan en serio, y cómo ahora, de mayores, hacemos justo lo contrario, nos tomamos todo tan seriamente, sin darnos cuenta de que ni siquiera estamos viendo la realidad, sino interpretando una versión de esa realidad según nuestro estado de ánimo y nuestros pensamientos dominantes. Tenemos que hacer el esfuerzo todos los días de despertar nuestro niño interior para jugar. Estoy seguro que puedes encontrar muchas ocasiones en tus actividades diarias donde puedas darte el permiso y rienda suelta para que tu maravilloso niño te demuestre cómo disfrutar de la vida.

Cuando éramos niños no nos importaba nada si éramos altos o bajos, más gorditos o más flaquitos, si teníamos la piel clara u oscura, si estábamos saludables o teníamos una discapacidad, lo único que nos importaba era jugar, disfrutar el tiempo al máximo y no perdernos un segundo de todo lo que estaba pasando a nuestro alrededor. Teníamos que aprovechar la vida al máximo. Ahora puedes ser testigo tú mismo de cómo han cambiado las cosas: hemos perdido el sentido del humor, la ilusión y nuestra capacidad de soñar, y lo hacemos todo con prisas sin conectarnos con lo que estamos haciendo y dejando de disfrutar.

Luego, como venía contando, pasan los años, y los adultos, sin ser conscientes, empiezan a limitar nuestras libertades para que dejemos de ser niños, con el fin de transformarnos en una copia de lo que ellos creen que deberíamos ser y también entrar dentro de la categoría de personas «mayores» y «más responsables». «Eso no está bien», «ya eres mayor para esas tonterías», «qué feo luces cuando haces eso», son algunos de los comentarios que provocan que, poco a poco, empecemos a ver el espejo desde otro punto de vista, dejando de ser mágico, para convertirse en un instrumento extraño al que nos da pena acercarnos pues solo refleja una parte de nuestra imagen y nuestra transformación externa que no sabemos si nos gusta o no, pues todo el tiempo las personas adultas nos están recordando nuestro cambio físico y regalando comentarios que no siempre son positivos.

Después, siguen los años y llega la famosa etapa de la pubertad, de la juventud, del gran salto en que las niñas se convierten en mujeres, y los niños, en hombres, y el espejo, aunque en un principio se convierte en nuestro aliado para ser testigo de esa extraña transformación física que se está desarrollando ante nuestros propios ojos, al final solo nos permite ver lo que menos nos gusta de nosotros externamente, y al no ver reflejado un paradigma de belleza que hemos escuchado en nuestro entorno o visto en los medios de comunicación, terminamos nuestra amistosa relación con el espejo.

A través de la imagen que vemos reflejada en los anuncios y las películas de la televisión, del cine y de las revistas, a través de la cultura donde hemos nacido, y de la influencia de nuestros familiares, amigos y de la sociedad en la que vivimos, poco a poco nos vamos formando una idea de cuál es la belleza «ideal» para tener éxito en la vida personal y profesional, y nos la terminamos creyendo. Entonces comienza nuestra relación de amor y odio frente al espejo al tratar de ver lo cerca o lejos que estamos de esa meta impuesta por los demás, ignorando nuestras propias cualidades y nuestra verdadera esencia.

TU RELACIÓN CON TU IMAGEN

Una de las grandes bendiciones que he tenido en mi vida, y que me ayudó a escribir mi primer libro dedicado a la belleza de las mujeres, ha sido trabajar como estilista de moda y belleza para miles de mujeres de todas las nacionalidades, tipos de cuerpo y estatus económico, para ayudarlas a sentirse más bonitas y más seguras de ellas mismas a través de su propia imagen. Durante más de veinte años, he podido ser testigo personal del efecto que el espejo ha tenido en sus propias vidas, tanto para bien como para mal.

Tu imagen, te guste o no, es parte de ti y te va a acompañar a lo largo de todas las etapas de tu vida, desde que naces hasta el día que das tu último suspiro. Tu imagen es una parte vital de tu despertar y experiencia espiritual en este mundo físico. Necesitamos el cuerpo para vivir, para expresarnos y para amar, y nuestra imagen será nuestro sistema de comunicación más poderoso, junto a nuestras palabras para lograr nuestros objetivos personales y profesionales. Tu cuerpo cambiará mes a mes y año tras año, y tu forma de vestir y tu estilo personal irán evolucionando según cada etapa de tu vida para convertirse en tu mejor tarjeta de presentación. Ser fiel a quien tú eres a través de tu propio estilo, aceptar y conocer tu tipo de cuerpo para saber qué ropa y accesorios te quedan mejor, y descubrir el papel de tu imagen interna y externa en la realización de tus sueños, son claves para tener una mejor relación con tu espejo.

Te guste o no el tipo de cuerpo que tienes en estos momentos, la forma de tu rostro, el color de tu piel o el largo de tu cabello, la primera regla a la hora de vestir mejor es aceptar tu imagen lo más honestamente posible, sin involucrar tus emociones, para tomar las mejores decisiones que te permitan resaltar tus mejores cualidades y minimizar las partes de ti que menos te gustan.

Un buen estilista puede saber en cuestión de segundos cuáles son la ropa, los colores, los diseños y los materiales que te harán lucir mejor observando solo tu figura, tu estatura y el color de tu piel. Al no estar conectado emocionalmente con tu imagen, un estilista tiene la facilidad de aceptar la realidad tal como es, sin interpretaciones, sin excusas y sin miedos, permitiendo elegir las prendas y los accesorios que automáticamente van a hacer posible el sueño de toda mujer u hombre: verse más alta, delgada y atractiva en cuestión de minutos.

Personalmente no me lleva mucho tiempo encontrar el *look* que quiero proponer a una persona cuando desea una transformación de belleza, pero, para dar verdaderamente en el clavo, tengo que pasar un poco más de tiempo con ella, no para conocer con más detalle sus medidas, sino para descubrir sus miedos e inseguridades, y acercarme lo más posible a su verdadera personalidad para encontrar el estilo personal que la hará sentirse más cómoda, segura, realizada y bonita desde adentro hacia fuera.

YA ERES HERMOSA

Una parte muy importante en las transformaciones de belleza que hago consiste en asegurarme de que entiendan que tanto los hombres como las mujeres ya son hermosos y bellos desde un principio, que su cambio exterior no significaba para nada un cambio en su esencia, y que su tipo de cuerpo o su color de piel no son una limitación para conquistar cualquier sueño que puedan tener. Todo lo contrario, la imagen externa se tiene que convertir en una herramienta de proyección de la belleza interna, y en un aliado personal para sentirte más seguro, más motivado y más enfocado en conquistar tus metas personales o profesionales. El éxito de belleza radica en estar orgulloso de quién eres por fuera, pero, en especial, sentirte seguro de quién eres por dentro. De nada te sirve tener una imagen «perfecta», si por dentro no tienes una bonita imagen de ti mismo. Por cierto, las palabras que utilizas, al igual que tu movimiento corporal, son parte también de esa imagen.

Perdónenme los hombres si en esta sección tiendo a dirigirme al género femenino al describir la transformación de belleza, pero no lo hago conscientemente pues llevo tantos años trabajando para mujeres que yo incluso me defino muchas veces en términos femeninos. Eso no quiere decir que estos pensamientos no sirvan por igual para todos o quiera faltar el respeto a nadie.

Elegir la ropa que te queda mejor según tu cuerpo y personalidad es tan beneficioso para tu autoestima, tu seguridad y tu bienestar emocional como alimentarte de manera saludable y hacer ejercicio físico regularmente. El cuidado de todos los detalles de tu imagen, tanto en la ropa que uses como en la protección de tu piel contra los rayos del sol, desde los productos que eliges para alimentarte hasta el champú con que te lavas el cabello, hará que poco a poco te sientas mejor contigo mismo y dejes de tener miedo de enfrentarte al espejo que tienes en tu casa. Te atreverás a retomar la relación que tenías en tu infancia con el espejo para que te sirva no solo como instrumento para lucir más bella, o bello, sino en especial para retar con tu humor a la imagen mental que tengas de ti mismo, o descubrir toda la belleza de tu alma.

No dejes que tu mente te haga creer que dar prioridad a tu imagen no significa que automáticamente eres una persona vanidosa, egoísta y desconectada de la realidad, sino justo todo lo contrario. Cuidar de tu imagen externa es un hermoso acto voluntario de amor hacia ti mismo, porque te atreves a descubrir no solo tus mejores cualidades, sino también aquellas cualidades que te gustaría mejorar. Tan importante es la imagen que ves reflejada frente al espejo como la imagen que tienes de ti mismo en tu interior. Por eso, trata de observar si percibes diferencias o no entre tu imagen externa y la imagen mental que tienes. Para ello vas a tener que documentar tu transformación, tomar fotos, escribir un diario, y atreverte a conocerte por dentro y por fuera un poco mejor.

Así como no puedes empezar a construir una casa por el techo, tampoco puedes vestirte sin conocer y aceptar cuál es tu tipo de cuerpo, la forma de tu rostro, el color de tu piel, tu personalidad y la imagen que tienes de ti en estos momentos. Externamente, cada mujer y cada hombre es distinto, no solo por la estatura y el peso, sino también por la estructura del cuerpo, el color de piel y los rasgos físicos. Sin embargo, todos tenemos la capacidad de distorsionar la realidad con nuestros pensamientos y todos tenemos el potencial de descubrir y conectarnos con la hermosa belleza del Ser donde todos somos exactamente iguales. Estamos construidos dentro del mismo patrón, con los mismos materiales, y conectados con la misma fuente. Los artistas jamás trabajan sin tener en cuenta el equilibrio, la armonía y la proporción. Los músicos lo hacen con las notas; los pintores, con los colores; los chefs, con las especias; y tú harás lo mismo ahora con tu propia imagen, buscando el equilibrio y la armonía entre tu belleza interna y tu belleza externa, entre tu imagen mental y tu imagen física.

CUESTIÓN DE ACTITUD

Para proyectar tu mejor imagen no solo tienes que conocer tu cuerpo y el mensaje que tu ropa envía a través del estilo, el diseño, los materiales y los colores, sino prestar especial atención a tu personalidad y actitud frente a la vida. La manera como nos vemos a nosotros mismos y la seguridad que sentimos frente a la vida se reflejarán siempre en nuestro aspecto externo. Por ejemplo, si eres una persona negativa, pesimista y deprimida, esa actitud se reflejará también en tu imagen externa, ya sea a través de una cara fruncida y triste, un aspecto descuidado y sin arreglar, o de una postura encorvada y decaída. Sin embargo, si eres una persona positiva, alegre y segura de sí misma, tu actitud se reflejará a través de la mirada, la sonrisa, la manera como cuidas todos los detalles y también en tu postura y en la manera como te arreglas y te vistes.

Si cambias positivamente tu imagen interna, tu personalidad y acciones se transformarán para mejor. Si expandes tu imagen interna, lo mismo harás con tus horizontes y crearás un mundo lleno de posibilidades. ¿Eres una persona negativa o positiva? Tú tienes el poder de transformar tu imagen de pesimista a positiva. Por ejemplo, si has tenido pensamientos como «Qué más da la ropa que me ponga, si nada me va a quedar bien con este tipo de cuerpo que tengo», o «Quién se va a fijar en mí con esta cara tan fea», o «Para verme bonita necesito ropa de marca y dinero que no tengo», entonces sustituye estos pensamientos por «Estoy orgullosa de mi cuerpo y de quien soy», «Mi rostro refleja la felicidad que siento», «Voy a tratar de vestir lo mejor posible para lucir bonita y ser feliz». De lo contrario, si no cambias de actitud, por mucho dinero que tengas para comprar la ropa más cara del mundo, por mucho ejercicio que hagas para tener un cuerpo escultural, o por mucha cirugía plástica o tratamientos de belleza a los que te sometas, nunca llegarás a proyectar una imagen radiante y feliz, porque internamente no te sentirás bella y hermosa.

Para lograr con éxito este objetivo, deberás tener el coraje y el valor de decir a tu Ego y a tu interpretación de tus pensamientos frente al espejo, «¡Basta ya!» y «¡Hasta aquí hemos llegado!». Como dice la canción de Raphael, tienes que plantarte con fuerza y seguridad delante de tus pensamientos para afirmar tu independencia de ellos y decretar la elegancia y la belleza de tu Ser.

VALORA TU BELLEZA

Ha llegado tu hora de empezar a reconocer y a amar todas las bendiciones y maravillosas cualidades que Dios te ha regalado al nacer. Tu cuerpo tiene vida y tu corazón late segundo a segundo para permitirte este gran sueño de vivir una maravillosa experiencia de crecimiento y despertar en la Madre Tierra. Tu verdadero Ser desea salir a la luz para que descubras toda su belleza. No temas abrir tus ojos para empezar a quererte por dentro, y por fuera, pues tú eres todo el paquete completo, y lo que proyectas a través de tu imagen no es más que un reflejo de ti. Empieza a sustituir todas tus quejas y excusas por cumplidos de aprecio y amor hacia un cuerpo que te ofrece el mayor regalo que puedas desear: vivir tu vida y poder amar. ¿Qué más necesitas?

¿Cuándo fue la última vez que agradeciste a tus pies por estar de pie, o a tus manos por escribir y traer comida a tu boca, o a tus pulmones por no dejar de respirar? ¿Eres realmente consciente de la belleza y la perfección que tu cuerpo cumple todo el tiempo por tu propio beneficio? No esperes a estar enfermo para apreciar, reconocer y agradecer la belleza de tu salud. Eres, mi queridísimo amigo, un ser más especial y maravilloso de lo que puedas imaginar. Por experiencia te digo que de nada te sirve que te digan que eres bello si primero no estás dispuesto a aceptarlo y reconocerlo. Todo depende de ti. Para poder apreciar la belleza que la vida te regala, primero tienes que apreciar la belleza que hay en ti en estos momentos. Reconócelo todos los días en lugar de ignorarlo, criticarlo, desecharlo o maldecirlo. No dejes que las inseguridades, los miedos y los complejos que has acumulado desde pequeño sobre tu cuerpo y tu imagen definan tu presente y tu futuro. Ahora puedes marcar la diferencia y empezar a quererte, empezando con pararte frente al espejo y mirarte a los ojos.

El mejor accesorio de tu belleza está dentro de ti, en el brillo de tus ojos, en tu sonrisa contagiosa y en tu energía positiva. Si no me crees, fíjate en la imagen de las personas a quienes más admiras y observarás cómo su belleza se refleja más en su rostro y en su forma de ser que en la ropa que llevan.

Siente tu cuerpo, tu respiración, tu corazón, tu visión, tu olfato, tu gusto, tu tacto… Ahora fíjate en tu aspecto externo: tu cabello, el color de tus ojos, tu silueta, tu piel, tus manos… Pellízcate… Ríete de lo que estás haciendo… Cierra los ojos… no me digas que no te sientes feliz por estar aquí, en el presente, por sentir la vida y tener la oportunidad de vivirla. No me digas que ahora no te sientes más bonito o bonita.

Atrévete a mirarte al espejo y redescubrir toda la belleza de tu cuerpo y de tu Ser. Atrévete a abrir un poco más los ojos para reconocerte frente el espejo de tu corazón. Siente la vida, siente el amor. Aunque es muy difícil mantener la mirada a tus ojos, ese espejo nunca miente, ni te va a desear el mal. Atrévete a mirarte en los ojos de los demás para reconocerte en ellos. Atrévete a abrirte al amor para recibir el amor que te mereces.

Para finalizar este pensamiento sobre nuestra relación con el espejo, quisiera compartir contigo unas palabras de un poema de uno de mis autores favoritos de todos los tiempos, el poeta del amor, Rumi: «A través de la eternidad, la Belleza descubre su forma exquisita en la soledad de la nada; coloca un espejo ante su rostro, y contempla su propia belleza».

CAPÍTULO 26:

RITUALES DE BELLEZA

Todo lo que te rodea, todo lo que eres, todo lo que piensas y todo lo que haces es pura energía en movimiento. Tu cuerpo, tu mente y tu espíritu existen gracias a esta maravillosa energía que está en sintonía con la energía universal. Y esta divina energía se expresa a través del amor, el cual se manifiesta a través de la belleza.

Dependiendo de la calidad de tu intención y de la vibración de tu actitud, de tus pensamientos, de tus emociones, de tus palabras y de tus acciones, puedes hacer que esta energía tenga un poder mágico sobre tu propia transformación. Y una de las mejores técnicas para brillar con más intensidad es a través de los rituales de belleza, los cuales han existido desde la antigüedad hasta el día de hoy para elevar nuestra vibración energética y conectarnos con la belleza de nuestro Ser.

Desde los famosos baños de leche y miel de abeja de Cleopatra en el antiguo Egipto a los rituales de belleza de las geishas en Japón; desde el cuidado de la piel de los romanos con esencias naturales de flores a los baños de calor seco y calor húmedo en los *hammam* de Turquía; desde la práctica de la danza y el yoga en la cultura india a la cada vez más popular dieta vegetariana en Occidente, los rituales de belleza son una práctica extendida por todo el planeta, tanto entre mujeres como entre hombres, para descansar la mente, liberarse del estrés, conectarse con la belleza de la esencia y renovarse de energía.

Al igual que te limpias los dientes todos los días para tener una hermosa sonrisa o te desmaquillas por la noche antes de dormir para cuidar tu piel, es importante que en tu proceso de transformación dediques tiempo a crear rituales de belleza como símbolo de amor y agradecimiento a tu propio Ser. Tu cuerpo y tu mente necesitan de merecidos descansos regularmente para poder recuperar las energías y enfrentarse mejor a los problemas de la vida. Y la persona idónea para consentirte eres tú mismo, pues tu amor será genuino, sincero y auténtico, y desde ese espacio puedes entregarte y conectarte con toda la belleza que ya existe en tu interior.

Pero no se trata simplemente de recibir un masaje, hacerte un facial de vez en cuando, o ir a la peluquería todos los meses para arreglarte el cabello, se trata de la verdadera intención y del poder de tus pensamientos a la hora de realizar estos rituales de belleza para desconectar tu mente y dar rienda suelta a tus sentidos para dejar fluir mejor tu energía femenina y que te des el amor que tú te mereces. La mejor persona para consentirte, para amarte, para cuidarte, para estar contigo eres tú. Atrévete a crear la relación más importante de tu vida para abrirte a un nuevo mundo de posibilidades.

Flores frescas, velas, inciensos aromáticos, esencias naturales, música relajante, colores claros, mantras de amor, campanas, piedras preciosas, agua, son algunos de los elementos que tienes a tu disposición para establecer en cualquier momento un puente de unión entre tu mundo exterior y tu maravilloso y misterioso mundo interior con el fin de elevar tu vibración energética para sanar, para amar, para servir. Cada hierba, cada color, cada aroma, cada palabra y cada respiración poseen una vibración única y una resonancia mágica que, cuando se combinan con el poder de tu propósito y de tu intención de descubrir la belleza de tu alma, revelan ante ti la divina esencia de todas las cosas con las que entras en contacto en tu vida.

A la hora de rezar, cuando vayas a meditar, si vas a descansar, tomar un baño, leer un libro, o simplemente comer, puedes convertir cualquier momento en un instante mágico en el que la belleza y el amor se unen para bailar bajo la luz de tu alma. No pierdas las oportunidades que todos los días tienes a tu alcance para recordar la belleza que ya existe en ti en cada instante de tu vida, pues a través de tus rituales de belleza personales no solo podrás agradecer a tu cuerpo todo lo que hace por ti regalándole un merecido reconocimiento y descanso, sino serás más consciente de toda la belleza que existe a tu alrededor. Desde una delicada flor a un nostálgico atardecer, desde un hermoso vestido a una sonrisa sincera, la belleza solo puede ser reconocida cuando te abres sinceramente y con amor a recibirla.

ESPEJITO MÁGICO

La forma más poderosa y rápida de vibrar con buena energía, obtener un carisma único y lograr una belleza magnética es aprendiendo a amarse a uno mismo incondicionalmente, con sus virtudes y sus defectos. Frente al espejo hemos aprendido a ver nuestro cuerpo y a reconocer la imagen que tenemos de nosotros mismos. Ahora ha llegado el momento de transformar ese espejo en un espejo mágico.

Todo el mundo conoce la historia de *Blancanieves y los siete enanitos*, y de la malvada bruja con su espejito mágico. El espejo, como te comenté, nunca miente, pues es un instrumento que refleja la realidad tal y como es. Sin embargo, en el espejito mágico no solo puedes ver la belleza de nuestra imagen externa, sino también puedes apreciar las bondades y las cualidades que forman la belleza interna. Aprender a amarte a ti mismo por completo significa reconocer no solo las cualidades más atractivas y las virtudes que te hacen ser quien eres, sino también reconocer las cualidades que menos te gustan con el fin de abrazarlos y transformarlos en tus mejores aliados. Justo es aquí, en este proceso de comunión aceptando y abrazando tu Ser tal y como es, cuando se produce la verdadera transformación.

No tengas miedo de acercarte a tu espejo mágico todos los días, no solo para dar el toque final a tu *look*, sino para mirarte a los ojos de tu alma y recordar que eres mucho más que tu cuerpo físico y la imagen mental que crees tener de ti en el mundo, para decirte unas palabras bonitas de cariño a ti mismo, para decretar con sinceridad tus buenas intenciones, para reavivar tu actitud positiva, para comprometerte a que todas tus palabras y acciones nazcan del amor antes de salir de casa, y para despertar la belleza de tu alma para que brille con más intensidad en cada una de tus actividades.

En el momento en que empiezas a sentir que tu energía empieza a cambiar y te empiezan a invadir las dudas y las inseguridades, los miedos y las frustraciones, sobre ti mismo y el mundo, cuando sientes un cambio de actitud hacia lo negativo, cuando las fuerzas te empiezan a fallar y nada sale como quieres, entonces debes hacer un esfuerzo importante por tomar un descanso, observar qué está pasando y tener el valor de aceptar tu realidad para reconectarte con tu esencia y volver a vibrar con la energía del amor. Cerrando tus ojos y respirando lenta y profundamente donde estés en esos momentos por unos minutos podrás ir al encuentro de ese maravilloso espejo interno que reside en tu corazón para recordar tu propósito y lo especial y bello que eres.

Las hermosas palabras que salgan de tus labios, la belleza que puedas reconocer en los demás y en la naturaleza, las acciones que hagas con todo tu amor sin esperar nada a cambio, la inocencia positiva con la que observes la vida, y la certeza de saber quién eres en tu interior, son cualidades que harán florecer la verdadera belleza de tu Ser.

Asegúrate de hacer el ritual de buscar el tiempo y el espacio para conectarte contigo mismo y apreciar y sentir con mayor claridad la belleza que existe en tu interior. No te dejes guiar tan fácilmente por lo que crees que es el «ideal» de belleza, sino por lo que tú sientes que es «la belleza». Cada ser humano, cada cultura, cada generación tiene sus códigos e interpretaciones de cómo debería ser «la belleza externa». Pero también es cierto, que todos compartimos en cada rincón del planeta la misma esencia de lo significa «la belleza interna».

No importa todo el dinero que tengas o si viajes por todo el mundo tratando de encontrar la belleza que tanto anhelas, la fuente de la juventud y los secretos de la elegancia, la verdadera magia siempre se encuentra en tu interior esperando a que vayas en su encuentro. Gastamos tanto esfuerzo, energía, tiempo y dinero en buscar fuera de nosotros la «belleza ideal» que no nos damos cuenta que su raíz se encuentra mucho más cerca de lo que imaginamos. Simplemente la intención de conocer tu Ser, la intención de ser mejor persona, la intención de transformarte para convertirte en un ejemplo en la sociedad, la intención de despertar tus poderes innatos por tu bienestar y el de los demás, la intención de poner tu mejor actitud en tus acciones, te convierte automáticamente en un Ser hermoso que brilla con luz propia.

Necesitamos despertar del hechizo que nos hacía creer que fuera de nosotros encontraríamos la respuesta a nuestra felicidad, para descubrir que ya somos esa felicidad y ya tenemos el amor que buscamos, siempre y cuando aceptemos la belleza, armonía y pureza de nuestro Ser.

MIS RITUALES DE BELLEZA

Uno de los muchos rituales de belleza que practico regularmente para llenarme de hermosa energía es entrar en contacto y comunión con la madre naturaleza. Simplemente cerrando los ojos por unos instantes y dejándome abrazar por los rayos de sol como si de un baño energético se tratara; poniendo los pies descalzos sobre la tierra o abrazando un árbol para sentir el latido de la creación; o eliminando mis impurezas con un baño en el agua salada del mar, puedo sentir en unos instantes un cambio físico, mental, emocional y espiritual que me conecta de nuevo con mi verdadera esencia. La energía de la madre naturaleza, la energía que proviene de la luz del sol, la luna y las estrellas, la energía creadora que puedes obtener del aire, el agua y la tierra, tiene un poder purificador en tu vida que limpia tu aura y te hace brillar con más intensidad. Por último, quisiera compartir contigo tres rituales de belleza muy concretos que me ayudaron personalmente a sentirme mejor en mi oscuridad y a recuperar de nuevo mi fe, mi energía y mi propósito de vivir. Desde mi humilde punto de vista, aunque los pensamientos y las palabras son muy poderosos en el camino de la sanación, la transformación, el empoderamiento y el despertar de belleza, siento que es necesario también demostrar, a través de acciones concretas, aquello que dices estar listo para recibir, especialmente cuando estás en el centro de una gran tormenta y todavía lo ves todo muy oscuro. La manera como lo siento es como si tuvieras que demostrar al Universo, a través de tu intención y alguna acción en concreto, que estás listo para poner todo de tu parte y recibir a cambio su bendición y gracia. Una de las mejoras maneras de entregarte al Ser, a Dios y al Universo, cuando crees haber perdido la esperanza que las cosas van a cambiar, es conectándote con las pocas fuerzas que te quedan para demostrarte cuánto te quieres de verdad, y qué mejor manera de hacerlo que a través de los rituales de belleza con amor destinados a ti mismo.

Estas tres actividades que te voy a contar me ayudaron a recuperar mi seguridad y autoestima, y me dieron las fuerzas para recuperar la ilusión y sentirme cada día más fuerte y motivado para seguir luchando por mis sueños, aunque mis pensamientos y emociones me dijeran todo lo contrario. Gracias a los rituales de belleza, pude comunicarme con mi esencia divina para estar en su presencia y descubrir y sentir aquello que tanto deseaba conocer, el poder del amor en acción, para cuidarme, para sanarme, para quererme.

Aunque estos tres rituales de belleza son personales, he querido aprovechar esta oportunidad para compartir contigo unas experiencias que fueron muy importantes en mi recuperación y transformación personal después de vivir un momento muy difícil y quizás te puedan servir a ti también.

Primer ritual de belleza

El primer ritual de belleza fue como resultado de un impulso interno de querer descubrir mejor cómo hacer brillar la belleza de mi alma, y entonces la vida me puso ante la oportunidad de conocer el poder de la energía *Reiki*, una de las técnicas más efectivas para sentir y experimentar conscientemente el poder de la energía en tu propio cuerpo.

Este método de sanación, que usa el poder infinito de la energía universal del amor incondicional, te permite conectarte con tu dimensión espiritual para sentir paz, amor y belleza. El objetivo básico de este tratamiento es integrar y hacer interactuar en forma armoniosa la energía del Universo con la energía vital de la persona para restablecer su salud física, y modificar conductas, hábitos, actitudes, pensamientos o emociones negativas. Para poder transmitir la energía, las manos del maestro *Reiki* se colocan suavemente sobre las diferentes partes del cuerpo donde se encuentran los centros energéticos localizados en el interior de nuestro cuerpo físico. Entonces, la energía del amor, enfocada y canalizada a través de las manos sobre estos centros energéticos en conexión con la energía de Dios, no solo ayuda a eliminar las emociones negativas, los miedos y los malestares físicos, sino que hace que sientas cómo una poderosa energía renovada llena todo tu Ser.

En varias ocasiones tuve la oportunidad de someterme a tratamientos *Reiki* con diferentes maestros para sentir un cambio físico, mental y emocional, y al instante experimentar cómo podía ver todo con mayor claridad que antes. Lo que sentía al realizar estos tratamientos de belleza energética sobre mi alma era un efecto amplificado de un profundo masaje, unido a una meditación profunda y una larga noche de descanso. Fue tan inesperado el efecto de este tratamiento que, con el tiempo, escuchando a mi corazón, decidí tomar yo mismo una maestría de *Reiki* durante un año para poder convertirme en maestro, con el fin de no solo ayudar a otras personas, sino también de sanarme, de limpiarme, de consentirme con baños energéticos siempre que lo deseara. Desde entonces, mi vida cambió.

La información es poder y, para que no te sientas incómodo ante esta palabra complicada o este tratamiento misterioso, déjame que te explique rápidamente qué significa *Reiki*. La palabra *Reiki* consta de dos partes: *rei* significa universal, y *ki* significa energía vital. El origen del *Reiki* se remonta a finales del siglo XIX en Japón, cuando un estudiante le preguntó a su profesor, un doctor japonés llamado Mikao Usui, por qué no existía nadie en el mundo que siguiera las enseñanzas de Jesús de sanar a través de las manos, como él hacía en su época. Entonces el doctor, intrigado por la buena pregunta del estudiante, decidió abandonar su trabajo y viajar por todo el mundo para buscar la respuesta. Con el transcurso de los años, después de pasar mucho tiempo buscando una solución, recibió una revelación en un retiro, y descubrió el poder y el método de transmitir energía universal a través de las manos. Desde entonces, el resultado de su búsqueda ha sido transmitido de maestro a maestro hasta el día de hoy. El maestro Usui entendió que su misión no era solo sanar el cuerpo físico, emocional y energético, sino ayudar también a sus pacientes a que tomaran la responsabilidad de tener en sus manos su propia curación integral. Entendió también que, para que esto sucediera, tenía que haber un cambio de actitud ante la vida, una transformación de consciencia. La persona que da y recibe *Reiki* tiene que dejar los pensamientos destructivos y el Ego a un lado, y abrirse voluntariamente al poder sanador del amor del Creador y de la energía universal. Por ello, entenderás cómo esta práctica me ayudó a conquistar los pensamientos negativos que sentía en mi vida en esos momentos, para conectarme con la energía de Dios que habita en todas partes.

Por cierto, y aunque no tiene mucho que ver con el *Reiki* en su forma, pero sí en su esencia, aprovecho este instante para recomendarte la lectura de un libro muy especial que puede transformar tu vida y ayudarte a descubrir una nueva perspectiva de tu lugar dentro del Universo y del poder del amor en acción: *Un curso de milagros*.

Este maravilloso libro te ayudará a encontrar las herramientas que necesitas poner en práctica todos los días para alcanzar un estado de mayor paz en tu vida y una mayor conexión contigo mismo y el mundo. A pesar de que está escrito bajo un lenguaje cristiano, no se trata de una religión, una teología o una organización, sino un autoestudio para conocer y conectarte mejor con tu «Maestro Interno», y así vivir tu propia experiencia personal removiendo todos los obstáculos internos que no te permiten acceder a tu verdadera esencia. El «Curso» es muy interesante porque te permite poner a prueba muchos de los conocimientos y pensamientos que he compartido en este libro basado en un sistema de pensamiento controlado por el Ego y por el miedo. Al separarnos de nuestra verdadera identidad el mundo se vuelve caótico y nos sentimos culpables y miserables la mayor parte del tiempo.

Posiblemente este libro pueda complementar perfectamente la lectura de este libro, *Con tu permiso, quiérete*, pues te ayudará a despertar del ilusorio sueño en el que estamos dormidos a través del «Amor».

Segundo ritual de belleza

El segundo ritual de belleza que empecé a practicar estaba relacionado con mis propios pensamientos. Mientras que el *Reiki* me ayudaba a nivel energético y *Un curso de milagros* a nivel espiritual, todavía era consciente de que muchas veces mis pensamientos me retaban a hacer justo lo contrario de lo que mi corazón intuía y necesitaba. Fue por aquella época cuando el Universo me envió a una persona que quería enseñarme a meditar y, justo entonces, estuve preparado para aceptar un nuevo reto.

La meditación siempre fue algo por lo que había sentido una atracción especial, pero, por una excusa u otra, siempre lo dejaba a un lado por muchas excusas. Dicen que el maestro aparece cuando el alumno está preparado, y ese fue mi caso, a pesar de que, para aprender, primero tuve que pasar el susto de tener que pagar una cifra considerable de dinero para recibirlo. Hoy en día doy gracias de todo corazón a mi intuición por retarme a aceptar ese desafío para descubrir los poderosos beneficios de la meditación sobre mi salud emocional, mi claridad mental y el embellecimiento de mi alma. Sin lugar a dudas, es una de las mejores inversiones que he realizado hasta el día de hoy.

Todo el mundo ha escuchado sobre la importancia de la meditación como actividad para mejorar el bienestar y la felicidad de las personas. Pero, en realidad, muy pocos practican regularmente esta técnica tan poderosa y tan utilizada por la humanidad a lo largo de los siglos. La única manera de experimentar los beneficios de la meditación y sacar tus propias conclusiones es llevándola a la práctica tú mismo a través de la experiencia, de lo contrario es muy difícil que lo puedas entender. No tienes que practicar yoga, ni ser creyente de ninguna religión, ni colocarte en posiciones extrañas para poder experimentar por ti mismo el verdadero poder de la meditación en tu vida.

El objetivo principal de la meditación es ayudarte a acallar tu mente y el ruido de tus pensamientos en tu interior para poder descubrir y sentir lo que hay más allá del silencio. Parece una tarea fácil, pero es más complicado de lo que puedas imaginar. Uno de los beneficios inmediatos al empezar a meditar es ser consciente de lo difícil que realmente es controlar tus propios pensamientos, y reconocer el verdadero poder que tu mente tiene sobre tu vida la mayor parte del tiempo sin que tú seas consciente. Simplemente con este despertar de consciencia ya estás empezando a entender la función y el papel de tu mente en tu propio bienestar y felicidad.

El efecto de la meditación no solo lo puedes sentir al descubrir el sutil significado del sentimiento de paz en tu interior mediante el silencio y la respiración, sino que lo puedes ver también reflejado a través de la belleza de tu rostro, antes y después de practicar la meditación. Si quieres hacer la prueba, mírate la cara fijamente en un espejo justo antes de meditar y vuelve a hacerlo cuando termines la meditación, a ver si notas alguna diferencia en tu semblante. Haz la prueba y luego me cuentas. Es posible que, si empiezas a meditar con regularidad, mucha gente lo note y te pregunte cuál es el secreto del brillo de tus ojos, de tu piel, de tu cabello. La paz interna produce un bienestar y embellecimiento que termina proyectándose a través de todo tu cuerpo, de tus movimientos y de tu energía al exterior.

Con todo mi amor, te invito a que te des la oportunidad de conocer la otra mitad que creías que necesitabas en la vida para ser feliz. No existe nada comparado con la certeza de saber que no estás solo, y lo que faltaba era tu conexión con tu Ser. Esto no quiere decir que dejes de buscar el amor de tu vida, pero la relación de pareja te irá mucho mejor cuando elimines la presión de que esa persona es responsable de tu felicidad. Si visitas internet, encontrarás gratis muchos videos, artículos y música dedicados a la práctica de la meditación. En mi propia página de Internet, www.martinllorens.com encontrarás ejercicios de meditación para que puedas descubrir la magia de elegir conectarte a través del amor con tu Ser. Tómate tu tiempo para informarte, para hacer pequeños ejercicios, para experimentar y practicar, hasta que encuentres el método y la forma que más conecta con tu vibración. Atrévete a profundizar en un mundo que cambiará para siempre tu vida.

Aunque ya has experimentado algunos ejercicios de meditación conmigo en este libro, me gustaría resaltar contigo de nuevo los tres ingredientes principales, además de la respiración, que necesitas para meditar: la relajación, la concentración y la intención. Para conectarte mejor con tu energía y estar más abierto a la experiencia de meditar, tienes que eliminar las tensiones en tu cuerpo y relajarte lo máximo posible en un espacio cómodo libre de distracciones, y tienes que practicar el ejercicio de «la relajación». La mayor parte del tiempo estamos contraídos y con mucha presión sobre nuestros huesos y músculos; por ese motivo, muchas veces nuestro cuerpo termina cayendo enfermo cuando no puede eliminar esa tensión permanente. La primera parte de la meditación es un ejercicio de visualización en el que recorres todo tu cuerpo con la respiración, como si de una radiografía se tratara, para ir acariciando cada órgano, cada músculo, cada nervio, cada parte de ti, y dándole la orden de que se relajen y dejen caer las tensiones. Te sorprenderás del efecto instantáneo que tiene este ejercicio cuando observas tus hombros descansar, cuando no sientes tus piernas, o incluso cuando sientes tus ojos y tu lengua caer hacia atrás. Después, poco a poco, es cuando llega el momento de relajar tus pensamientos para que no te distraigan, enviando también una orden, enfocándote en tu respiración, y finalmente dejándolos en paz, sin juzgar, sin resistirte, sin analizar. Si tratas de impedir que ese pensamiento entre en tu mente o te deje de molestar, empiezas a participar en un juego que de seguro vas a perder.

La «concentración», que es la segunda regla importante que te mencionaba, te ayudará a mantener la mente tranquila, a estar enfocado en tu respiración y a dejarte llevar. No puedes permitir que tus pensamientos con sus ocurrencias, o los ruidos que puedas sentir, te distraigan de un ejercicio que libre y conscientemente has elegido hacer. Si antes de meditar te propones hacerlo, digamos que por cinco minutos, tienes que ser lo suficientemente fuerte para aguantar cinco minutos sin moverte y enfocado en tu respiración. Se dice fácil, pero verás lo complicado que es. Si quieres, te reto a que lo hagas por un minuto al principio durante siete días para conocer tu verdadero potencial antes de ponerte a practicar la meditación.

Y aquí es donde surge esa tercera clave sin la cual te resultará muy difícil llevar a cabo este nuevo propósito: la «intención» de hacerlo. Solo tú puedes decretar, decidir, elegir, poner toda tu fuerza de voluntad para hacerlo posible. Si tienes la intención correcta, estoy seguro de que encontrarás tu camino.

Relajarte es más simple de lo que te imaginas. Aquí tienes algunas técnicas para que te puedas concentrar mejor. Por un minuto, deja lo que estás haciendo, vete a un lugar tranquilo y tírate sobre la cama con los brazos y las piernas un poco separadas y relajadas, sin tensiones. Descansa la espalda, coloca los brazos a los lados unos centímetros separados de tu cuerpo y con las palmas de la mano mirando hacia arriba. Relaja el cuello y los hombros, y cierra los ojos. Ahora empieza a enfocarte poco a poco en tu respiración y únete a su ritmo. Imagínate que te sumerges en un océano de luz, te hundes y no puedes pensar en nada. Imagínate que estás buceando por unos minutos en un mar de luz. Después abre los ojos y te sentirás automáticamente más relajado.

También puedes hacer un ejercicio de relajación de pie al aire libre. Fija las piernas firmemente en el suelo y coloca los brazos abiertos a tu lado, cierra los ojos y respira profundamente por unos minutos. Cada respiración profundiza en tu interior, entrégate a la luz y visualiza cómo todas tus tensiones van desapareciendo poco a poco por la planta de los pies hacia el suelo, por la palma de las manos hacia fuera, y por la cabeza hacia el cielo.

Otra técnica para relajarte es acostándote en el piso con la espalda contra el suelo. Cierra los ojos, respira profundamente y trata de tensar todo tu cuerpo como si quisieras poder entrar dentro del suelo, empujando tu cuerpo hacia abajo con mucha fuerza. Entonces, poco a poco, empezando por los dedos de los pies, vas a empezar a liberar esa tensión y energía, y darás órdenes a tus músculos para que se relajen. Empieza por soltar la tensión primero de los pies, después piernas y rodillas, después las caderas, y así hasta completar todo el cuerpo y llegar a la cabeza, sintiendo como en lugar de la tensión que existía ahora te llena una luz blanca y brillante.

Tercer ritual de belleza

Y, por último, mi tercer ritual de belleza, que provocó un «reset» completo de mi organismo a nivel emocional y mental, pero también con unos efectos impresionantes en mi salud y en mi imagen física, lo llevé a cabo cuando decidí hacer proceso de desintoxicación alimenticia para terminar adaptándome a la dieta vegetariana.

Una de las mejores maneras para iniciar una nueva etapa en tu vida, llena de compromiso personal, y sentir una renovada energía que te impulse a conquistar todas tus metas es siempre a través de tu propia alimentación. Imagínate que tienes un lienzo o un papel y que ya empezaste a dibujar, pero todo se ve un poco borroso. Bueno, existe una posibilidad para que el lienzo se vuelva más reluciente y blanco otra vez. Este proceso, en el mundo de la alimentación, se conoce popularmente con el nombre de «detox», que proviene de desintoxicación.

En nuestras vidas no debería existir ninguna razón para hacer un proceso de desintoxicación, pues para eso tenemos un maravilloso *hígado que* desempeña esa función cada día por nosotros. Por desgracia, vivimos en un mundo con mucha contaminación, nos alimentamos continuamente con productos muy tóxicos para nuestra salud y nos hemos convertido en adictos de los medicamentos sin tener en cuenta los efectos negativos en nuestro organismo; y esto por no hablar de un estilo de vida sedentario, de los hábitos negativos creados por el alcohol, el tabaco y las drogas, o del efecto de las emociones negativas en nuestros órganos.

Para que te hagas una idea de lo mal que nos alimentamos en la actualidad, en Estados Unidos hay registrados oficialmente unos 80.000 productos químicos para consumo humano. Hasta las verduras y las frutas dejan de ser sanas y son alteradas con el fin de tener un mejor color y ser más grandes y apetitosas. El Centro de Control y Prevención de Enfermedades ha reportado que existen cientos de productos químicos circulando todo el tiempo en nuestros cuerpos, afectando el sistema innato de desintoxicación, y creando serios problemas a los sistemas inmunológico, endocrino, nervioso y reproductivo. Por lo tanto, no te sorprendas si estás casi siempre enfermo con algo, o te sientes con pocas energías, con mucho cansancio, con pesadez, o si no puedes pensar ya con claridad.

Es muy probable que la razón principal por la que te cuesta tanto hacer tu propia transformación personal sea la contaminación del aire y la calidad del agua que consumimos, además de la cafeína, la nicotina, los cosméticos, los metales pesados, los productos de limpieza, los pesticidas y herbicidas, los productos farmacéuticos y los famosos conservantes que ponen en los alimentos para mantenerlos más tiempo en las estanterías de los supermercados. El problema no está necesariamente en que no tengas la intención correcta o la actitud positiva para dar ese gran cambio, sino en la toxicidad de tu cuerpo, que no permite un correcto funcionamiento de tus órganos y de tu mente.

Tomando control de tu salud a través de tu alimentación, y también haciendo deporte para tener una buena condición física, lograrás eliminar muchas de esas toxinas y renovar tu cuerpo con energía que te permitirá no solo sentirte automáticamente mejor, sino pensar con más claridad y sentirte más positivo ante la vida. Y, por si necesitabas un poquito más de motivación, también está demostrado que, cuanto más sana sea tu alimentación, más bello y joven lucirás.

Este tipo de ritual de belleza y de salud es preferible hacerlo siempre bajo la supervisión de un doctor holístico o un experto nutricional que pueda guiarte en el proceso y estar pendiente de síntomas secundarios que necesiten de un estudio más específico según tus condiciones físicas actuales. Personalmente, tras realizar varios procesos de desintoxicación y observar personalmente los efectos en mi salud y mi aspecto externo, tomé la decisión de cambiar poco a poco mi alimentación para sustituirla por una dieta vegetariana, que me permitiera conscientemente cuidarme mejor y conectarme más fácilmente con mi Ser.

Mi objetivo no es que adoptes una dieta u otra, sino que reconozcas la responsabilidad que solo tú tienes con tu salud y felicidad, y que te comprometas a hacer todo lo que está en tu mano para sanar y sentirte bonito desde dentro hacia fuera. No podrás controlar muchas cosas en esta vida, pero si de algo tienes mucho control, aunque no tengas mucho dinero, es de las decisiones que hagas por tu salud. Hoy en día, con el acceso gratuito a la información a través de internet, no tienes excusas para no estar informado, hacer las preguntas correctas a tu doctor y poner en práctica nuevos hábitos por tu bienestar y salud personal.

CAPÍTULO 27:

EL ROSTRO DEL AMOR

Tu rostro y tus ojos se iluminan y llenan de vida y de magia cuando dejas de ser esclavo de tus propios pensamientos y de lo que los demás esperan de ti, y te entregas con amor a la luz de tu esencia. Atrevernos a salir de la oscuridad donde nos hemos acostumbrado a vivir por comodidad y por miedo a enfrentarnos a la realidad es un acto de mucho valor que solo tú puedes hacer, cuando las condiciones son las propicias, y tú estás listo a ir a su encuentro. Al igual que un capullo se tiene que abrir para manifestar toda su belleza al exterior en forma de flor, cada ser humano tiene el potencial de conectarse con ese preciso instante en que se produce un nuevo despertar para manifestar su verdadera esencia.

Cuando ya estás cansado de tanto sufrir, cuando sientes que tu vida no evoluciona, cuando las excusas ya no te sirven y cuando te falta el aire para poder vivir, es el momento que estabas esperando para romper la barrera de las sombras y descubrir la luz. En cuanto puedas sentir la posibilidad de recibir un nuevo aire fresco en tu vida, te darás cuenta de que ya no puedes continuar limitando tu potencial, y sentirás las ganas de alzar tus brazos al aire, bailar como si fueras un niño, dar saltos de alegría y volar. Es como si de repente pudieras ver una alternativa a tu estilo de vida actual que te permite liberarte del encierro en el que te encontrabas por mucho tiempo para convertirte en la persona que siempre estuviste destinado a ser.

UNA MIRADA ATRÁS

No se trata de pasar de la oscuridad a conectarte con una nueva luz, sino de abrir un poco más tus ojos para poder ver con mayor claridad, pues la luz ya está, y siempre estuvo, en tu interior. Quizás, cuando estás tomando consciencia de esta transformación, los primeros efectos sean muy fuertes, haciéndote sentir incluso embriagado y con una sensación de ver todo oscuro, como cuando pierdes casi la consciencia o miras directamente al sol, pero entonces, cuando te detienes por un momento y eliges estar presente en ese maravilloso espacio de luz y amor que sientes como verdadero, entonces todo cobra un nuevo sentido.

Muchas veces es necesario volver la vista atrás para reconocer todo el camino que has recorrido y el gran crecimiento que has tenido hasta el día de hoy. Este ejercicio práctico de observar tu propio progreso —aunque sientas que no quieres regresar al pasado porque te causa dolor y sufrimiento—, de aceptar tus propias experiencias como enseñanzas necesarias para estar donde estás, y de perdonarte con amor para hacer las paces contigo mismo, te permite sanar tus heridas, entender tu naturaleza y convertirte en un instrumento de amor.

Tu pasado es parte de ti y no lo puedes ignorar, pues sin él no eres tú. Pero de nuevo repito: esto no quiere decir que tu pasado te defina a ti, sino que es parte de tu historia. Tú te defines en cada pensamiento, palabra y acción en el momento presente. No se trata de recordar el dolor para volver a sufrir, sino de despertar la compasión genuina y sincera hacia nosotros mismos por las difíciles experiencias que hemos vivido, con el fin de ganar, al mismo tiempo, la empatía ante el sufrimiento y los miedos de otras personas, pues ahora eres consciente de que se han desconectado de su verdadera esencia, la misma esencia que sientes en tu interior.

Es importante de vez en cuando revisar nuestro progreso y todo lo que hemos aprendido para no caer en la tentación de acomodarnos de nuevo en una cuevita para descansar creyendo que ya lo tenemos todo aprendido, y conformándonos con mirar a un bello atardecer prolongado, cuando en realidad, como guerreros del amor que somos, tendríamos que seguir ilusionados y entusiasmados con cada nuevo amanecer para seguir creciendo, conquistando nuevos retos, y profundizando en el misterio, la belleza y el poder del universo del Ser.

EL SOL EN TI

Este espíritu de luchador, que tienes en lo más profundo de tu corazón, te impulsa a no caminar en un desierto con la vista puesta en el horizonte, sino a crear tu propio destino en cada instante, en cada paso, en cada experiencia. El sol deja de estar fuera de ti, para poder sentirlo con fuerza en tu interior, y entonces, tus ojos, tu cabello, cada uno de tus movimientos, tus palabras y tus acciones se transforman en una manifestación de la luz que hay en tu interior.

Esta hermosa experiencia de sentir toda la fuerza y la luz del sol que brilla como el oro en tu corazón, llena de propósito tu vida e ilumina el camino para los demás. Y, a través de este profundo sentimiento y de tu experiencia diaria, tu Ser podrá retomar el trono de tu vida para liderar el cambio en el mundo y tu gran transformación personal.

Cuando observas un atardecer en el horizonte, los rayos del sol te permiten ver el camino que vas a seguir, mientras que, cuando observas los rayos del amanecer, recibes el espacio y las energías para seguir siempre hacia delante. Cada atardecer y cada amanecer se convierten en rituales de belleza sagrados para visualizar y para ejecutar, para recordar y para ser. Por ello, aunque quizás no sientas que estás avanzando en tu vida, lo veas o no, sí lo estás haciendo, pues cada mañana que abres los ojos tienes ante ti una nueva oportunidad de conocerte y de poner el poder del amor en acción.

Una nota importante a tener en cuenta cuando estás dando estos primeros pasos en esta nueva etapa de luz que voluntariamente has elegido seguir es el papel clave que juega tu propia vulnerabilidad, y la conexión con tus emociones para no abandonar tu contacto con el mundo físico y con tus pensamientos. Con esto me refiero a que toda la luz que vas a recibir en esta nueva etapa puede tener, al mismo tiempo, un roce de dolor que te pueda sorprender al principio, pero que te permitirá sentir en tu interior la batalla que el mundo en su totalidad está sintiendo en estos momentos. Al igual que tu cuerpo tiene su sombra cuando le proyectas luz, la luz que estás empezando a descubrir estará muchas veces detrás justo de la oscuridad que quizás no te has atrevido a reconocer. Pero nada de esto es malo, sino solo un aviso para que no te sorprendas si al sentirte iluminado sientes al mismo tiempo tristeza y sufrimiento. Esta vulnerabilidad y empatía contigo mismo y con los demás será la energía que dé fuerza a la llama de tu corazón para impulsarte a convertirte en instrumento de cambio.

CONEXIÓN Y ARMONÍA

Cuando seamos capaces de conquistar la dualidad que hemos creado entre nuestro mundo interno y externo, y la separación que existe entre un ser humano y la humanidad en su conjunto, entonces podremos entrar en sintonía con una nueva energía que está por encima de nosotros, que no va ni en nuestra contra ni a nuestro favor, sino que conecta la sabiduría de tu propio Ser con todas las cosas que te rodean.

La magia, los milagros y la belleza surgen en tu vida como resultado de esta conexión entre tu esencia y el «Todo». Solo puedes experimentar esta extraordinaria unión cuando en tu interior has creado el espacio necesario de apertura y amor para recibirlo, y me siento muy feliz de ayudarte a través de este libro a crear el jardín más hermoso para sentirlo plantando semillas de cambio y crecimiento despertando tus poderes innatos y todo tu potencial.

Actuar en armonía con el Universo te permite vibrar en la frecuencia del amor. Actuar hacia los demás como desearías que los demás se portaran contigo es una ley divina que ejemplifica la correcta manera de vivir. Aunque el dolor puede ser intenso, debes tener el valor de sentir tu corazón y tener fe en el poder del amor. Cuando tu corazón se expande para dar espacio a ese dolor, tu vida se expande también; pero, si tu corazón se cierra a la posibilidad de amar, sentirás más el sufrimiento en tu vida. A veces tenemos que pedir perdón a alguien que creemos que no se lo merece, o hacer cosas que nunca pensamos que seríamos capaces de llevar a cabo, pero, si sientes en tu corazón que son la actitud y la acción correctas, tienes que tomar esa señal como la bendición que estabas esperando para pasar a la acción, digan lo que digan los demás o incluso tus propios pensamientos.

Si quieres descubrir el verdadero rostro de la belleza, solo tienes que fijarte en los rostros de todos los niños, que con su inocencia todavía no han sido expuestos a la ilusión del mundo, y, por lo tanto, al sufrimiento de la separación con el «Todo». Pero, más aún, puedes encontrar una belleza especial en los ojos y el rostro de aquellas personas que, a pesar de haber descubierto la oscuridad, han elegido, y eligen todos los días, ver la luz. Tu rostro también puede proyectar esa misma luz tan especial, siempre que todos los días tomes la decisión de pulir el diamante de tu corazón para brillar con más intensidad.

Descubrir, gracias a tu valor, tu verdadera naturaleza, te permite ampliar los horizontes de tu existencia y sacar a la luz todas las maravillosas cualidades que existen en tu entorno, en la naturaleza y en tu Ser interior, para conectarte con la magia de la realidad que siempre ha estado a tu lado. Será entonces, desde este nuevo estado de consciencia, donde podrás influenciar positivamente tu vida a través de cada una de tus actividades, y tu presencia se convertirá en símbolo de belleza, de luz y de elegancia en este mundo.

EL DESPERTAR DE LA BELLEZA

Para poder despertar toda la belleza que existe en ti, y para que tu rostro se convierta en un foco de luz que ilumine la oscuridad, tendrás que seguir los siguientes tres pasos.

El primer paso está relacionado con tu imagen externa y el espacio donde te encuentras la mayor parte del tiempo, ya sea tu casa, la oficina, una habitación o tu auto. Dependiendo de la manera como organices, limpies, cuides y te desenvuelvas en cada uno de estos espacios, tu energía podrá brillar con mayor o menor intensidad. Por ejemplo, a la hora de vestir, no se trata de llevar las marcas más reconocidas y costosas, ni tener la mejor decoración en tu casa, sino de mantener orden y limpieza en lugar de caos y suciedad. La armonía y el balance del espacio donde te encuentras, así como la armonía en tu imagen, provocan que puedas estar más concentrado y atento a los detalles, y que puedas mantenerte más comprometido con tus intenciones. Por este motivo es tan reconocida en el mundo entero la práctica de la cultura oriental del *feng shui*, pues su objetivo es crear un ambiente con la mejor energía posible para poder vibrar con mayor intensidad.

Tu estilo personal a la hora de vestir y de decorar tu casa es una manera de sentirte más seguro de ti mismo, y una gran herramienta para expresar al mundo tu forma de ser e invitar a los demás a vibrar con la misma intensidad. Si observas tu vida, te darás cuenta de que, cuando te sientes bien contigo mismo, luces mejor, la gente te dedica más cumplidos y todas las cosas que te propones hacer se logran con facilidad y con mayor éxito del esperado. Sin embargo, si no te sientes bien y tus pensamientos negativos toman el control de tu vida, entonces las cosas se complican un poco más y tu magnetismo deja de tener un efecto positivo entre las personas de tu entorno. Tu belleza está directamente ligada a tu actitud y estilo de vida.

Aunque el lugar donde estés viviendo no tenga ventanas, o tu cuerpo no sea el de una modelo, si tratas tu espacio y tu cuerpo como un lugar sagrado, tu espacio se convertirá en un verdadero palacio y tu imagen será la más atractiva de todas. Al igual que cuando visitas un castillo o una catedral puedes sentir una energía que va más allá de sus paredes, al cuidar y querer tu cuerpo, por dentro y por fuera, como si fuera el más preciado palacio del mundo, podrás sentir una nueva energía brillar en cada célula y en cada poro de tu piel. Si sientes que las cosas no van como te gustaría, o notas que tus energías son muy bajas, solo tú puedes buscar la fuerza que te permita darte un baño caliente, arreglarte un poco y vestirte con ropa cómoda, limpia y que te haga sentir bien, comer algo, aunque no tengas muchas ganas, y abrir las ventanas de tu casa para recibir aire fresco. Esta simple intención marcará una gran diferencia en tu vida. Transforma el hábito de no hacer nada y hundirte más en tus miserias en un hábito de limpiar, organizar y cuidar en lo posible tu cuerpo y tu espacio.

El segundo paso para sentir la energía universal expresándose a través de ti consiste en sentir la conexión de todo tu cuerpo como una sola unidad. Esto significa que tienes que sentir la maravillosa conexión mágica que existe entre tu cabeza y el resto de tu cuerpo, entre tus manos y tu mente, entre tu pulmón y tu corazón. Ninguna parte de tu cuerpo puede funcionar sin las demás. Tu cuerpo tiene que trabajar en equipo para mantenerte con vida y realizar las funciones que tan poco reconocemos todos los días. Fíjate, por ejemplo, en la conexión tan divina que existe tan solo entre tus sentidos, y observa cómo al ver algo agudizas tu oído, o cómo al oír un ruido tu olfato capta un olor, o cómo al oler te atreves a probar algo, y al saborear puedes sentir despertar otros sentidos en tu interior.

No importa las arrugas que vayan apareciendo en tu rostro o las canas que vayan notándose en tu cabello, pues tu cuerpo tiene una perfección que va más allá del tiempo. Tendemos a seguir sin cuestionar el concepto de «belleza» que nos venden en la televisión, en las revistas y en la imagen de los famosos, y no nos damos el permiso de dedicar tiempo a observar la belleza que existe en cada ser humano.

La manera como te vistes, los alimentos que consumes, el ejercicio que haces para estar en forma o las horas que descansas para recuperar energías son algunos ejemplos de cómo puedes demostrar el amor y el respeto que te tienes. Todas las decisiones y acciones que tengan que ver con tu cuerpo y tu mente todos los días son copartícipes de tu salud y de tu belleza. Por lo tanto, deja de ver la ropa como una armadura de protección para que la gente no reconozca tus intenciones o para aparentar algo que no eres, y empieza a considerarla como tu herramienta para sentirte más seguro y proyectar elegancia, gracia y dignidad allá donde vayas. O simplemente trata de observar la conexión que existe entre tu mundo exterior y el interior, y sus efectos, por ejemplo, cuando vas a preparar algo de comer. Fíjate en cómo tienes una visión de lo que quieres comprar e incluso antes de ir al supermercado ya puedes oler y saborear tu plato. Considera cómo eliges ciertos alimentos, para después limpiarlos, prepararlos, cocinarlos, y luego, cuando la obra de arte ya se ha manifestado, saborearlos con todos tus sentidos para alimentar tu cuerpo con la energía que necesita para vivir. Qué experiencia más impresionante y milagrosa representa un simple acto de comer. Imagínate ahora de cuántas experiencias más puedes tomar consciencia para transformar tu vida con el fin de sentir toda la luz que surge cuando tu Ser se conecta y sincroniza con el Todo, y el Todo regresa a tu Ser.

En cuanto al tercer paso, el verdadero rostro del amor brilla como el oro cuando la luz de la consciencia forma parte de tu mente gracias a la

manifestación de tu energía interna y tu energía externa expresada y manifestada con su máxima intensidad en tu vida. Al crear el mejor espacio para
recibir y proyectar tu energía, y al sincronizar todo tu cuerpo y tu mente
con tu Ser y con el Universo, sentirás un nuevo viento soplar debajo de tus
alas para impulsarte a dar un gran paso y alzar el vuelo. La máxima expresión
de belleza se produce en este preciso momento, cuando ambas energías flu-
yen en su estado puro en el momento presente, donde a través de tu entrega
podrás recibir la chispa de luz que te haga brillar.

CAPÍTULO 28:

DIVINA PRESENCIA

Y así llegamos a nuestro destino final. Todavía no lo puedo creer. Al principio del libro me sentía embriagado y lleno de emociones por el significado de la gran aventura que juntos íbamos a iniciar, y ahora me encuentro lleno de paz por el camino recorrido a miles de kilómetros de donde empecé a escribir las primeras palabras de este libro que tienes en tus manos y que se ha hecho realidad porque así era su propósito. Hoy me encuentro sentado también en una hermosa terraza junto a la piscina en un bello día soleado, pero en la casa donde nací en el Mediterráneo. Qué hermoso viaje y cuántas sensaciones hemos compartido durante nuestro encuentro.

Con el título del libro, *Con tu permiso, quiérete* te reté a atreverte a descubrir la divina belleza de tu presencia a través del amor, y ahora eres tú quien va a escribir el próximo capítulo de tu vida a través de la conexión que tienes contigo mismo, con tu cuerpo, con tu mente, con tu espíritu, con tu entorno, con el Universo. Nada tiene sentido en este mundo sin tu existencia. Tú das vida a la vida a través de tu divina presencia, aquí y ahora. Cierra los ojos una vez más y siente el poder de estas palabras vibrar en tu corazón.

«Yo Soy Amor, Yo Soy Yo, Yo Soy Tú, Yo Soy Todo, Yo soy Amor» es uno de mis mantras favoritos para conectarme con la belleza de mi Ser y manifestar mi divina presencia en mi propia vida.

Cuando la paz que sientes en tu corazón se convierte en instrumento para descubrir quién eres en realidad, estás aceptando libremente que la esencia de Dios se manifiesta en tu interior, en tus palabras y en tus acciones todo el tiempo, y entonces descubres que el propósito de tu vida en la tierra es vivir y celebrar de dónde vienes y dónde estás.

Seca tus lágrimas, lávate la cara, ponte de pie, respira y di en voz alta, «Yo Soy Amor». Aguanta un minuto más, una hora más, un día más. Vete a la cama con esperanza y espera a que llegue mañana. Deja que pase ese instante de oscuridad, entrégate al amor y descansa para percibir mejor una pequeña luz que habita en tu corazón. Con el amanecer de un nuevo día, todo va a estar mejor. Busca las fuerzas que puedas encontrar en tu interior, el propósito de amar, para en tu dolor, ayudar a alguien que está pasando por una situación quizás más difícil que la tuya, y deja que tu amor sincero de apoyo hacia esa persona se convierta en instrumento de tu sanación a través de este hermoso acto de compasión por el alma de otro ser humano como tú.

Esta soledad en la que te encuentras, este silencio de tu Ser, puede ser doloroso, pero al mismo tiempo puede convertirse en una experiencia muy hermosa. Quizás no lo puedas entender ahora, pero si te abres a esta posibilidad muy pronto lo comprenderás. Mediante ese sufrimiento interno puedes empezar a sentir la necesidad genuina de ayudar a los demás a sentirse mejor, y al mismo tiempo encontrar tu camino para descubrir la paz. Al hacerlo, te das cuenta de que, tal como eres en estos momentos, eres único y maravilloso, simplemente aceptando que hay algo bueno y bonito, muy especial, en ser quien eres, en ser tú mismo. Tú sí conoces toda la belleza que existe en tu interior deseando manifestarse en tu vida si te atreves a estar presente ante tu divina esencia.

LA LLAMADA DE TU SER

Cierra los ojos. Imagínate que estás sentando, tumbado o arrodillado en oración o en meditación en ese hermoso y bello jardín lleno de semillas recién plantadas que has creado en tu interior y, en la calma y la paz de tu corazón, escuchas una voz susurrándote al oído que todo va a ir bien y que tu vida importa. Transpórtate a ese lugar mágico que has creado y descubierto a lo largo de las experiencias que has vivido leyendo estas palabras. Déjate llevar por la caricia de la brisa del amor en tu rostro, por el abrazo maternal de tu Ser, y por la unión divina con el Todo, y siente en cada poro de tu piel lo que significa estar donde estás.

Ahora, imagínate que uno de estos próximos días estás caminando o haciendo alguna de tus actividades habituales y, de repente, en cuestión de un instante, un segundo, cuando menos te lo esperas, sientes que algo ha cambiado y que todo es diferente, que hay una nueva sutileza expresiva en todas las cosas, una nueva vibración en el color y la energía de todo lo que tienes a tu alrededor, un nuevo matiz en el tono de tus palabras, y una calma renovada en tu interior. Observa ese instante y siente el inesperado impulso de tu consciencia llamando a las puertas de tu corazón para regalarte y abrirte al testimonio que deseabas descubrir, un milagro en tu vida.

Así es como recibes la llamada de tu Ser, para recordar tu misión, tu función y tu propósito de estar dentro de tu cuerpo físico en este mundo físico en este maravilloso momento histórico del despertar de la nueva consciencia de la humanidad.

Tu Ser siempre ha estado dentro de ti guiando tu vida, desde que naciste hasta este preciso momento, y lo seguirá siempre haciendo a pesar de que no vayamos a su encuentro. Ahora ha llegado tu oportunidad de prestar un poquito más de atención a esa parte maravillosa y esencial que existe en ti para manifestarla al mundo a través de tus acciones. Abre tus sentidos y presta mucha atención, pues no es una casualidad que estés leyendo estas palabras. Has sido llamado a entrar en acción porque lo has elegido y porque estás listo. Millones de personas como tú están recibiendo este mismo impulso de levantarse de la oscuridad para ponerse al servicio de la Luz y del Amor.

Quizás tengas que volver a repasar algunos pensamientos y revivir algunas de las experiencias que hemos compartido juntos, pero te aseguro que ahora estás más preparado para encontrar las fuerzas y las energías que necesitabas para dar ese gran salto que te ayudará a descubrir todo tu potencial.

Tarde o temprano, todos llegamos hasta aquí, hasta este cruce de caminos en el que decidimos vivir bajo la consciencia de la luz, o seguir donde estamos, actuando bajo el yugo de nuestros Egos. Nuestro mayor miedo no es fracasar o sentir que no pertenecemos a ninguna parte, sino justo todo lo contrario, reconocer que somos más poderosos de lo que podemos imaginar y soñar. Tu camino solo lo encontrarás en el punto exacto donde estás en estos precisos momentos y en tus próximos pasos, justo donde la consciencia de tu esencia entre en contacto con tu presente para pasar a la acción.

La humanidad, aunque quizás no te lo parezca, ya está encaminada en la correcta dirección para dar este gran salto en su evolución hacia el amor. La naturaleza se rige por una ley divina, la misma ley divina que dirige tu vida, y ese cambio es inevitable para todos mientras la Tierra siga girando en torno al Sol. A pesar del gran dolor y la oscuridad que puedes ver reflejados en estos momentos en el mundo, estamos muy cerca de un gran despertar de luz, y tú eres una parte muy especial de este gran paso en la historia de la humanidad. El universo, la tierra, la sociedad, tus amigos y tu familia te necesitan más que nunca.

Ahora tú tienes la oportunidad de ser un pionero en esta gran aventura y convertirte en un verdadero líder para ayudar a los demás a hacer su propia transformación, con el fin de que todos podamos entrar en esta nueva era de la luz. A través de tu propia transformación personal para convertirte en tu mejor versión, no solo te convertirás en ejemplo para los demás, sino que también elevarás la vibración y la consciencia de la humanidad. Juntos, en nuestra conexión con el amor, manifestamos el poder divino y universal del cielo en la tierra.

ESTACIONES DE LA VIDA

Tu vida, al igual que la naturaleza, también tiene sus propias estaciones. Habrá momentos en los que tengas que trabajar la tierra, momentos en los que tengas que sembrar, momentos en los que tengas que cuidar y momentos en los que tengas que cosechar. Hay momentos en los que sientes un gran florecimiento y una gran energía al entrar en conexión con el proceso de creación y ser testigo de la evolución de crecimiento, y momentos en los que sientes que hay cosas que tienes que dejar ir para cerrar una etapa antes de iniciar un nuevo ciclo. El ritmo de la vida es como en la naturaleza, con días más cálidos y días más fríos, con noches oscuras y nuevos amaneceres.

Cada etapa tiene una función importante y necesaria para poder conectarte con tu esencia, descubrir tu potencial, y vivir tu propósito. Puedes ocuparte de tus necesidades con dignidad y, al mismo tiempo, honrar y celebrar cada minuto de tu vida en este maravilloso proceso de tu despertar. Deja de escapar de tu realidad y busca la magia y la perfección en cada instante que puedas experimentar para que tu vida no se convierta en una obligación, sino en una celebración.

Perdonar con sinceridad cuando tienes el corazón roto de dolor, agradecer tus bendiciones cuando lo has perdido todo, tener fe cuando te sientes completamente solo, y sentir compasión cuando recibes rechazo y odio de los demás, o incluso de tus propios pensamientos, son algunas de las difíciles maestrías y lecciones que tendrás que vivir para experimentar la consciencia del amor actuando en tu vida, manifestando a través de tu transformación el gran milagro que tanto deseabas conocer. Al aceptar tu verdadera naturaleza, aceptas también la naturaleza de amor de los demás, y te haces responsable de tus acciones y de tu propósito en presencia de los demás sin esperar nada a cambio.

No tengas prisa ni trates de sentir algo que solo puede surgir cuando las condiciones son las propicias. Con tu permiso, quiérete, pero quiérete de verdad, demostrándolo con todo tu cuerpo y con toda tu alma. No hagas caso del tiempo, ni tengas expectativas de nada. Simplemente fluye como el agua en un río, como una brisa entre las hojas de un árbol, como la danza de una llama, y déjate llevar por la consciencia y la belleza del presente a través del lugar donde te encuentras. Cada segundo, cada instante, cada impulso es una eternidad, es un universo, es tu nueva oportunidad de reconocer lo bendecido y afortunado que eres por vivir en tu cuerpo, por estar presente, y por despertar a tu verdadera naturaleza. Mucha gente me pregunta cuánto tiempo lleva sentir este nuevo estado de consciencia y saber que has completado tu transformación personal. Mi respuesta es: el resto de tu vida. Mientras puedas respirar, tu misión es vivir y seguir descubriendo toda la belleza y el poder de tu Ser.

No te digo que sea fácil dar este gran salto, pues mi corazón se estremece solo de sentir las emociones que vas a tener que vivir durante este difícil, complicado, misterioso y oscuro proceso. Cierro mis ojos y, en el recuerdo, puedo sentir todo el dolor, el sufrimiento, el miedo y la rabia que experimenté cuando me encontraba en este mismo lugar donde estás tú, no hace mucho tiempo. Pero, aunque el camino te resulte imposible de seguir, no te des por vencido, pues soy testigo a través de mi experiencia de toda la paz y toda la luz que siento cuando elijo tener fe en la vida, tener fe en mí y tener fe en el amor.

APRENDER A AMAR

Todo lo que está ocurriendo en tu vida en estos precisos momentos, y todo lo que está sucediendo en el mundo, está pasando para que aprendamos a amar a los demás a través del amor que podamos sentir hacia nosotros mismos. No puedes dar aquello que no estás abierto a recibir, no puedes crecer sin dejar ir. Para poder ser un instrumento de amor, tienes que darte el permiso de recibir de tus propias manos el amor que ya existe a tu alrededor y en tu interior, y de transformar una «ilusión» de la realidad en un «propósito» de vida. Los pensamientos que eran propios de una era racional, en la que lo más importante era «tener más», desaparecerán ante una nueva era de consciencia en la que lo más importante es sentir la experiencia del «Ser» en su máximo potencial mediante la energía del amor manifestada a través de tu cuerpo.

La felicidad no la puedes buscar, no la puedes pedir, ni siquiera se puede compartir, aunque sea con tus propios hijos, pues, para sentirla, primero tiene que ser elegida, y solo puede salir a la luz a través de ti. Hasta tus propios miedos, e incluso el dolor, juegan un papel muy importante para que puedas sentir el amor atravesar tu Ser. Cuando puedas sentir que ya no necesitas absolutamente nada más de lo que tienes en este preciso momento para ser feliz, descubrirás el verdadero significado del amor, en el que tú eres tu cuerpo, eres el pozo, eres el agua, eres el aire, eres la luz… lo eres Todo.

Tu despertar solo requiere de la consciencia de tu divina presencia, la cual solo se puede presentar por tu propia voluntad, cuando elijas ir a su encuentro. Y es por este motivo por lo que nos resulta tan difícil y doloroso no poder aliviar el sufrimiento de alguien al que amamos, pues para poder transformar ese dolor en paz se necesita de la intención verdadera y de la entrega absoluta al amor de esa persona. El mayor regalo que puedes hacer a los demás, a tus propios hijos, a alguien que está sufriendo, no lo presentas a través de tus palabras, de tus deseos o de tus intenciones, sino de tu propio ejemplo y de la manifestación de tu energía amorosa en acción. Solo a través de tu propia transformación podrás convertirte en inspiración para que los demás se atrevan a llegar donde tú estás ahora, guiados por esa hermosa vibración que emana desde lo más profundo de tu Ser, para que también ellos puedan abrir sus propias alas y saltar al vacío de su consciencia, para juntos encontrarnos y volar.

UNA DECLARACIÓN DE AMOR

«Yo elijo remover todos mis pensamientos y emociones que me impiden amar, invoco a mi Ser, a mi energía, a mi consciencia, y al poder de Dios, para que me ayuden en estos momentos, aquí y ahora, a transformar esas barreras y obstáculos que se encuentran en el camino en oportunidades de crecimiento, para dejar ir toda mi resistencia a mi propia evolución, y rendirme al poder del amor, para sentirme realizado, y sentir paz y amor en cada instante de mi vida».

Los decretos, las oraciones, las palabras, son algunas de las mejores herramientas que tienes a tu alcance para manifestar todos los días la energía que eliges sentir en cada momento. Quizás al principio te cueste un poco crear buenos hábitos para cuidar la salud de tu cuerpo, de tu mente y de tu espíritu, pero con la práctica se convertirá en parte de tu nuevo estilo de vida.

Al final, la única verdad que importa es descubrir quién eres, y lo que tú eres son dos simples palabras: «Yo Soy». Estas palabras tienen en su esencia un maravilloso y mágico mantra místico que une dos partes que hay en ti: la razón, «Yo», y el Ser, «Soy»; la energía masculina, «Yo», y la energía femenina «Soy»; la separación, «Yo», y la unión, «Soy»; la ilusión, «Yo», y la verdad, «Soy»; con límites, «Yo», y sin límites, «Soy». Observa el significado de estas dos palabras por separado, que es la manera como vivimos la mayor parte del tiempo, y observa el hermoso significado de estas dos bellas palabras cuando se unen. «Yo Soy». Al tomar consciencia de la dualidad en la que vivimos, despertamos a un nuevo propósito de buscar la unidad: en lugar de ser dos personas diferentes caminando en direcciones opuestas, crear la suma de una nueva existencia.

La vida, en su inteligencia natural, no tiene prisa y te enseña de una u otra manera **cómo** vivir, creando situaciones y experiencias que te permitan detenerte, observar, escuchar, sentir y traspasar el miedo para crecer. No existen casualidades. No existen golpes de suerte. No hay errores en la vida. Todos estamos aprendiendo a manejar el timón de nuestro destino y, al igual que tuviste que caerte cien veces de la bicicleta antes de conseguir pedalear con éxito unos metros, es probable que tengas que pasar por algunos baches antes de poder volar. No desestimes el proceso, todo tu esfuerzo, ni tu visión. Ahora ya sabes lo que tienes que hacer: cerrar tus ojos y respirar. Ya conoces un poco mejor el camino para acceder a toda la sabiduría que hay en tu interior. Con tu permiso, date una oportunidad de conocerte mejor, y con mucho amor, simplemente empieza a contar tu respiración al entrar en contacto con tu cuerpo, uno…, dos… y tres, y soltar el aire en tres…, dos… y uno, para entregarte de nuevo al universo. Cierra tus ojos y siente la luz llegar a tu encuentro para, en el silencio, llevarte a tu verdadero hogar.

TU VIDA IMPORTA

Hasta aquí puedo llegar yo, y aquí empiezas tú. Pese a lo mucho que desearía saltar contigo a este nuevo espacio que ha surgido en tu interior, sé que no lo puedo hacer, pero puedo encontrarte en el otro lado, suspendido en el aire, esperando a que llegues, para poder estar y volar juntos. Respeto todos tus miedos y tus inseguridades, siento tu profundo dolor y tu sufrimiento, y entiendo lo que significa tener que dejar el control de todo para entregarte a algo completamente desconocido. Cierra los ojos y siente. Respira. Conéctate con tu verdad. En tu corazón, puedes escuchar la respuesta que necesitas para entregarte y encontrar las fuerzas para lanzarte a descubrir el universo.

Vivir es como montar a caballo. Unos lo dirigen y otros se dejan llevar, unos toman las riendas y otros son meros espectadores de una hermosa carrera. No pasa nada por dejarte llevar por la vida, pero, cuando uno elige convertirse en un jinete, en un verdadero guerrero, cuando uno recibe la llamada y se atreve a seguirla, en lugar de ser un simple pasajero a caballo, o un espectador, descubre el poder que tiene de dirigir su propia vida hacia nuevos horizontes. Ha llegado el momento de convertir tu experiencia de vida en un hermoso testimonio personal de inspiración para iluminar el camino a los demás.

Si hay algo que no quieres tener en tu vida, solo tú posees el potencial de cambiarlo. La última palabra siempre tiene el poder, y la última palabra es aquella que decidas escuchar. Tu mente puede ser tu fuente de tristeza o tu fuente de felicidad. Solo tú tienes la capacidad de elegir cómo usarla, y de sentir en cada instante en qué camino estás: en el camino del sufrimiento o en el del amor. Todo lo que necesitas en estos momentos lo tienes al alcance de tus manos. A través de la historia de la humanidad, han existido muchas personas que se han encontrado en el mismo lugar en que te encuentras tú ahora, percibiendo una belleza sobrenatural que está por encima de todo, y con ganas de contarlo y compartirlo con todo el mundo. Para poder darte cuenta de lo afortunado que en realidad eres, necesitas ser disciplinado y estar convencido en tu corazón de la importancia que tiene tu vida en estos momentos. Todos somos criaturas inocentes de Dios en un proceso de despertar.

No eres un perdedor. No estás dañado. No eres un fracasado. No pasa nada malo contigo. No eres un problema. Eres todo lo contrario. Eres un ganador. Eres perfecto. Eres un verdadero milagro. Eres solución. Eres inspiración. Eres amor. Mientras estés respirando, mientras tengas vida, mientras puedas sentir, tu vida importa y tiene un valor inimaginable. Recuerda que tu pasado no te define, solo cuenta la historia de cómo has llegado hasta aquí. Cuanto más bajo sientas que has caído en la vida, más arriba podrás volar. Este no es el final de nada, sino el inicio del Todo.

Cuando las dudas te asalten en el momento en que menos te lo esperes y cuando los miedos se conviertan en tu fuente de sufrimiento, recuerda que tienes tus dos brazos para abrazarte con fuerza y mucho amor. Deja de pensar y empieza a sentir. Entrégate completamente desnudo a la pureza y la belleza de tu alma y recibe, a través del aliento del amor, el privilegio de vivir dentro de tu propia piel.

Si al leer estas palabras sientes el calor de un abrazo, significa que estás entrando en comunión con tu divina esencia. Abandónate y déjate quererte. Ahora soy yo quien cierro los ojos y puedo sentir también la delicadeza y el amor en ese mismo abrazo. El universo nos está sonriendo y nos deja saber, aquí y ahora, en este maravilloso encuentro, que todo está bien. Gracias por estar. Gracias por Ser. Gracias por existir.

FIN...

Y UN NUEVO COMIENZO

ABRAZOS DE AMOR Y AGRADECIMIENTO

L a palabra «gracias» no expresa todo lo que siento en mi corazón por la nueva oportunidad que he tenido la dicha de vivir con esta maravillosa experiencia, aunque en el proceso haya aprendido lo difícil que resulta muchas veces dejar ir.

En la introducción hablaba sobre la experiencia de un huracán azotando mi vida para entender el significado de la misma. Justo en el momento en el que me encontraba en ese estado de claridad y calma en el ojo del huracán, pude empezar a recibir con mayor claridad los rayos de luz que me permitieron empezar a ver las cosas desde otro punto de vista y, al mismo tiempo, aprovechar algunas de las oportunidades que el Universo me estaba enviando para encontrar una salida.

Uno de esos rayos maravillosos que iluminaron mi vida fue Nora, la jefa de la casa donde me encontraba escribiendo las primeras páginas de este libro que tienes en tus manos. Nora fue, y es, un hermoso ángel que llegó a mi vida para ayudarme, a través de su presencia y sus sabias palabras, a descubrir, conocer y despertar la luz de mi consciencia y de mi ser, y volver a ponerme de pie. Lo que más me sorprendió de Nora fue su magnética energía, ante la cual todos mis miedos, mis inseguridades, mis excusas y mis temores perdían automáticamente su fuerza, para conectarse como un imán con una energía que venía desde lo más profundo de mi Ser.

Tú puedes sentir cuando alguien llega a tu vida sabiendo que es la persona indicada, justo en el preciso momento, ni antes ni después, y con quien tienes la libertad de poder ser tal y como eres, y desnudarte en cuerpo y alma sin temor a nada. Unas palabras por teléfono fueron suficientes para reconocer que era la persona elegida para emprender los primeros pasos hacia mi propia transformación que me llevaron de la mano por un apasionante, aunque difícil viaje para descubrir más allá del mundo de las formas lo que significaba el verdadero poder de amar.

Con el paso de los meses, Nora no solo se convirtió en una gran amiga, sino en el eco de mi corazón, en una guía y un faro para regresar al sendero maravilloso que me llevaría a encontrarme de nuevo con toda la belleza de mi Ser.

Junto a Nora llegó otra gran mujer a la cual quiero mucho, pues a ella sí la conocía desde que tenía solo unos añitos de vida. Mi gran amiga Margarita, que, por el azar o el destino de la vida, decidió mudarse a Estados Unidos con toda su familia justo cuando las primeras ráfagas de la gran tormenta hacían su primera aparición en mi vida. Qué extraña pero maravillosa coincidencia que, después de casi cuarenta años de conocernos, llegase a Estados Unidos, y que se quedase justo el tiempo que duró mi tempestad, para regresar a España cuando la misma empezaba a desvanecerse. Hoy sé que tenías que estar y agradezco todos tus sabios consejos durante esta etapa de mi vida porque pocas personas me conocen como tú y estoy feliz de seguir compartiendo esta maravillosa aventura a tu lado.

También quiero dar las gracias a mi compañero de vida por tantos años, mi queridísimo Roberto, en cuya presencia pude descansar y sanar. Ahora, con el tiempo y la distancia, entiendo mejor por qué nos encontramos y agradezco a la vida haber tenido la oportunidad de poder enfrentarme a mis sombras sin temor a perderme. Siempre me ofreciste el espacio y los consejos que necesitaba, a pesar de que muchas veces no los entendía, para darme la oportunidad de descubrirme. Gracias por acompañarme en el silencio durante tantas horas oscuras y retarme a volar, aun sabiendo posiblemente que, al hacerlo, nuestras vidas cambiarían para siempre y emprenderíamos rumbos diferentes. Sabes que siempre tendrás un lugar muy especial en mi corazón por ser uno de mis grandes maestros y me siento muy feliz de haber crecido a tu lado.

Cierro los ojos y las emociones me invaden de nuevo al sentir la presencia y la esencia de una gran amiga y compañera, mi queridísima Gaby, en cada instante, y en cada palabra de este libro. «Gracias» no es suficiente para conectarme con el sentimiento de lo que significaste, y significas, para mí. Nuestras vidas estuvieron destinadas a unirse para conquistar grandes sueños juntos, y bajo tu luz descubrí, y sigo descubriendo, todo lo que puedo ser. Ha sido una verdadera bendición conocerte y vivir tantas aventuras maravillosas juntos, que ahora están grabadas en mi corazón, y que me impulsan día a día a seguir con el gran sueño que ambos compartíamos. Este libro te lo dedico a ti, mi hermosa Gaby, con todo mi amor por ser mi fuente de inspiración.

Quiero dar las gracias y un fuerte abrazo a tantos amigos que estuvieron a mi lado apoyándome con su presencia y su hermosa energía sin saberlo durante todo este largo proceso. Todos, los amigos físicos y los virtuales, saben quienes son, pues cada vez que estoy en su presencia mi corazón sonríe de alegría.

Y, por supuesto, quiero reconocer el amor incondicional de mi familia por estar siempre a mi lado, recordándome mis raíces para seguir creciendo fuerte. Los quiero. Gracias, mamá, por ser tan fuerte estos últimos años y por seguir siendo una gran maestra. Y a ti, papá, aunque te convertiste en uno de los protagonistas principales de esta gran tormenta, siempre te tendré en mi corazón, pues tú eres, y serás siempre, mi ejemplo para elegir el correcto camino a seguir. Gracias por ser ahora, más que un padre, mi ángel protector.

Gracias a Diane, mi agente, por confiar de nuevo en mí y darme la oportunidad de conocer a la maravillosa familia de HarperCollins Español que me permitió cumplir dos objetivos al mismo tiempo, escribir para sanar y escribir para compartir. Gracias Larry por tener la visión de lo que el libro podía llegar a ser, Edward por retarme a dar siempre lo mejor, Graciela por tus recomendaciones y sugerencias para seguir profundizando en el mensaje, a Mariela, Jake y Jorge por dar forma a este hermoso regalo del amor, y a toda la gran familia de ventas, distribución, legal y producción por ser copartícipes de un nuevo despertar de consciencia. Sin ustedes, este sueño no sería posible.

Quiero aprovechar este momento para darle las gracias de corazón en especial a mi queridísima amiga, publicista y compañera de trabajo de tantos años, Bertha Díaz, por la confianza que siempre has depositado en mí y por permitirme encontrarme de nuevo profesionalmente cuando las dudas, las inseguridades y los miedos hicieron acto de presencia en mi vida. Juntos vivimos una gran transformación personal y profesional.

Y gracias a Blanca y Sheri por creer en mí y ayudarme bajo vuestra luz a encontrar el camino que me llevaría de nuevo a recuperar la fe y retomar las riendas de mi destino. Vuestros sabios consejos me ayudaron a ver claridad donde sólo veía oscuridad. Espero que pueda contar con ustedes en esta nueva etapa que estamos empezando a dar nuestros primeros pasos.

Y hablando de grandes amigos, un besote para mi queridísima Claudia Betancur, guerrera de belleza y compañera de grandes aventuras, quien me puso bien bonito para la fotografía de la portada de este libro y que con su presencia me llena de luz, y al gran maestro fotógrafo, Juan Sebastian, quien pudo capturar la esencia de amor y belleza que deseaba transmitir con la imagen del libro que tienes en tus manos.

Y a ti, mi gran amigo anónimo, mi gran amigo de las redes sociales, mi gran amigo que conocí a través de la televisión y de la radio, mi gran amigo en la distancia, mi queridísimo lector, gracias por ser la luz que me ayuda todo el tiempo a seguir adelante, y gracias por abrirme tu corazón para que nuestra energía se una en un gran abrazo para permitirnos juntos descubrir nuestra verdadera esencia y el propósito de nuestra existencia. No te imaginas cuánto significas en mi vida, pues tu transformación se ha convertido en parte de mi destino, y, a través de tu despertar y crecimiento, veo más la Luz. Aquí estoy, y estaré siempre, para ayudarte a abrir las puertas de tu consciencia, para ofrecerte todo el amor que necesitas para brillar, y para descubrir juntos la maravillosa experiencia de vivir.

Martin

LLORENS

www.martinllorens.com